Magazine Synergie

3e cycle du primaire

Enseignement moral et religieux catholique

Les étapes de la démarche d'apprentissage

P 1. Préparation (Mise au point)

L'élève, en comité :

- entre en contact avec la réalité qu'il aura à examiner ;
- se motive et découvre ce qu'il va retirer de son apprentissage (avantages, retombées) ;
- fait l'inventaire de ses connaissances, de ses expériences et de ses questions en rapport avec la réalité à examiner ;
- clarifie des notions dont la compréhension est nécessaire à son apprentissage ;
- définit une problématique (choisit le sujet d'enquête).

R 2. Réalisation (Voyons voir)

L'élève, en comité :

- effectue les recherches qui éclairent sa problématique ;
- explore, expérimente, construit, manipule, questionne, associe, etc. ;
- se prépare à raconter, à présenter le résultat de ses recherches.

i 3. Intégration et évaluation (D'après moi...)

L'élève, en comité :

- effectue une synthèse de ce qu'il a appris ;
- intègre, dans sa présentation ou sa narration, ce qu'il a appris ;
- exprime ce qui est important pour lui dans ce qu'il a appris ;
- s'autoévalue ;
- participe à la coévaluation de son équipe (comité) ;
- travaille à la rédaction et à la production du journal de son équipe (comité).

Les stratégies d'enseignement

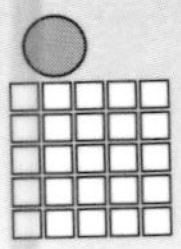

Le personnel enseignant :

- explique une notion ;
- encourage les élèves à poser des questions afin de s'assurer de leur compréhension de la notion ;
- invite les élèves à faire des liens avec des notions antérieures ou des expériences qui s'y rapportent.

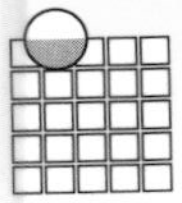

Le personnel enseignant :

- explique clairement les consignes qui doivent être respectées ;
- indique les fins poursuivies et les résultats attendus ;
- motive, encourage, supporte le travail des élèves.

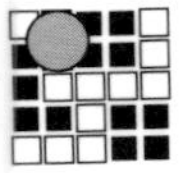

Le personnel enseignant :

- prend le pouls de chacune des équipes (comités) ;
- s'assure que la tâche à accomplir soit bien comprise par les équipes ;
- se rend disponible à répondre à leurs interrogations ;
- aide les équipes qui éprouvent des difficultés d'apprentissage ou de fonctionnement.

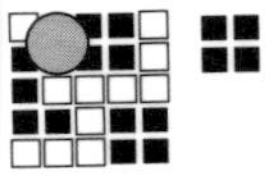

Le personnel enseignant :

- crée un climat de confiance à l'intérieur du groupe ;
- encadre les équipes (comités) dans leur tâche d'enseignement à leurs pairs ;
- s'assure que toutes les équipes soient tour à tour enseignantes et apprenantes ;
- encourage les équipes enseignantes à se mettre en relation d'ouverture à l'égard des équipes apprenantes ;
- assure la conformité de l'enseignement ;
- fournit si nécessaire des stratégies d'enseignement aux équipes enseignantes ;
- encourage les interventions entre les équipes enseignantes et enseignées.

TÉMOINS EN HERBE

Magazine

Synergie

Guide d'intervention pédagogique

Enseignement moral et religieux catholique

3e cycle du primaire

Pierre Guénette

NOVALIS

Collection Témoins en herbe
Magazine Synergie

Auteur: Pierre Guénette

Éditrice/Directrice pédagogique:
Hélène Régnier

Directeur artistique et concepteur graphique:
Robert Paquet

Illustrateur: François Thisdale

Réviseure: Roseline Desforges

Dépôt légal:
Bibliothèque nationale du Québec
Bibliothèque nationale du Canada

Séquences 1 à 7 et bilan ISBN 2-89507-257-4

Séquences 1 à 4 ISBN 2-89507-355-4

Séquences 5 à 7 et bilan ISBN 2-89507-356-2

Imprimé au Canada

Nous reconnaissons l'aide financière du gouvernement du Canada par l'entremise du Programme d'aide au développement de l'industrie de l'édition (PADIÉ) pour nos activités d'édition.

NOVALIS

Novalis
4475, rue Frontenac
Montréal (Québec) H2H 2S2
Téléphone: (514) 278-3025
1 800 668-2547
Télécopieur: (514) 278-3030
Courriel: info@novalis.com

Sommaire

1. Introduction

1.1 Les caractéristiques essentielles du Programme de formation

1.1.1 Un programme axé sur le développement de compétences[1]

*Le concept de compétence retenu dans le Programme de formation se définit comme suit : **un savoir-agir fondé sur la mobilisation et l'utilisation efficaces d'un ensemble de ressources**.*

*Par **savoir-agir**, on entend la capacité de recourir de manière appropriée à une diversité de ressources tant internes qu'externes, notamment aux acquis réalisés en contexte scolaire et à ceux qui sont issus de la vie courante.*

*La notion de **ressources** réfère non seulement à l'ensemble des acquis scolaires de l'élève, mais aussi à ses expériences, à ses habiletés, à ses intérêts, etc. À cela, que l'on pourrait qualifier de ressources internes ou personnelles, s'ajoutent une multitude de ressources externes auxquelles l'élève peut faire appel, tels ses pairs, son professeur, les sources documentaires, etc.*

*Enfin, les idées de **mobilisation et d'utilisation efficaces** suggèrent que le savoir-agir propre à la compétence dépasse le niveau du réflexe ou de l'automatisme. Ce savoir-agir suppose, dans la poursuite d'un objectif clairement identifié, une appropriation et une utilisation intentionnelles de contenus notionnels et d'habiletés tant intellectuelles que sociales. Ces contenus et habiletés viennent soutenir sa quête d'une réponse appropriée à une question ou d'une solution adéquate à un problème. La compétence est complexe et évolutive. Elle dépasse une simple addition ou juxtaposition d'éléments et son degré de maîtrise peut progresser tout au long du cursus scolaire et au-delà de celui-ci.*

1.1.2 Un programme qui reconnaît l'apprentissage comme un processus actif

[…] l'apprentissage est considéré comme un processus dont l'élève est le premier artisan. Il est favorisé de façon toute particulière par des situations qui représentent un réel défi pour l'élève, c'est-à-dire des situations qui entraînent une remise en question de ses connaissances et de ses représentations personnelles.

1. Les citations de cette introduction sont tirées de : MINISTÈRE DE L'ÉDUCATION DU QUÉBEC, *Programme de formation de l'école québécoise*, 2001.

Magazine Synergie

2. Présentation

2.1 La collection Témoins en herbe

La collection **Témoins en herbe** propose un matériel pédagogique complet aux élèves du primaire en enseignement moral et religieux catholique. Elle leur fournit tous les outils nécessaires pour qu'ils questionnent les réalités de la vie, les explorent, les comprennent et puissent ainsi faire des choix éclairés.

Conforme aux exigences du Programme de formation de l'école québécoise, la collection **Témoins en herbe** fournit aux élèves, selon leur cycle, un ensemble d'outils souples et efficaces qui s'adaptent à l'organisation scolaire.

2.2 Les composantes de la collection Témoins en herbe

• Un ensemble-ressource de référence

L'élève trouve, dans les sept fascicules de l'ensemble-ressource de référence, l'essentiel, et plus, des informations nécessaires à ses apprentissages. Il y est aussi invité à utiliser efficacement ses ressources et y retrouve les trois grands temps de son apprentissage : Mise au point, Voyons voir, D'après moi…

• Un guide d'intervention pédagogique

Le personnel enseignant y retrouve :
— un tableau de présentation de l'ensemble des séquences du cycle ;
— les tableaux de planification de chacune des séquences du cycle ;
— le déroulement des tâches de chacune des séquences présenté de façon détaillée (consignes à l'élève, compétences disciplinaires et transversales ainsi que leurs composantes, stratégies d'apprentissage, stratégies d'enseignement, nombre de périodes, fiches d'apprentissage, fiches d'autoévaluation et de coévaluation, proposition d'évaluation par l'entremise de la rédaction et de la réalisation d'un journal ;
— des informations complémentaires qui éclairent, lorsque cela est nécessaire, des éléments des savoirs essentiels ou donnent au personnel enseignant des pistes stratégiques pour le travail de certaines tâches ;
— des fiches d'apprentissage qui peuvent être photocopiées et distribuées aux élèves ;
— une proposition d'évaluation de fin de cycle.

2.4.1 Les étapes de la démarche d'apprentissage

P 1. Préparation (Mise au point)

L'élève, en comité :
- entre en contact avec la réalité qu'il aura à examiner ;
- se motive et découvre ce qu'il va retirer de son apprentissage (avantages, retombées) ;
- fait l'inventaire de ses connaissances, de ses expériences et de ses questions en rapport avec la réalité à examiner ;
- clarifie des notions dont la compréhension est nécessaire à son apprentissage ;
- définit une problématique (choisit le sujet d'enquête).

R 2. Réalisation (Voyons voir)

L'élève, en comité :
- effectue les recherches qui éclairent sa problématique ;
- explore, expérimente, construit, manipule, questionne, associe, etc. ;
- se prépare à raconter, à présenter le résultat de ses recherches.

i 3. Intégration et évaluation (D'après moi…)

L'élève, en comité :
- effectue une synthèse de ce qu'il a appris ;
- intègre, dans sa présentations ou sa narration, ce qu'il a appris ;
- exprime ce qui est important pour lui dans ce qu'il a appris ;
- s'autoévalue ;
- participe à la coévaluation de son équipe (comité) ;
- travaille à la rédaction et à la production du journal de son équipe (comité).

2.3 La série *Synergie*

Le mot *synergie*, qui donne son nom à la série, est largement utilisé. Il parle d'association, d'addition et de mise en commun de plusieurs actions qui, **ensemble**, visent un but unique.

La série *Synergie* propose aux élèves d'enseignement moral et religieux catholique du troisième cycle du primaire de vivre l'aventure passionnante de la recherche du sens de la vie. Elle leur propose de s'associer, d'additionner leurs énergies et de mettre leurs talents en commun afin de vivre cette aventure le plus intensément possible.

Vaste sujet que le sens de la vie ! La série *Synergie* en privilégie sept qu'elle présente sous forme de questions. Chacune de ces questions sert de titre aux sept numéros du magazine *Synergie* (ensemble-ressource de référence). Elles portent sur le développement personnel des jeunes, sur leurs relations avec les autres ainsi que sur diverses grandes questions présentes dans leur vie.

La tradition catholique, comme les autres traditions religieuses, s'intéresse à toutes ces questions. Les Évangiles ainsi que les autres livres de la Bible sont pour les catholiques des guides précieux. Ils y trouvent des pistes de réponse à leurs interrogations et des façons d'agir qui les inspirent. C'est ainsi que ces hommes et ces femmes travaillent à transformer le monde, à le rendre plus humain et plus accueillant.

Découvrir des textes bibliques, faire connaissance avec certaines personnes, enrichir leurs perceptions au contact de divers éléments de la diversité religieuse et de courants de la pensée humaniste aideront les élèves à mieux apprécier la tradition catholique. Ils y trouveront peut-être aussi des façons d'agir qui les aideront à effectuer des choix éclairés. Ces choix changeront peut-être non seulement leur vie, mais aussi celle de leur milieu. Qui sait ?

2.4 La démarche d'apprentissage dans la série *Synergie*

Dans la série *Synergie*, la démarche d'apprentissage en trois temps (préparation, réalisation, intégration) est prise en compte dans l'ensemble du déroulement d'une séquence (Mise au point, Voyons voir, D'après moi…) et dans chacune des tâches des séquences.

N. B.

- Les étapes de la démarche d'apprentissage tiennent compte de la situation qui prévaut au 3e cycle : le travail des journalistes d'enquête à l'intérieur d'un comité de rédaction. Ce travail débute avec la sélection d'un sujet d'enquête jusqu'à sa résolution et à sa publication dans un numéro de journal conçu et réalisé par chaque comité de rédaction.
- Les déroulements des séquences tiennent compte des **stratégies d'apprentissage** proposées par le Programme de formation.
- Les déroulements des séquences proposent aussi certaines **stratégies d'enseignement** présentées en 2.4.2

2.4.2 Les stratégies d'enseignement

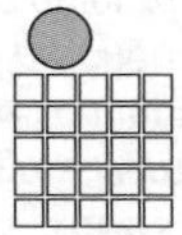

Le personnel enseignant :
- explique une notion ;
- encourage les élèves à poser des questions afin de s'assurer de leur compréhension de la notion ;
- invite les élèves à faire des liens avec des notions antérieures ou des expériences qui s'y rapportent.

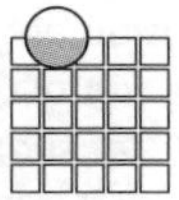

Le personnel enseignant :
- explique clairement les consignes qui doivent être respectées ;
- indique les fins poursuivies et les résultats attendus ;
- motive, encourage, supporte le travail des élèves.

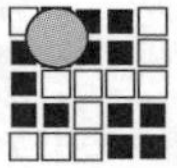

Le personnel enseignant :
- prend le pouls de chacune des équipes (comités) ;
- s'assure que la tâche à accomplir soit bien comprise par les équipes ;
- se rend disponible à répondre à leurs interrogations ;
- aide les équipes qui éprouvent des difficultés d'apprentissage ou de fonctionnement.

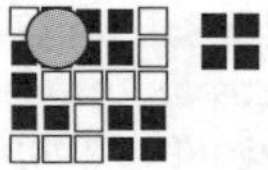

Le personnel enseignant :
- crée un climat de confiance à l'intérieur du groupe ;
- encadre les équipes (comités) dans leur tâche d'enseignement à leurs pairs ;
- s'assure que toutes les équipes soient tour à tour enseignantes et apprenantes ;
- encourage les équipes enseignantes à se mettre en relation d'ouverture à l'égard des équipes apprenantes ;
- assure la conformité de l'enseignement ;
- fournit si nécessaire des stratégies d'enseignement aux équipes enseignantes ;
- encourage les interventions entre les équipes enseignantes et enseignées.

3. L'enseignement moral et religieux catholique

3.1 Domaine d'apprentissage du développement personnel

L'enseignement moral et religieux catholique appartient au domaine d'apprentissage du développement personnel. L'enseignement moral, l'enseignement moral et religieux protestant et l'éducation physique et à la santé font également partie de ce domaine.

Un certain nombre de disciplines regroupées dans le domaine du développement personnel [...] s'intéressent, par-delà le développement cognitif, aux dimensions corporelle, affective, morale, sociale ou spirituelle de l'être humain. Elles ont comme objet d'étude la personne en relation avec elle-même, avec les autres et avec l'environnement.

Chacune de ces disciplines apporte sa contribution propre au développement de l'élève. [...]

Au-delà de leurs différences, ces disciplines favorisent un certain nombre d'apprentissages communs. Chacune, à sa façon, aide l'élève à trouver des réponses aux questions que soulève son besoin d'épanouissement personnel dans le respect de celui de la collectivité. À la fois différente et complémentaire, chacune des disciplines cherche à lui faire cerner et intégrer dans l'action des valeurs telles que l'engagement, la solidarité, l'égalité, la dignité et le respect de soi, des autres et de l'environnement. Ces apprentissages communs favorisent sa responsabilisation personnelle et sociale et le préparent à devenir un citoyen autonome et responsable[2].

3.1.1 Apprentissages communs au domaine du développement personnel

- Accroître son estime de soi.
- Se responsabiliser face au développement de toutes les dimensions de son être.
- Se sensibiliser à un ensemble de valeurs de l'ordre du vivre-ensemble.
- Développer des compétences qui aident à agir et à interagir de manière positive, saine et efficace.

2. Toutes les citations sont tirées de : MINISTÈRE DE L'ÉDUCATION DU QUÉBEC, *Programme de formation de l'école québécoise*, 2001.

3.2 Présentation de l'enseignement moral et religieux catholique

L'enseignement moral et religieux catholique offre à l'élève une occasion privilé-giée de trouver des pistes de réponses aux interrogations qu'il porte sur lui-même, sur ses relations aux autres et sur diverses réalités de la vie. Ces pistes lui offrent des repères pour sa croissance, notamment sur les plans moral et religieux.

Sans être exclusive, la narration de récits de la tradition catholique vivante est centrale dans ce programme d'études. Elle constitue un moyen privilégié pour aider l'élève à construire ses réponses et à développer son identité. Entendre ces récits qui relatent tantôt des expériences de vie, tantôt des expériences de foi, les raconter, les interpréter à partir de son questionnement, permettront à l'élève d'apprécier progressivement la tradition catholique vivante dans les éléments qui sont les plus signifiants pour sa vie. Ces récits l'aideront par ailleurs à bâtir le référentiel moral qu'il utilisera dans les situations pour lesquelles il sera appelé à exercer son discernement. Les valeurs, étroitement liées aux expériences humaines et religieuses qui y sont relatées, contribueront à le responsabiliser socialement et à le préparer à exercer son rôle de citoyen.

L'enseignement moral et religieux catholique contribue aussi de façon singulière à la formation culturelle des élèves. La tradition catholique est une composante majeure de la culture universelle et elle constitue un aspect central de l'identité culturelle québécoise : la mémoire collective, l'architecture, la toponymie et différentes formes d'art sont tous des éléments marquants de notre patrimoine. Enfin, les récits bibliques, ceux relatant la vie de témoins d'hier et d'aujourd'hui, les rites et les récits de courants humanistes et de grandes traditions spirituelles et religieuses — entre autres ceux des communautés autochtones du Québec — sont autant de repères à partir desquels l'élève pourra enrichir sa culture.

Ce programme entretient des liens étroits avec le domaine de l'univers social. À travers des récits qui y sont présentés, dès le premier cycle, l'élève apprendra progressivement à se repérer dans l'espace et dans le temps. Il apprendra également à reconnaître l'existence de divers groupes sociaux et religieux. Les récits racontés l'amèneront aussi à explorer différents paysages humanisés, d'ici et d'ailleurs, d'hier et d'aujourd'hui, et à comparer les réalités sociales qui leur sont propres.

3.3 Les compétences disciplinaires

Le programme d'enseignement moral et religieux catholique vise le développement de deux compétences qui contribuent à répondre à la quête de sens de l'élève :
— Apprécier la tradition catholique vivante.
— Prendre position de façon éclairée sur des situations comportant un enjeu moral.

Poursuivies de façon simultanée, ces compétences se développent à partir de problématiques touchant des réalités d'ordre personnel et sociorelationnel et des grandes questions humaines.
Ces deux compétences prennent appui sur la connaissance de la Bible, du phénomène religieux et de l'éthique, ainsi que sur des stratégies d'apprentissage et des repères culturels. Parmi les ressources à la disposition de l'élève, il faut compter aussi le soutien de sa famille, de ses pairs et de sa communauté.

3.3.1 Compétence 1

Apprécier la tradition catholique vivante.

• Explication

Apprécier conduit l'élève à explorer, approfondir, comparer, dire ce qu'il pense pour finalement prendre position. Ce processus exige de lui une grande réflexion.

Apprécier la tradition catholique vivante, c'est :
— explorer la tradition qui s'est vécue et qui se vit toujours sur le terrain ; celle qui trouve sa source et son inspiration dans l'Écriture et dont le message garde tout son sens encore aujourd'hui ;
— explorer des récits de foi et de sagesse dont la valeur a été éprouvée par le temps ;
— s'arrêter pour comprendre l'importance des messages qui se dégagent des diverses expériences humaines, spirituelles ou religieuses ;
— se laisser interpeller par des témoins qui se sont engagés et qui s'engagent encore au nom de leur foi en Dieu et en Jésus-Christ, notamment auprès des plus démunis ;
— s'enrichir avec respect et intelligence de l'apport de la diversité sur les plans des croyances, des rites, des façons de penser et de s'engager ;
— savoir tirer le meilleur de l'héritage proposé afin d'éclairer la quête humaine de sens.

• Liens avec les compétences transversales

Le développement de cette compétence fait appel à l'ensemble des compétences transversales, et tout particulièrement aux compétences à :
— exploiter l'information ;
— exercer son jugement critique ;
— mettre en œuvre sa pensée créatrice ;
— communiquer de façon appropriée ;
— structurer son identité.

Magazine Synergie

Le personnel enseignant trouve ici des repères sur les conditions dans lesquelles placer l'élève pour lui permettre d'exercer et de développer sa compétence.

• Contexte de réalisation

Une communauté d'apprentissage où l'élève est amené à examiner des problématiques liées à la recherche de sens qui lui permettront d'apprécier la tradition catholique vivante.

Axes :

— des réalités d'ordre personnel :
  Thèmes au 3e cycle
  • La réalisation de soi
  • L'exercice de la liberté
— des réalités d'ordre sociorelationnel :
  Thèmes au 3e cycle
  • L'accueil de la différence
  • Le service du bien commun
— des grandes questions humaines :
  Thèmes au 3e cycle
  • La véracité de la Bible
  • La valeur de la vie
  • L'existence de Dieu

Stratégies[3] :

Comment :
— formuler des questions de sens ?
— raconter des récits ?
— construire des réponses personnelles ?

Repères culturels privilégiés :

— des récits bibliques
— des récits de catholiques d'hier et d'aujourd'hui
— quelques rites catholiques
— des éléments de la diversité

3. On notera que, dans la série *Synergie*, ces stratégies apparaissent dans la colonne intitulée *Stratégies d'apprentissage* de toutes les séquences.

Le personnel enseignant trouve ici des indices témoignant du développement de la compétence à travers les cycles.

• Cheminement de l'élève

L'élève :
— apprend à poser des questions de sens sur diverses réalités et à trouver des éléments de réponse à ces questions, principalement dans des récits ;
— développe sa capacité à se situer au regard de l'éclairage qu'offre la tradition catholique vivante ;
— apprend à devenir un auditeur attentif et un conteur enthousiaste ;
— apprend à analyser en profondeur l'ensemble des récits qui lui sont présentés en considérant notamment des aspects du contexte (ceci est particulier au 3e cycle) ;
— manifeste de l'intérêt pour les épisodes bibliques qu'il raconte ;
— apprend à tenir compte de l'expérience et des faits relatés dans ces récits et à en dégager des messages pour éclairer sa recherche ;
— apprend à considérer certaines particularités de la diversité présente dans son milieu.

Le personnel enseignant y trouve des démarches jugées essentielles au développement ou à l'exercice de la compétence.	**• Composantes de la compétence** • Explorer des récits de la tradition catholique vivante. • Analyser des récits de la tradition catholique vivante. • Considérer des éléments de la diversité religieuse et de courants humanistes pour enrichir sa réflexion. • Prendre position sur des éléments de la tradition catholique vivante.
Le personnel enseignant y trouve des repères observables pour soutenir le développement de la compétence et en juger. Les critères d'évaluation sont éclairés par les attentes de fin de cycle.	**• Critères d'évaluation** — Choix de récits pertinents en rapport avec une problématique. — Narration ou reconstitution de récits de la tradition catholique vivante. — Description des expériences de vie et de foi relatées dans les récits. — Formulation des messages qui se dégagent des récits. — Prise en compte de l'apport de la diversité dans sa recherche de sens. — Construction de réponses personnelles.
Le personnel enseignant y trouve des balises sur ce qui peut être attendu d'un élève à la fin d'un cycle.	**• Attentes de fin de cycle** **À la fin du 3e cycle, l'élève :** — cible une problématique de son choix ; — l'éclaire par la narration d'un récit biblique, d'un récit rappelant la vie d'un catholique d'hier et d'un récit évoquant celle d'un catholique contemporain de son choix ; — tient compte de la chronologie des faits et des éléments du contexte de ces récits ; — dégage un message commun à partir des expériences de vie et de foi qui y sont racontées ; — explique en quoi ce message éclaire sa problématique ; — nomme des éléments de la diversité qui vont dans le sens de ce message et qui éclairent sa recherche ; — exprime son appréciation au regard de l'éclairage qu'offre la tradition catholique vivante.

3.3.2 Compétence 2

Prendre position de façon éclairée sur des situations comportant un enjeu moral.

• Explication

Prendre position implique que l'élève examine, considère, compare et évalue pour en arriver à faire un choix réfléchi. L'objet de la compétence ici visée réside en un ensemble de situations connues de l'élève ou simulées par le personnel enseignant qui comportent un enjeu moral, c'est-à-dire des situations où le bien individuel ou collectif est en cause. Cette compétence repose sur l'apprentissage d'une démarche de discernement moral. Cela suppose d'abord que l'élève décrive la situation problématique, qu'il identifie l'enjeu moral qu'elle comporte et qu'il considère différents points de vue ou divers référentiels : ceux de ce programme privilégient des valeurs que suscite la foi en Dieu, des expériences de vie rapportées dans divers récits, principalement ceux de la tradition catholique vivante et des éléments de la sagesse humaine. L'élève devra ensuite faire l'inventaire des options et de leurs effets possibles et justifier ses choix à la lumière d'un référentiel, voire d'argumenter pour les défendre.

• Liens avec les compétences transversales

Le développement de cette compétence fait appel à l'ensemble des compétences transversales, et tout particulièrement aux compétences à :
— exploiter l'information ;
— résoudre des problèmes ;
— exercer son jugement critique ;
— pratiquer des méthodes de travail efficaces.

Le personnel enseignant trouve ici des repères sur les conditions dans lesquelles placer l'élève pour lui permettre d'exercer et de développer sa compétence.

• Contexte de réalisation

Une communauté d'apprentissage où l'élève s'exerce à débattre de problématiques.

Axes :
— des réalités d'ordre personnel :
  Thèmes[4] au 3e cycle
  • La réalisation de soi
  • L'exercice de la liberté
— des réalités d'ordre sociorelationnel :
  Thèmes au 3e cycle
  • L'accueil de la différence
  • Le service du bien commun
— des grandes questions humaines :
  Thèmes au 3e cycle
  • La véracité de la Bible
  • La valeur de la vie
  • L'existence de Dieu

Stratégies[5] :
Comment :
— définir l'enjeu moral ?
— considérer différents référentiels ?
— examiner des options et leurs effets possibles ?
— justifier son choix ?

Repères culturels privilégiés :
— des récits bibliques
— des récits de catholiques d'hier et d'aujourd'hui
— quelques rites catholiques
— des éléments de la diversité

4. L'accueil de la différence, le service du bien commun et la valeur de la vie sont les trois thèmes qui font appel à une démarche de discernement moral.
5. On notera que, dans la série *Synergie*, ces stratégies apparaissent dans la colonne intitulée *Stratégies d'apprentissage* de toutes les séquences.

Le personnel enseignant trouve ici des indices témoignant du développement de la compétence à travers les cycles.

• Cheminement de l'élève

L'élève :
— apprend à définir un enjeu moral dans différentes situations réelles ou simulées ;
— considère différents référentiels, notamment les valeurs qui correspondent aux expériences de foi relatées dans les récits étudiés ;
— apprend à examiner des options et leurs effets possibles sur lui et sur les autres ;
— apprend à formuler des hypothèses de solution et à choisir celle qu'il croit la plus appropriée en tenant compte du contexte lié à la situation ;
— prend l'habitude de justifier ses choix à l'aide d'un ou de plusieurs référentiels ;
— a recours (au 3e cycle) à des récits de catholiques contemporains pour éclairer sa prise de position dans des situations complexes.

Le personnel enseignant y trouve des démarches jugées essentielles au développement ou à l'exercice de la compétence.	**• Composantes de la compétence** • Définir un enjeu moral. • Considérer différents référentiels. • Examiner des options et leurs effets possibles. • Justifier son choix à la lumière d'un référentiel.
Le personnel enseignant y trouve des repères observables pour soutenir le développement de la compétence et en juger. Les critères d'évaluation sont éclairés par les attentes de fin de cycle.	**• Critères d'évaluation** — Utilisation d'une démarche de discernement moral. — Présentation de situations qui comportent un enjeu moral. — Identification d'une enjeu moral présent dans ces situations. — Choix d'informations pertinentes en rapport avec l'enjeu moral. — Formulation de plusieurs options. — Justification de ses choix à la lumière de référentiels.
Le personnel enseignant y trouve des balises sur ce qui peut être attendu d'un élève à la fin d'un cycle.	**• Attentes de fin de cycle** **À la fin du 3e cycle, l'élève :** — présente une situation complexe comportant un enjeu moral ; — dégage un dilemme contenu dans cette situtation ; — sait se référer à l'information tirée de récits bibliques, de récits illustrant la vie de croyants d'hier ou d'aujourd'hui et à des éléments de la diversité pour trouver des pistes de réponse en rapport avec l'enjeu moral ; — fait l'inventaire des options et décrit leurs effets possibles ; — choisit l'option qui lui semble la plus favorable pour lui et son entourage ; — justifie ce choix en tenant compte d'au moins deux référentiels.

4. Intervention pédagogique

4.1 Tableau de planification des séquences du 3e cycle

Magazine Synergie

Tableau de planification des thématiques et des compétences disciplinaires en enseignement moral et religieux catholique

Cycle : 3

Séquence 1 : Est-ce que la Bible dit vrai ?

Axe	Thématique	Compétences disciplinaires	Compétences transversales	Domaines généraux de formation
Grandes questions humaines	La véracité de la Bible	◇ Apprécier la tradition catholique vivante. ☆ Prendre position de façon éclairée sur des situations comportant un enjeu moral.	– Ordre intellectuel – Ordre méthodologique – Ordre personnel et social – Ordre de la communication	• Orientation et entrepreneuriat • Vivre ensemble et citoyenneté

Séquence 2 : Dieu existe-t-il ?

Axe	Thématique	Compétences disciplinaires	Compétences transversales	Domaines généraux de formation
Grandes questions humaines	L'existence de Dieu	◇ Apprécier la tradition catholique vivante. ☆ Prendre position de façon éclairée sur des situations comportant un enjeu moral.	– Ordre intellectuel – Ordre méthodologique – Ordre personnel et social – Ordre de la communication	• Orientation et entrepreneuriat • Vivre ensemble et citoyenneté

Séquence 3 : Quelle est la valeur de la vie ?

Axe	Thématique	Compétences disciplinaires	Compétences transversales	Domaines généraux de formation
Grandes questions humaines	La valeur de la vie	◇ Apprécier la tradition catholique vivante. ☆ Prendre position de façon éclairée sur des situations comportant un enjeu moral.	– Ordre intellectuel – Ordre méthodologique – Ordre personnel et social – Ordre de la communication	• Orientation et entrepreneuriat • Vivre ensemble et citoyenneté

Séquence 4 : Comment se réaliser ?

Axe	Thématique	Compétences disciplinaires	Compétences transversales	Domaines généraux de formation
Développement personnel	La réalisation de soi	◇ Apprécier la tradition catholique vivante. ☆ Prendre position de façon éclairée sur des situations comportant un enjeu moral.	– Ordre intellectuel – Ordre méthodologique – Ordre personnel et social – Ordre de la communication	• Orientation et entrepreneuriat • Vivre ensemble et citoyenneté

Séquence 5 : Comment vivre libre ?

Axe	Thématique	Compétences disciplinaires	Compétences transversales	Domaines généraux de formation
Développement personnel	L'exercice de la liberté	◇ Apprécier la tradition catholique vivante. ☆ Prendre position de façon éclairée sur des situations comportant un enjeu moral.	– Ordre intellectuel – Ordre méthodologique – Ordre personnel et social – Ordre de la communication	• Orientation et entrepreneuriat • Vivre ensemble et citoyenneté

Séquence 6 : Comment s'ouvrir à la différence ?

Axe	Thématique	Compétences disciplinaires	Compétences transversales	Domaines généraux de formation
Développement sociorelationnel	L'accueil de la différence	◇ Apprécier la tradition catholique vivante. ☆ Prendre position de façon éclairée sur des situations comportant un enjeu moral.	– Ordre intellectuel – Ordre méthodologique – Ordre personnel et social – Ordre de la communication	• Orientation et entrepreneuriat • Vivre ensemble et citoyenneté

Séquence 7 : Qui est mon prochain ?

Axe	Thématique	Compétences disciplinaires	Compétences transversales	Domaines généraux de formation
Développement sociorelationnel	Le service du bien commun	◇ Apprécier la tradition catholique vivante. ☆ Prendre position de façon éclairée sur des situations comportant un enjeu moral.	– Ordre intellectuel – Ordre méthodologique – Ordre personnel et social – Ordre de la communication	• Orientation et entrepreneuriat • Vivre ensemble et citoyenneté

Séquence-bilan

Axes	Thématiques	Compétences disciplinaires	Compétences transversales	Domaines généraux de formation
Grandes questions humaines Développement sociorelationnel Développement personnel	La véracité de la Bible L'existence de Dieu La valeur de la vie La réalisation de soi L'exercice de la liberté L'accueil de la différence Le service du bien commun	◇ Apprécier la tradition catholique vivante. ☆ Prendre position de façon éclairée sur des situations comportant un enjeu moral.	– Ordre intellectuel – Ordre méthodologique – Ordre personnel et social – Ordre de la communication	• Orientation et entrepreneuriat • Vivre ensemble et citoyenneté

4.2 Le journalisme d'enquête au 3e cycle

Pour les besoins de leur cours en enseignement moral et religieux catholique, les élèves sont invités à devenir des journalistes d'enquête. Ils planifieront, écriront, produiront et distribueront, à la fin de chacune des séquences et dans la séquence-bilan, un numéro de journal.

Le personnel enseignant consultera la page 26 du n° 1 du magazine *Synergie* afin d'y découvrir des informations concernant :
— les formes possibles de présentation du journal ;
— les clientèles visées ;
— les contenus à privilégier ;
— les recherches à effectuer.

Il est primordial de bien situer les élèves dans l'univers du journalisme d'enquête. À cette fin, le personnel enseignant pourra :
— faire un lien entre les mots *équipe* et *comité de rédaction* qui sous-entendent un esprit à développer et à conserver ;
— faire compléter par les élèves la fiche intitulée *Ah si j'étais journaliste !* (p. XV) ;
— suggérer aux élèves une charte des fonctions des membres d'un comité de rédaction ;
— établir des règles d'éthique journalistique ;
— aider à la formation des comités de rédaction (le nombre de comités par classe et de participants par comité est laissé à la discrétion du personnel enseignant) ;
— s'assurer que des talents complémentaires sont regroupés dans chacun des comités de rédaction ;
— procéder à des changements dans les formation des comités de rédaction.

Les membres des comités de rédaction :
— participent au partage des fonctions de leur comité ;
— élisent un rédacteur ou une rédactrice en chef (cette fonction peut faire appel à un nouveau membre pour chacun des numéros de journal à produire) ;
— donnent un nom à leur journal ;
— choisissent démocratiquement les sujets d'enquête ;
— fouillent et vérifient les informations recueillies ;
— décident, à la fin du travail d'enquête, de la forme que prendra la publication du journal (les formes peuvent varier d'un numéro à l'autre).

Ah si j'étais journaliste... et enquêteur!

Ai-je les qualités d'un bon ou d'une bonne journaliste? Pour le savoir, je réponds aux questions de ce test. Mes réponses me renseigneront sur mes forces et mes faiblesses dans ce domaine.

Le bon ou la bonne journaliste	Ça va pour moi	Je suis sur la bonne voie	J'ai du travail à faire
• se fait confiance			
• est capable de s'engager			
• sait communiquer ses informations de façon dynamique			
• relate les faits ou les paroles le plus exactement possible			
• est respectueux ou respectueuse de son sujet			
• a le sens de la responsabilité			
• s'exprime clairement			
• utilise les mots justes			
• a l'œil ouvert quand il le faut			
• a l'oreille aux aguets			
• sait être sur ses gardes			
• peut être rusé ou rusée			
• est courageux ou courageuse			
• vérifie ses sources			
• a à cœur de trouver la vérité			

Magazine Synergie

4.3 Les séquences

TÉMOINS EN HERBE

Magazine

Synergie

Guide d'intervention pédagogique

Séquence 1

Magazine Synergie

Est-ce que la Bible dit vrai ? N°1

Plan de la séquence 1

Compétences disciplinaires

1 – Apprécier la tradition catholique vivante.

2 – Prendre position de façon éclairée sur des situations comportant un enjeu moral.

Composantes des compétences disciplinaires

1 – A Explorer des récits de la tradition catholique vivante.

1 – B Analyser des récits de la tradition catholique vivante.

1 – C Considérer des éléments de la diversité religieuse et des courants humanistes pour enrichir sa réflexion.

1 – D Prendre position sur des éléments de la tradition catholique vivante.

2 – A Définir l'enjeu moral.

2 – B Considérer différents référentiels.

2 – C Examiner des options et leurs effets possibles.

2 – D Justifier son choix à la lumière d'un référentiel.

Axe

Grandes questions humaines

Description de la séquence

Dans un premier temps, l'élève définit une problématique qui concerne la véracité de la Bible. Dans un deuxième temps, il explore et analyse des récits (textes bibliques, récits de catholiques d'hier et d'aujourd'hui, éléments de la diversité), afin d'éclairer sa problématique. Dans un dernier temps, il prend position, à la lumière de son analyse, sur la véracité de la Bible. Il rédige enfin sa participation au journal de son comité.

Compétences transversales

Ordre intellectuel

1 – Exploiter l'information.

2 – Résoudre des problèmes.

3 – Exercer son jugement critique.

4 – Mettre en œuvre sa pensée créatrice.

Ordre méthodologique

5 – Se donner des méthodes de travail efficaces.

6 – Exploiter les technologies de l'information et de la communication.

Ordre personnel et social

7 – Structurer son identité.

8 – Coopérer.

Ordre de la communication

9 – Communiquer de façon appropriée.

Composantes des compétences transversales

1 – A S'approprier l'information.
B Reconnaître diverses sources d'information.
C Tirer profit de l'information.

2 – A Analyser les éléments d'une situation.
B Imaginer des pistes de solution.
C Mettre à l'essai des pistes de solution.
D Adopter un fonctionnement souple.
E Évaluer sa démarche.

3 – A Construire son opinion.
B Exprimer son jugement.
C Relativiser son jugement.

4 – A S'imprégner des éléments d'une situation.
B Imaginer des façons de faire.
C S'engager dans une réalisation.
D Adopter un fonctionnement souple.

5 – A Analyser la tâche à accomplir.
B S'engager dans la démarche.
C Accomplir la tâche.
D Analyser sa démarche.

6 – A S'approprier les technologies de l'information et de la communication.
B Utiliser les technologies de l'information et de la communication pour effectuer sa tâche.
C Évaluer l'efficacité de l'utilisation de la technologie.

7 – A S'ouvrir aux stimulations environnantes.
B Prendre conscience de sa place parmi les autres.
C Mettre à profit ses ressources personnelles.

8 – A Interagir avec ouverture d'esprit dans différents contextes.
B Contribuer au travail collectif.
C Tirer profit du travail de coopération.

9 – A Établir l'intention de la communication.
B Choisir le mode de communication.
C Réaliser la communication.

Domaines généraux de formation

Orientation et entrepreneuriat
— Conscience de soi, de son potentiel et de ses modes d'actualisation
— Appropriation des stratégies liées à un projet

Vivre ensemble et citoyenneté
— Valorisation des règles de vie en société et des institutions démocratiques
— Engagement dans l'action dans un esprit de coopération et de solidarité
— Culture de la paix

Savoirs essentiels

- **Récit biblique :** l'Évangile de Luc (Lc 1, 1-4), récit d'expériences de foi vécues
- **Récit de vie d'un catholique d'hier :** Galilée, l'homme pour qui la Bible est un livre expliquant comment les humains se rapprochent de Dieu
- **Récit de vie d'un catholique contemporain :** des biblistes en quête de vérité
- **Élément de la diversité :** Luther, l'homme qui rend la Bible accessible
- **Développement moral :** vérité et foi sont les valeurs à dégager

Critères d'évaluation

1 — Apprécier la tradition catholique vivante.
— Choix de récits pertinents en rapport avec une problématique
— Narration ou reconstitution de récits de la tradition catholique vivante
— Description des expériences de vie et de foi relatées dans les récits
— Formulation des messages qui se dégagent des récits
— Prise en compte de l'apport de la diversité dans sa recherche de sens
— Construction de réponses personnelles

2 — Prendre position de façon éclairée sur des situations comportant un enjeu moral.
— Choix d'informations pertinentes en rapport avec l'enjeu moral
— Justification de ses choix à la lumière de référentiels

Magazine Synergie

Est-ce que la Bible dit vrai ?

N° 1

TÂCHE 1 2 3 4 5 6

2 périodes • Le journalisme d'enquête au service de la Bible

Mise au point

Situation

Le moment est venu pour les comités de rédaction de choisir le sujet de leur première enquête journalistique en enseignement moral et religieux catholique.

Intention (s)

Faire (ou refaire) connaissance avec la Bible, ses livres et la manière dont elle a vu le jour.

Savoirs essentiels

Récit de vie d'un catholique d'aujourd'hui : des biblistes en quête de vérité

Développement moral : vérité et foi sont les valeurs à dégager

Ressources

- **ENSEMBLE-RESSOURCE DE RÉFÉRENCE**, fascicule n° 1 :
  p. 3-4 : Témoignages de Maria et de Sylvain
  p. 5 : Entrevue avec Jean-Pierre Prévost, bibliste (1re partie)
  [p. 6-14 : Qu'est-ce que la Bible ?]
- **Information complémentaire**
  1 — Les témoignages de Maria et de Sylvain
- **Fiches**
  1.1 Sur le terrain
  1.2 Sujet d'enquête 1
  1.3 Regard sur notre enquête
  1.4 Entre moi… et moi

Compétences disciplinaires

◇ 1 A, B, C, D ☆ 2 B, D

Compétences transversales

Ordre intellectuel : 1 A, B, C ; **3** A ; **4** A, B

Ordre méthodologique : **5** A, D

Ordre personnel et social : toutes

Tâche

P Vous avez effectué une recherche au sujet de la présence de la Bible dans la vie quotidienne (fiche 1.1).
Vous mettez en commun les résultats de vos recherches au sujet de la présence de la Bible dans la vie quotidienne.
Vous découvrez deux témoignages au sujet de la présence de la Bible dans la vie quotidienne.

R Vous découvrez différentes facettes du métier de bibliste.
[Vous explorez le document de votre ensemble-ressource de référence intitulé *Qu'est-ce que la Bible ?*]

i Vous déterminez, à la lumière de vos analyses, découvertes et explorations, le sujet de votre première enquête.
Vous décidez, en comité, du traitement journalistique que vous accorderez à votre sujet d'enquête.
Vous évaluez le travail de votre comité de rédaction ainsi que votre participation personnelle.

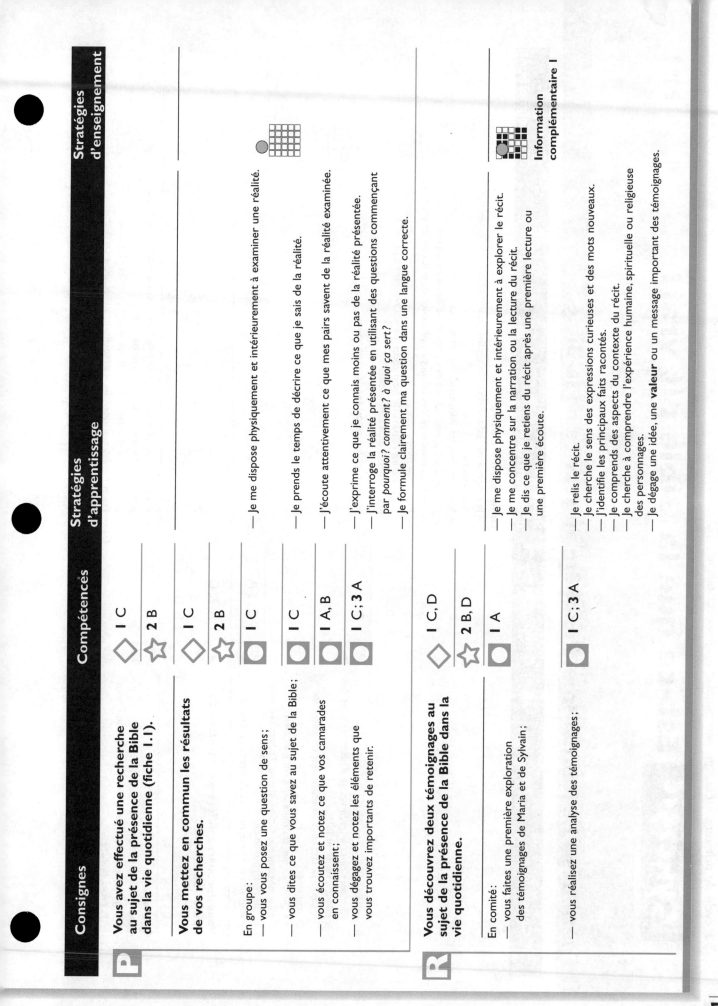

Consignes	Compétences	Stratégies d'apprentissage	Stratégies d'enseignement
P **Vous avez effectué une recherche au sujet de la présence de la Bible dans la vie quotidienne (fiche 1.1).**	◇ **1** C ☆ **2** B		
Vous mettez en commun les résultats de vos recherches.	◇ **1** C ☆ **2** B		
En groupe: — vous vous posez une question de sens;	**1** C	— Je me dispose physiquement et intérieurement à examiner une réalité.	
— vous dites ce que vous savez au sujet de la Bible;	**1** C	— Je prends le temps de décrire ce que je sais de la réalité.	
— vous écoutez et notez ce que vos camarades en connaissent;	**1** A, B	— J'écoute attentivement ce que mes pairs savent de la réalité examinée.	
— vous dégagez et notez les éléments que vous trouvez importants de retenir.	**1** C; **3** A	— J'exprime ce que je connais moins ou pas de la réalité présentée. — J'interroge la réalité présentée en utilisant des questions commençant par *pourquoi? comment? à quoi ça sert?* — Je formule clairement ma question dans une langue correcte.	
R **Vous découvrez deux témoignages au sujet de la présence de la Bible dans la vie quotidienne.**	◇ **1** C, D ☆ **2** B, D		
En comité: — vous faites une première exploration des témoignages de Maria et de Sylvain;	**1** A	— Je me dispose physiquement et intérieurement à explorer le récit. — Je me concentre sur la narration ou la lecture du récit. — Je dis ce que je retiens du récit après une première lecture ou une première écoute.	**Information complémentaire 1**
— vous réalisez une analyse des témoignages;	**1** C; **3** A	— Je relis le récit. — Je cherche le sens des expressions curieuses et des mots nouveaux. — J'identifie les principaux faits racontés. — Je comprends des aspects du contexte du récit. — Je cherche à comprendre l'expérience humaine, spirituelle ou religieuse des personnages. — Je dégage une idée, une **valeur** ou un message important des témoignages.	

Magazine Synergie

Est-ce que la Bible dit vrai?

N° 1

TÂCHE 1 2 3 4 5 6

2 périodes • Le journalisme d'enquête au service de la Bible

Consignes	Compétences	Stratégies d'apprentissage	Stratégies d'enseignement
		Développement moral: — Je cherche des informations objectives qui jettent un éclairage sur la situation. — Je sélectionne les informations pertinentes. — J'entends les points de vue des personnes de l'entourage. — Je fais un inventaire des valeurs en présence dans les récits étudiés. — J'exprime mon choix. — Je donne les raisons de mon choix en me référant à un ou à des éléments d'un référentiel.	
En groupe: — vous participez à un brassage d'idées au sujet des valeurs, vérité et foi; • *À quoi pensez-vous spontanément en entendant ces mots?* • *Qu'est-ce que ces mots signifient pour vous?* • *Qu'est-ce que le dictionnaire ou d'autres documents de référence en disent?*	1 B	— Je formule des hypothèses personnelles.	
— vous notez ce qui ressort du brassage d'idées.	1 C; **3** A	— Je dégage des éléments de réponse à partir d'un récit.	
Vous découvrez différentes facettes du métier de bibliste.	1 A, B, D **2** B, D		
En groupe: — vous faites une première exploration de la première partie de l'entrevue avec Jean-Pierre Prévost, bibliste;	1 A	— Je me dispose physiquement et intérieurement à explorer le récit. — Je me concentre sur la narration du récit. — Je dis ce que je retiens du récit après une première lecture. — J'exprime les questions ou les réactions que soulève ce récit.	

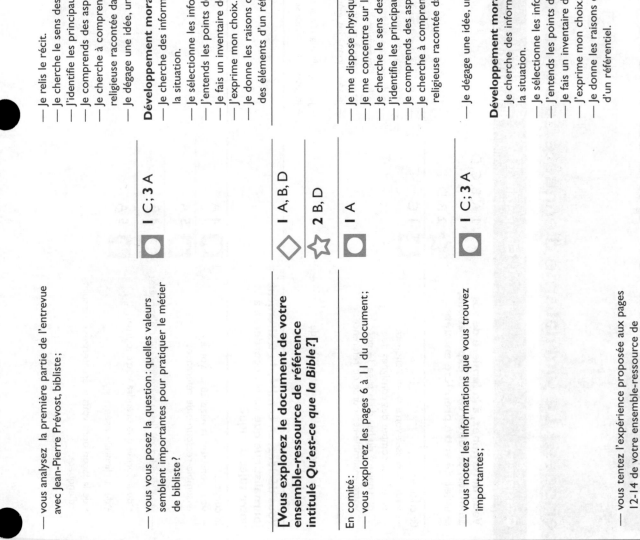

— vous analysez la première partie de l'entrevue avec Jean-Pierre Prévost, bibliste;		— Je relis le récit. — Je cherche le sens des expressions curieuses et des mots nouveaux. — J'identifie les principaux faits racontés dans le récit. — Je comprends des aspects du contexte. — Je cherche à comprendre l'expérience humaine, spirituelle ou religieuse racontée dans le récit. — Je dégage une idée, une valeur ou un message important du récit.
— vous vous posez la question : quelles valeurs semblent importantes pour pratiquer le métier de bibliste?	**1** C; **3** A	**Développement moral:** — Je cherche des informations objectives qui jettent un éclairage sur la situation. — Je sélectionne les informations pertinentes. — J'entends les points de vue des personnes de l'entourage. — Je fais un inventaire des valeurs en présence dans les récits étudiés. — J'exprime mon choix. — Je donne les raisons de mon choix en me référant à un ou à des éléments d'un référentiel.
[Vous explorez le document de votre ensemble-ressource de référence intitulé *Qu'est-ce que la Bible?*]	**1** A, B, D **2** B, D	
En comité: — vous explorez les pages 6 à 11 du document;	**1** A	— Je me dispose physiquement et intérieurement à explorer le récit. — Je me concentre sur le récit. — Je cherche le sens des expressions curieuses et des mots nouveaux. — J'identifie les principaux faits racontés dans le récit. — Je comprends des aspects du contexte dans le récit. — Je cherche à comprendre l'expérience humaine, spirituelle ou religieuse racontée dans le récit.
— vous notez les informations que vous trouvez importantes; — vous tentez l'expérience proposée aux pages 12-14 de votre ensemble-ressource de référence.	**1** C; **3** A	— Je dégage une idée, une **valeur** ou un message important du récit. **Développement moral:** — Je cherche des informations objectives qui jettent un éclairage sur la situation. — Je sélectionne les informations pertinentes. — J'entends les points de vue des personnes de l'entourage. — Je fais un inventaire des valeurs en présence dans les récits étudiés. — J'exprime mon choix. — Je donne les raisons de mon choix en me référant à un ou à des éléments d'un référentiel.

Magazine Synergie

Est-ce que la Bible dit vrai? N° 1

TÂCHE 1 2 3 4 5 6

2 périodes • Le journalisme d'enquête au service de la Bible

Consignes	Compétences	Stratégies d'apprentissage	Stratégies d'enseignement
i **Vous déterminez, à la lumière de vos analyses, découvertes et explorations, le sujet de votre première enquête.**	◇ 1 A, B, C, D ☆ 2 B, D		
En comité: — vous choisissez votre sujet d'enquête en tenant compte des consignes du personnage du bas de la page 14 de votre ensemble-ressource de référence; — vous le formulez clairement à l'aide de la fiche 1.2.	1 C	— Je redis la question à résoudre. — Je formule des hypothèses personnelles. — Je dégage des éléments de réponse à partir du récit. — Je fais l'inventaire des différentes options de réponse qui se présentent à partir des récits étudiés. — Je sélectionne les éléments de réponse qui sont les plus significatifs. — Je formule ma réponse dans une langue correcte. — Je justifie ma réponse.	
Vous décidez, en comité, du traitement journalistique que vous accorderez à votre sujet d'enquête.			
En comité: — vous consultez la page 26 de votre ensemble-ressource de référence; — vous décidez, en lien avec votre sujet d'enquête: • de la forme que prendra votre journal; • de la clientèle visée; • de la façon dont vous présenterez votre sujet d'enquête.	4 A 5 A 4 B 5 A		

Vous évaluez le travail de votre comité de rédaction ainsi que votre participation personnelle.	**1** A, B, C, D **2** B, D
En comité : — vous évaluez votre travail de la première tâche (fiche 1.3, parties 1 et 3) ; — vous évaluez votre façon personnelle de travailler au cours de cette tâche (fiche 1.4).	**5** D **5** D

Information complémentaire

1 — Les témoignages de Maria et de Sylvain

Maria

a) Les deux personnes qui ont sonné à sa porte lui disent que la Bible peut répondre à toutes les questions que les humains se posent. Les personnes affirment que la Bible dit la vérité, rien que la vérité et toute la vérité. Elles concluent que la Bible, c'est la vérité vraie.

b) Maria semble comprendre que la Bible est plus ou moins comme un livre de prédictions. Il suffirait à une personne de l'ouvrir pour trouver exactement les réponses aux questions qu'elle se pose.

c) Maria n'est pas intéressée par ce que lui disent les deux personnes. Elle se fait peut-être une autre idée de la vérité.

Sylvain

a) Sylvain est croyant. Sa foi lui fait envisager la Bible d'une autre façon que celle de Maria.

b) Pour lui, la lecture de la Bible peut être un réconfort, surtout dans une période difficile comme celle qu'il a vécue durant la maladie de sa fille.

c) Un passage des Évangiles lui donne le courage de lutter avec sa fille.

d) Il utilise une expression importante : « Les paroles de Jésus sonnaient justes. » Il y avait une cohérence entre les paroles et les actes de Jésus.

Je développe les compétences

J'apprécie la tradition catholique vivante.
Je prends position de façon éclairée sur des situations comportant un enjeu moral.
Je m'approprie l'information.
Je reconnais diverses sources d'information.
Je tire profit de l'information.

Sur le terrain

Voici une petite enquête facile à réaliser. Observe. Écoute. Interroge.

Parle-t-on de la Bible? Si oui, qu'est-ce qu'on en dit?

Dans ta famille

Dans l'entourage de tes amis et amies

Dans les journaux et magazines

Un exemple

Un entrefilet dans un magazine dit que la Bible est le livre le plus traduit au monde. Quelque 2 233 langues sur 3 000 à 6 000 parlées sont à ce jour concernées par la traduction, ne serait-ce que d'un livre biblique.

À la télévision

Un exemple

Le président des États-Unis prête serment sur la Bible. Tous les présidents de ce pays font le même geste pour jurer solennellement qu'ils accompliront bien leur travail.

Sur Internet

Ailleurs

Connais-tu les expressions suivantes?

Ta chambre est un vrai capharnaüm!

Cette expression désigne un lieu mal rangé où l'on trouve à la fois tout et rien. Elle tire son origine dans le fait suivant: les habitants de la ville de Galilée, appelée Capharnaüm, étaient d'origines ethniques très diverses. Des gens de plusieurs nationalités y vivaient dans l'harmonie.

Il n'est pas coupable. On en a fait un bouc émissaire!

Cette expression désigne aujourd'hui un individu réel ou imaginaire que l'on charge de nombreux maux. Elle rappelle que le jour des Expiations (une fête juive), on chargeait symboliquement, par des gestes et des paroles, un bouc de tous les péchés du peuple juif. On l'envoyait ensuite dans le désert.

Il passe son temps à se plaindre. Il n'en finit plus avec ses jérémiades!

Le mot *jérémiades* rappelle les lamentations, les plaintes d'un prophète de l'Ancien Testament, appelé Jérémie. Celui-ci pleurait et se plaignait parce que Jérusalem était tombée aux mains des ennemis.

Trouve d'autres expressions ou mots qui tirent leur origine de la Bible. Note-les ci-dessous.

Je développe les compétences

J'apprécie la tradition catholique vivante.
Je prends position de façon éclairée sur des situations comportant un enjeu moral.
Je tire profit de l'information.

Sujet d'enquête 1

Nom de notre comité de rédaction: ________________

Mon nom: ________________

Pour choisir notre sujet d'enquête, nous pouvons:

1 Relire, dans notre ensemble-ressource de référence, les témoignages de Maria et de Sylvain et celui de Jean-Pierre Prévost.

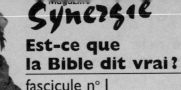

2 Consulter, s'il y a lieu, les informations recueillies lors de notre travail sur le document intitulé *Qu'est-ce que la Bible ?*

3 Faire appel à nos interrogations personnelles ou à celles qui sont partagées par d'autres.

4 Consulter rapidement les différents documents de notre magazine *Synergie*.

Notre sujet d'enquête sera:

____

Si nous avons besoin d'autres ressources (livres, journaux, Internet, cédéroms, interviews, etc.), nous les identifions ci-dessous. Nous consultons ensuite le personnel enseignant quant à la possibilité de consulter ces sources.

____

Regard sur notre enquête

Nom:

Comité de rédaction:

Sujet d'enquête:

T Toujours	**P** Parfois
S Souvent	**J** Jamais

1 — Nos façons de travailler ensemble

	TÂCHES 1	2	3	4	5	6
Nous nous sommes entraidés.						
Nous avons fait chacun notre part du travail.						
Nous avons demandé de l'aide quand c'était nécessaire.						
Nous avons participé aux discussions de notre comité.						

2 — Nos récits

	Un texte de l'Évangile selon Luc	Conférence de presse de Martin Luther	Après le procès de Galilée	Entrevue avec Jean-Pierre Prévost, bibliste
Nous avons décidé de la façon de raconter le récit.				
Nous avons élaboré un plan de notre narration.				
Nous avons raconté le récit en tenant compte:				
– des faits essentiels;				
– de la chronologie des faits;				
– des aspects du contexte;				
– de l'expérience qui y est racontée;				
– de la valeur (ou des valeurs) qui s'en dégage (nt).				

3 — Notre appréciation générale

Échelle d'appréciation

A Nous sommes très fiers de nous.
B Nous sommes fiers de nous.
C Nous aurions pu faire mieux.

Notre travail en comité

Nous avons effectué notre enquête et ❑.

Entre moi... et moi

T Toujours **P** Parfois
S Souvent **J** Jamais

	TÂCHES 1	2	3	4	5	6
Je prends mes responsabilités.						
Je suis à l'aise dans mon comité.						
Je suis respectueux de mes coéquipiers.						
Je suis capable de défendre mon point de vue.						
Je manifeste un bon esprit d'équipe.						
Je fonctionne de façon autonome.						
Je fais face aux difficultés.						
Je respecte les consignes.						
Je suis habile à chercher dans une documentation.						
Je sélectionne ce qui m'apparaît pertinent dans les informations recueillies.						
Je sais organiser mes informations.						
Je sais présenter mes informations.						
J'accomplis mon travail jusqu'au bout.						
Je présente correctement mon travail.						

Magazine Synergie

Est-ce que la Bible dit vrai ? N° 1

TÂCHE 1 2 3 4 5 6

2 périodes • Un document à examiner de près

Voyons voir

Situation

C'est le début de la première enquête des comités de rédaction.

Intention (s)

Analyser le document intitulé *Un texte de l'Évangile selon Luc*. En dégager des pistes-guides qui éclairent le sujet d'enquête.

Savoirs essentiels

Récit biblique : l'Évangile de Luc (Lc 1,1-4), récit d'expériences de foi vécues

Développement moral : vérité et foi sont les valeurs à dégager

Ressources

- **ENSEMBLE-RESSOURCE DE RÉFÉRENCE**, fascicule n° 1, p. 15-17
- **Information complémentaire**
  1 — À propos de Luc
  2 — Luc et l'historicité de ses écrits
- **Fiches**

1.2 Sujet d'enquête 1
2.1 Pour raconter un texte biblique
2.2 Nos pistes-guides
1.3 Regard sur notre enquête
1.4 Entre moi… et moi

Compétences disciplinaires

1 A, B, D
2 B, D

Compétences transversales

Ordre intellectuel : **1** A, C ; **3** A, B ; **4** A, B, C, D

Ordre méthodologique : **5** D

Ordre personnel et social : toutes

Ordre de la communication : **9** A, B, C

Liens avec d'autres disciplines

Français : Lire des textes variés. Communiquer oralement.

Tâche

P Vous explorez le document de votre ensemble-ressource de référence intitulé *Un texte de l'Évangile selon Luc*. Vous vous appropriez ce texte à l'aide d'une fiche de travai, dans le but d'en préparer la narration.

R Vous racontez le récit biblique.

i Vous dégagez du récit des pistes-guides qui éclairent votre sujet d'enquête.

Vous évaluez le travail de votre comité de rédaction ainsi que votre participation personnelle.

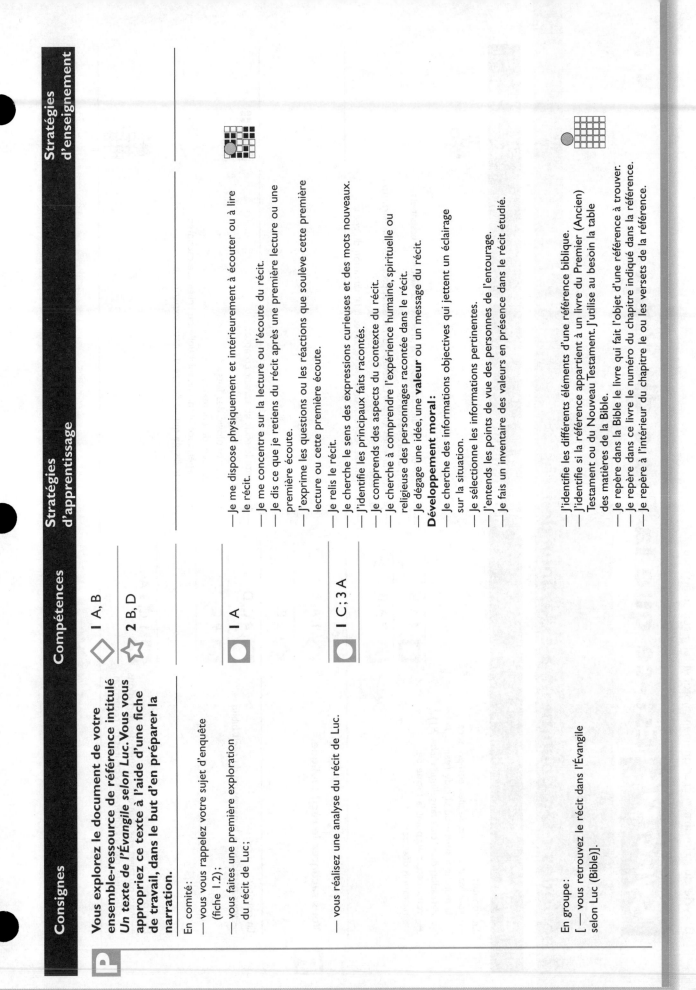

Consignes	Compétences	Stratégies d'apprentissage	Stratégies d'enseignement
P **Vous explorez le document de votre ensemble-ressource de référence intitulé *Un texte de l'Évangile selon Luc.* Vous vous appropriez ce texte à l'aide d'une fiche de travail, dans le but d'en préparer la narration.**	◇ **1** A, B ☆ **2** B, D		
En comité: — vous vous rappelez votre sujet d'enquête (fiche 1.2); — vous faites une première exploration du récit de Luc;	**1** A	— Je me dispose physiquement et intérieurement à écouter ou à lire le récit. — Je me concentre sur la lecture ou l'écoute du récit. — Je dis ce que je retiens du récit après une première lecture ou une première écoute. — J'exprime les questions ou les réactions que soulève cette première lecture ou cette première écoute.	
— vous réalisez une analyse du récit de Luc.	**1** C; **3** A	— Je relis le récit. — Je cherche le sens des expressions curieuses et des mots nouveaux. — J'identifie les principaux faits racontés. — Je comprends des aspects du contexte du récit. — Je cherche à comprendre l'expérience humaine, spirituelle ou religieuse des personnages racontée dans le récit. — Je dégage une idée, une **valeur** ou un message du récit. **Développement moral:** — Je cherche des informations objectives qui jettent un éclairage sur la situation. — Je sélectionne les informations pertinentes. — J'entends les points de vue des personnes de l'entourage. — Je fais un inventaire des valeurs en présence dans le récit étudié.	
En groupe: [— vous retrouvez le récit dans l'Évangile selon Luc (Bible)].		— J'identifie les différents éléments d'une référence biblique. — J'identifie si la référence appartient à un livre du Premier (Ancien) Testament ou du Nouveau Testament. J'utilise au besoin la table des matières de la Bible. — Je repère dans la Bible le livre qui fait l'objet d'une référence à trouver. — Je repère dans ce livre le numéro du chapitre indiqué dans la référence. — Je repère à l'intérieur du chapitre le ou les versets de la référence.	

Magazine Synergie **Est-ce que la Bible dit vrai ?** N° 1

TÂCHE 1 **2** 3 4 5 6

2 périodes • Un document à examiner de près

Consignes		Stratégies d'apprentissage	Stratégies d'enseignement
En comité : — vous vous assurez de bien comprendre la marche à suivre, en vue de réaliser la narration du récit évangélique (fiche 2.1) ; — vous mettez au point la forme de narration désirée.	**4** A, B **9** A, B	— J'élabore un plan de narration qui précise les éléments essentiels du récit à faire ressortir. — Je détermine les supports audio ou visuels appropriés à la narration du récit. — Je rassemble les ressources nécessaires à la narration du récit.	
R **Vous racontez le récit biblique.**	**1** A, B **2** B		
En comité : — vous participez à la narration du récit biblique.	**4** C, D **9** C	— Je raconte le récit en tenant compte : • des faits essentiels ; • de la chronologie des faits ; • des aspects du contexte ; • de l'expérience humaine, spirituelle ou religieuse racontée ; • d'un message qui se dégage de cette expérience.	
En groupe : — vous partagez vos opinions au sujet des narrations effectuées par les différents comités de rédaction.	**1** C, **3** A		

Consignes	Compétences	Stratégies d'apprentissage	Stratégies d'enseignement
Vous dégagez du récit des pistes-guides qui éclairent votre sujet d'enquête.	**1** D **2** D		
En comité : — vous dégagez des pistes-guides qui éclairent votre sujet d'enquête (fiche 2.2).	**1** C; **3** B	— Je redis la question à résoudre. — Je formule des hypothèses personnelles. — Je dégage des éléments de réponse à partir d'un récit. — Je fais l'inventaire des différentes options de réponse qui se présentent, notamment, à partir des récits étudiés. — Je sélectionne les éléments de réponse qui sont les plus significatifs. — Je formule ma réponse dans une langue correcte. — Je justifie ma réponse. **Développement moral :** — J'exprime mon choix. — Je donne les raisons de mon choix en me référant à un ou à des éléments d'un référentiel.	
Vous évaluez le travail de votre comité de rédaction ainsi que votre participation personnelle.	**1** A, B, C, D **2** B, D		
En comité : — vous évaluez le travail de votre comité de rédaction (fiche 1.3) ;	**5** D		
— vous évaluez votre participation personnelle (fiche 1.4).	**5** D		

Magazine Synergie

Est-ce que la Bible dit vrai ?

N° I

TÂCHE 1 2 3 4 5 6

2 périodes • Un document à examiner de près

Information complémentaire

I — À propos de Luc

Comme les autres évangélistes, Luc s'est complètement effacé derrière ses deux livres : l'évangile et les Actes des Apôtres. L'essentiel pour lui est de transmettre une bonne Nouvelle : Jésus, ses paroles, ses actes.

Mais ces deux livres nous disent quelque chose de l'auteur. D'abord, son immense talent d'écrivain. Il manie différents styles et passe du grec classique le plus pur au grec teinté d'expressions hébraïques. Manifestement, c'est un homme cultivé, connaissant aussi bien la pensée hellénistique que les livres saints d'Israël. C'est aussi un conteur très doué. Et un historien ! Grâce à lui, nous connaissons le rôle des Apôtres après le départ de Jésus, le travail missionnaire de Paul, la création des premières communautés. Son témoignage est donc particulièrement précieux.

Le visage de Jésus que Luc présente est aussi bien particulier. Dès le début de son évangile, il montre Jésus comme le Messie promis à Israël. Puis, peu à peu, il le présente comme le Roi d'un nouveau type de royaume, un royaume où les petits sont privilégiés. Enfin, Luc révèle en Jésus le Prophète, celui qui doit venir pour inaugurer des temps nouveaux[1].

2 — Luc et l'historicité de ses écrits

[Les Actes des Apôtres est un] livre du Nouveau Testament écrit vers 80 apr. J.-C. par l'évangéliste Luc. Il nous éclaire sur les origines de la toute première communauté chrétienne. Les textes extraits du Nouveau Testament proviennent exclusivement du milieu chrétien. Ils sont donc, a priori, sujets à caution aux yeux de l'historien. Mais leur confrontation ajoutée aux données de l'archéologie ou d'autres documents comme les Manuscrits de la mer Morte, découverts à Qumrân en 1947, et qui éclairent l'arrière-fond juif de l'époque, permet à la critique et à l'exégèse moderne de mieux distinguer ce qui relève de l'Histoire et ce qui est de l'ordre du récit apologétique ou de la controverse théologique[2].

1. LISE LACHANCE, « Saint Luc, l'évangéliste (18 octobre) » dans *Prions en Église*, édition dominicale, vol. 65, n° 40, Ottawa, Novalis, 2001, p. 35.
2. AIMÉ SAVARD, « Grâce à Pierre, les Douze deviennent 3 000 » dans *Premiers chrétiens. Ces aventuriers qui ont changé le monde*, Historia thématique, n° 64 (mars-avril 2000), p. 14.

Magazine Synergie

Est-ce que la Bible dit vrai ?

fascicule n° 1

Je développe les compétences

J'apprécie la tradition catholique vivante.
Je prends position de façon éclairée sur des situations comportant un enjeu moral.
Je m'imprègne des éléments d'une situation.
J'imagine des façons de faire.
J'établis l'intention de la communication.
Je choisis le mode de communication.

Pour raconter un texte biblique

Cette fiche a pour but de faciliter votre analyse du texte de l'Évangile selon Luc.

À première vue

1 — Nous lisons le texte de l'Évangile selon Luc.

2 — Nous retenons de ce texte...

____

____

____

____

3 — Nos impressions

____

____

____

____

4 — Nos questions, si nous en avons

____

____

____

____

De plus près

5 — Ces mots étaient difficiles.

____

____

____

____

6 — Les principaux faits racontés sont :

____

____

____

7 — Contexte

Qui est Luc ?

____

____

____

____

Qu'est-ce que nous savons au sujet de son Évangile ?

8— L'expérience racontée dans le texte de l'Évangile selon Luc

9 — Quelle idée, quelle valeur ou quel message nous paraissent importants dans ce texte ? Nous tenons peut-être là une bonne piste-guide pour notre enquête.

Pour raconter

10 — Notre plan

11 — Notre façon de raconter

Il serait bon de relire la suggestion du jeune personnage de la page 17 de notre ensemble-ressource de référence.

12 — Nous aurons besoin de :

13 — Nous préparons notre récit du texte de l'Évangile selon Luc.

Nous retenons la suggestion du personnage de la page 17 de notre ensemble-ressource de référence si nous avons décidé de raconter le texte de Luc sous forme de lettre.

Je développe les compétences
J'apprécie la tradition catholique vivante.
Je prends position de façon éclairée sur des situations comportant un enjeu moral.
Je tire profit de l'information.
J'exprime mon jugement.

Nom:

Comité de rédaction:

Sujet d'enquête:

Nos pistes-guides

1— Pistes-guides dégagées du document intitulé *Un texte de l'Évangile selon Luc*

2 — Pistes-guides dégagées du document intitulé *Martin Luther, un homme qui rendit la Bible accessible*

3 — Pistes-guides dégagées du document intitulé *Galilée, un savant que la Bible rapprochait de Dieu*

4 — Pistes-guides dégagées du document intitulé *Entrevue avec Jean-Pierre Prévost* (1re et 2e partie)

5 — Pistes-guides dégagées d'autres documents consultés

Je conserve cette fiche. Elle me sera utile quand viendra le moment de participer à la rédaction du journal de mon comité.

Magazine Synergie

Est-ce que la Bible dit vrai ?

N° 1

TÂCHE 1 2 3 4 5 6

2 périodes • Conférence de presse des porte-parole de Martin Luther

Voyons voir

Situation

On avait annoncé une conférence de Martin Luther. Il lui est cependant impossible de s'y présenter. Il demande aux comités de rédaction de devenir ses porte-parole. Les conférences de presse auront lieu à la prochaine période d'enseignement moral et religieux catholique.

Intention (s)

Découvrir comment Martin Luther a rendu la Bible accessible à tous.

Savoirs essentiels

Élément de la diversité : Luther, l'homme qui rend la Bible accessible
Développement moral : vérité et foi sont les valeurs à dégager

Ressources

- **ENSEMBLE-RESSOURCE DE RÉFÉRENCE**, fascicule n° 1, p. 18-21
- **Fiches**

1.2 Sujet d'enquête 1
2.2 Nos pistes-guides
1.3 Regard sur notre enquête
1.4 Entre moi… et moi
3.1 Conférences de presse

Compétences disciplinaires

◇ **1** C, D ☆ **2** B, D

Compétences transversales

Ordre intellectuel : **1** A, B, C; **3** A, B; **4** A, B, C, D

Ordre méthodologique : **5** D

Ordre personnel et social : toutes

Ordre de la communication : **9** A, B, C

Liens avec d'autres disciplines

Français : Communiquer oralement.

Tâche

P Vous devez prendre connaissance individuellement du document de votre ensemble-ressource de référence intitulé *Martin Luther, l'homme qui rendit la Bible accessible*.

Vous préparez vos interventions en vue de la conférence de presse. Vous préparez également les questions que vous poserez aux autres porte-parole de Martin Luther.

R Vous affrontez les questions des journalistes des autres comités de rédaction.

i Vous dégagez des pistes-guides qui éclairent votre sujet.

Vous évaluez le travail de votre comité de rédaction ainsi que votre participation personnelle.

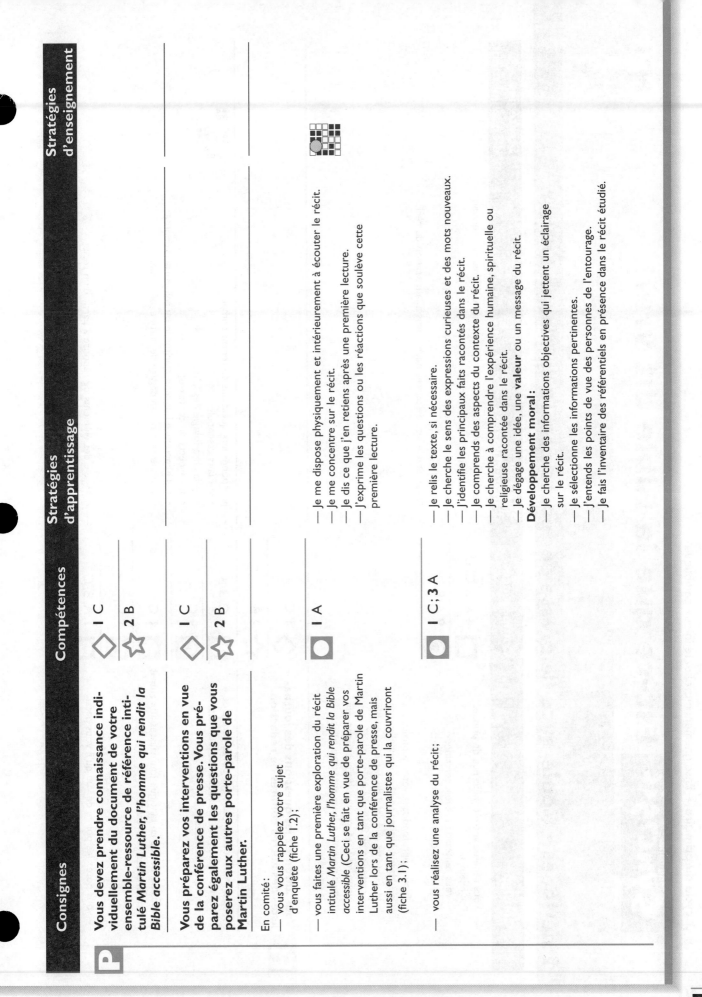

Consignes	Compétences	Stratégies d'apprentissage	Stratégies d'enseignement
P **Vous devez prendre connaissance individuellement du document de votre ensemble-ressource de référence intitulé *Martin Luther, l'homme qui rendit la Bible accessible.***	**1** C **2** B		
Vous préparez vos interventions en vue de la conférence de presse. Vous préparez également les questions que vous poserez aux autres porte-parole de Martin Luther.	**1** C **2** B		
En comité: — vous vous rappelez votre sujet d'enquête (fiche 1.2);			
— vous faites une première exploration du récit intitulé *Martin Luther, l'homme qui rendit la Bible accessible* (Ceci se fait en vue de préparer vos interventions en tant que porte-parole de Martin Luther lors de la conférence de presse, mais aussi en tant que journalistes qui la couvriront (fiche 3.1);	**1** A	— Je me dispose physiquement et intérieurement à écouter le récit. — Je me concentre sur le récit. — Je dis ce que j'en retiens après une première lecture. — J'exprime les questions ou les réactions que soulève cette première lecture.	
— vous réalisez une analyse du récit;	**1** C; **3** A	— Je relis le texte, si nécessaire. — Je cherche le sens des expressions curieuses et des mots nouveaux. — J'identifie les principaux faits racontés dans le récit. — Je comprends des aspects du contexte du récit. — Je cherche à comprendre l'expérience humaine, spirituelle ou religieuse racontée dans le récit. — Je dégage une idée, une **valeur** ou un message du récit. **Développement moral:** — Je cherche des informations objectives qui jettent un éclairage sur le récit. — Je sélectionne les informations pertinentes. — J'entends les points de vue des personnes de l'entourage. — Je fais l'inventaire des référentiels en présence dans le récit étudié.	

Magazine Synergie

Est-ce que la Bible dit vrai ? N° 1

1 2 TÂCHE 3 4 5 6

2 périodes • Conférence de presse des porte-parole de Martin Luther

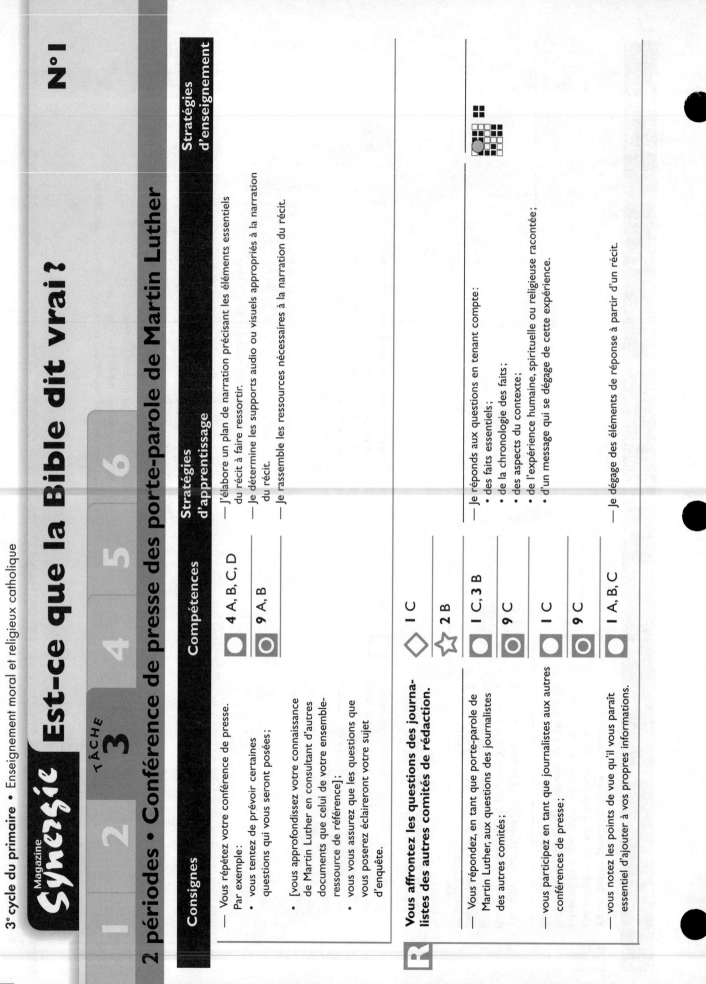

Consignes	Compétences	Stratégies d'apprentissage	Stratégies d'enseignement
— Vous répétez votre conférence de presse. Par exemple: • vous tentez de prévoir certaines questions qui vous seront posées; • [vous approfondissez votre connaissance de Martin Luther en consultant d'autres documents que celui de votre ensemble-ressource de référence]; • vous vous assurez que les questions que vous poserez éclaireront votre sujet d'enquête.	**4** A, B, C, D **9** A, B	— J'élabore un plan de narration précisant les éléments essentiels du récit à faire ressortir. — Je détermine les supports audio ou visuels appropriés à la narration du récit. — Je rassemble les ressources nécessaires à la narration du récit.	
R **Vous affrontez les questions des journalistes des autres comités de rédaction.**	◇ **1** C ☆ **2** B		
— Vous répondez, en tant que porte-parole de Martin Luther, aux questions des journalistes des autres comités;	**1** C, **3** B **9** C	— Je réponds aux questions en tenant compte: • des faits essentiels; • de la chronologie des faits; • des aspects du contexte; • de l'expérience humaine, spirituelle ou religieuse racontée; • d'un message qui se dégage de cette expérience.	
— vous participez en tant que journalistes aux autres conférences de presse;	**1** C **9** C		
— vous notez les points de vue qu'il vous paraît essentiel d'ajouter à vos propres informations.	**1** A, B, C	— Je dégage des éléments de réponse à partir d'un récit.	

Vous dégagez des pistes-guides qui éclairent votre sujet d'enquête.	◇ **1** D ☆ **2** D		
En comité : — vous dégagez les pistes-guides qui éclairent votre sujet d'enquête (fiche 2.2).	**1** C ; **3** B,	— Je sélectionne les éléments de réponse qui sont les plus significatifs. — Je formule ma réponse dans une langue correcte. — Je justifie ma réponse. **Développement moral :** — J'exprime mon choix. — Je donne les raisons de mon choix en me référant à un ou des éléments d'un référentiel.	
Vous évaluez le travail de votre comité de rédaction ainsi que votre participation personnelle.			
En comité : — vous évaluez le travail de votre comité (fiche 1.3) ;	**5** D		
— vous évaluez votre participation personnelle (fiche 1.4).	**5** D		

Je développe les compétences

J'apprécie la tradition catholique vivante.
Je prends position de façon éclairée sur des situations comportant un enjeu moral.
Je m'approprie l'information.
Je tire profit de l'information.
Je construis mon opinion.

Conférences de presse

Voici quelques pistes qui vous serviront à préparer vos questions et vos réponses, pour les conférences de presse.

Martin Luther

— Son époque:

— Sa vie:

— Sa foi:

— La Bible pour lui:

— Les conséquences de ses prises de position:

— La réaction de l'Église catholique:

Est-ce que la Bible dit vrai?

[illegible]

Récit de vie : Un cauchemar [illegible]

[illegible]

• Importance [illegible]

[illegible]

Vous présentez vos réponses [illegible]

[illegible]

Magazine Synergie

Est-ce que la Bible dit vrai ?

N° 1

1 | 2 | 3 | TÂCHE 4 | 5 | 6

2 périodes • Après le procès de Galilée

Voyons voir

Situation

Le procès de Galilée vient tout juste de se terminer. Chaque comité de rédaction nous résume les faits, comme les journalistes de la scène judiciaire le font à la télévision ou à la radio.

Intention (s)

Découvrir comment la Bible rapprochait Galilée de Dieu.

Savoirs essentiels

Récit de vie d'un catholique d'hier : Galilée, l'homme pour qui la Bible est un livre qui explique comment les humains se rapprochent de Dieu
Développement moral : vérité et foi sont les valeurs à dégager

Ressources

- **ENSEMBLE-RESSOURCE DE RÉFÉRENCE**, fascicule n° 1, p. 22-24
- **Information complémentaire**
  1 — Préparation d'un exposé journalistique
- **Fiches**

1.2 Sujet d'enquête 1
2.2 Nos pistes-guides
1.3 Regard sur notre enquête
1.4 Entre moi… et moi

Compétences disciplinaires

◇ 1 A, B, D ☆ 2 B, D

Compétences transversales

Ordre intellectuel : 1 A, C ; **3** A, B ; **4** A, B, C, D

Ordre méthodologique : **5** D

Ordre personnel et social : toutes

Ordre de la communication : **9** A, B, C

Liens avec d'autres disciplines

Français : Communiquer oralement.

Tâche

P Vous avez pris connaissance du document de votre ensemble-ressource de référence intitulé *Galilée, un savant que la Bible rapprochait de Dieu*. Vous préparez vos exposés sur le procès de Galilée.

R Vous présentez vos exposés et vous écoutez attentivement ceux des autres comités de rédaction.

i Vous dégagez des pistes-guides qui éclairent votre sujet d'enquête. Vous évaluez le travail de votre comité et votre participation personnelle.

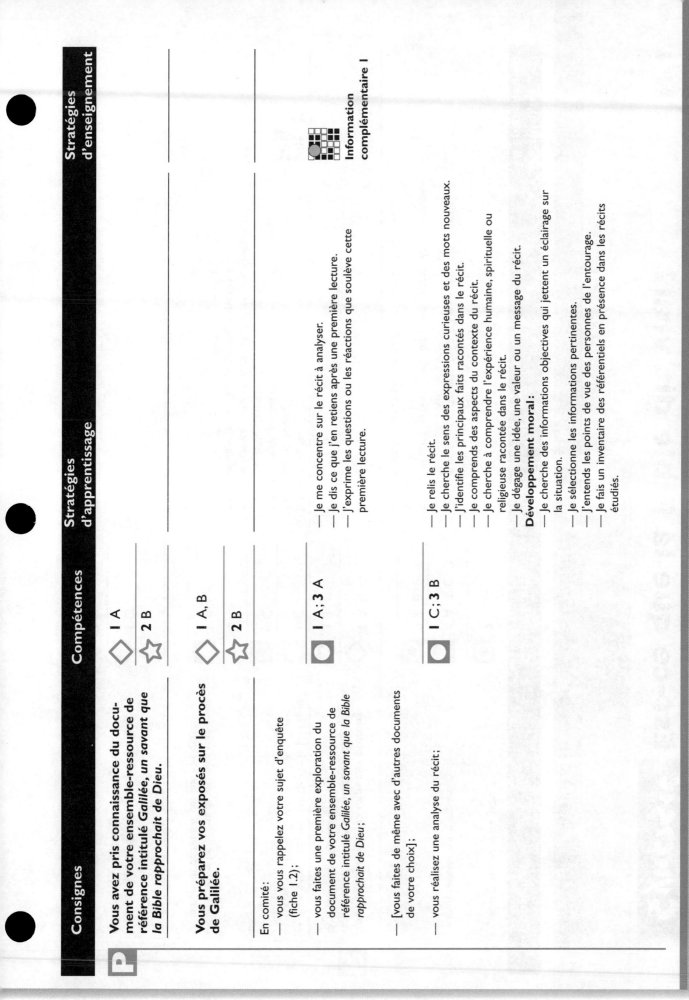

Consignes	Compétences	Stratégies d'apprentissage	Stratégies d'enseignement
P **Vous avez pris connaissance du document de votre ensemble-ressource de référence intitulé *Galilée, un savant que la Bible rapprochait de Dieu.***	**1** A **2** B		
Vous préparez vos exposés sur le procès de Galilée.	**1** A, B **2** B		
En comité : — vous vous rappelez votre sujet d'enquête (fiche 1.2) ;			
— vous faites une première exploration du document de votre ensemble-ressource de référence intitulé *Galilée, un savant que la Bible rapprochait de Dieu* ;	**1** A ; **3** A	— Je me concentre sur le récit à analyser. — Je dis ce que j'en retiens après une première lecture. — J'exprime les questions ou les réactions que soulève cette première lecture.	**Information complémentaire 1**
— [vous faites de même avec d'autres documents de votre choix] ;			
— vous réalisez une analyse du récit ;	**1** C ; **3** B	— Je relis le récit. — Je cherche le sens des expressions curieuses et des mots nouveaux. — J'identifie les principaux faits racontés dans le récit. — Je comprends des aspects du contexte du récit. — Je cherche à comprendre l'expérience humaine, spirituelle ou religieuse racontée dans le récit. — Je dégage une idée, une valeur ou un message du récit. **Développement moral :** — Je cherche des informations objectives qui jettent un éclairage sur la situation. — Je sélectionne les informations pertinentes. — J'entends les points de vue des personnes de l'entourage. — Je fais un inventaire des référentiels en présence dans les récits étudiés.	

Magazine Synergie

Est-ce que la Bible dit vrai ?

N° 1

TÂCHE 1 2 3 **4** 5 6

2 périodes • Après le procès de Galilée

Consignes	Compétences	Stratégies d'apprentissage	Stratégies d'enseignement
— vous préparez votre exposé ;	**9** A		
— vous répétez votre exposé.	**4** A, B, C, D **9** A, B	— J'élabore un plan de narration qui précise les éléments essentiels du récit à faire ressortir. — Je détermine les supports audio ou visuels appropriés à la narration du récit. — Je rassemble les ressources nécessaires à la narration du récit.	
R **Vous présentez vos exposés et vous écoutez attentivement ceux des autres comités de rédaction.**	**1** A, B **2** B		
— Vous présentez vos exposés sur le procès de Galilée.	**1** C **9** C	— Je tiens compte : • des faits essentiels ; • de la chronologie des faits ; • des aspects du contexte ; • de l'expérience humaine, spirituelle ou religieuse racontée ; • d'un message qui se dégage de cette expérience.	
— Vous notez les points de vue qu'il vous paraît important de retenir des autres exposés.	**1** A, B, C		
i **Vous dégagez des pistes-guides qui éclairent votre sujet d'enquête.**	**1** D **2** D		

En comité :
— vous dégagez les pistes-guides qui éclairent votre sujet d'enquête (fiche 2.2).

1 C ; **3** B, C

— Je redis la question à résoudre.
— Je formule des hypothèses personnelles.
— Je dégage des éléments de réponse à partir d'un récit.
— Je fais l'inventaire des différentes options de réponse qui se présentent, notamment à partir du récit étudié.
— Je sélectionne les éléments de réponse qui sont les plus significatifs.
— Je formule ma réponse dans une langue correcte.
— Je justifie ma réponse.

Développement moral :
— J'exprime mon choix.
— Je donne les raisons de mon choix en me référant à un ou à des éléments d'un référentiel.

Vous évaluez le travail de votre comité et votre participation personnelle.

En comité :
— vous évaluez le travail de votre comité de rédaction (fiche 1.3) ;

5 D

— vous évaluez votre participation personnelle (fiche 1.4).

5 D

Information complémentaire

1— Préparation d'un exposé journalistique

- Chaque comité comprend que son exposé demande la participation de chacun de ses membres.
- L'exposé est conçu à plusieurs voix. Les parties de l'exposé ajoutées les unes aux autres forment un seul exposé.
- Le comité lit d'abord le document aux pages 22-24 de son ensemble-ressource de référence.
- On divise ensuite le texte selon le nombre de membres du comité.
- Chaque membres rédige dans un français correct sa partie de l'exposé (contexte, faits, expérience vécue, message à retenir, dessins explicatifs s'il y a lieu, etc.).
- Le comité répète sa présentation à partir de l'idée suivante :

Le procès de Galilée vient de se terminer, en ce jour du 22 juin 1633.
On se rappellera que…

On pourrait répéter et même présenter les exposés en utilisant une enregistreuse ou encore un caméscope.

Magazine Synergie

Est-ce que la Bible dit vrai ?

N° 1

1 2 3 4 TÂCHE 5 6

1 période • Traducteurs demandés

Voyons voir

Situation

Afin de terminer leur enquête sur la véracité de la Bible, les comités de rédaction se mesurent de près à un aspect du travail de bibliste. Attention ! Le travail demandé doit être exécuté correctement, rapidement et dans le souci du respect de la vérité du texte.

Intention (s)

Faire ressortir par les élèves la part du travail de bibliste constituée par la quête de vérité. Ceci vient alimenter leur propre sujet d'enquête à propos de la véracité de la Bible.

Savoirs essentiels

Récit de vie d'un catholique d'aujourd'hui : des biblistes en quête de vérité
Développement moral : vérité et foi sont les valeurs à dégager

Ressources

- **ENSEMBLE-RESSOURCE DE RÉFÉRENCE**, fascicule n° 1, p. 5-25
- **Fiches**

1.2 Sujet d'enquête 1
2.2 Nos pistes-guides
1.3 Regard sur notre enquête
1.4 Entre moi… et moi
5.1 Exercice de traduction

Compétences disciplinaires

1 A, B, D **2** B, D

Compétences transversales

Ordre intellectuel : **1** A, B, C ; **3** A, B

Ordre méthodologique : **5** D

Ordre personnel et social : toutes

Ordre de la communication : **9** A, B, C

Liens avec d'autres disciplines

Français : Communiquer oralement.

Tâche

P Vous vous rappelez en quoi consiste le travail de bibliste en relisant la page 5 de votre ensemble-ressource de référence ainsi que les notes prises quand la première partie de l'entrevue avec Jean-Pierre Prévost a été travaillée.
Vous découvrez, grâce à la présentation du personnel enseignant, d'autres aspects du travail de bibliste.

R Vous préparez votre présentation de l'entrevue avec Jean-Pierre Prévost, bibliste.
Vous vous mesurez à un travail de traduction d'un texte biblique, un peu comme les biblistes le font.

i Vous présentez au groupe l'entrevue avec Jean-Pierre Prévost ainsi que votre traduction.
Vous dégagez des pistes-guides qui éclairent votre sujet d'enquête.
Vous évaluez le travail de votre comité ainsi que votre participation personnelle.

	Consignes	Compétences	Stratégies d'apprentissage	Stratégies d'enseignement
P	**Vous vous rappelez en quoi consiste le travail de bibliste en relisant la page 5 de votre ensemble-ressource de référence ainsi que les notes prises quand la première partie de l'entrevue avec Jean-Pierre Prévost a été travaillée.**	◇ 1 A, B ☆ **2** B		
	Vous découvrez, grâce à la présentation du personnel enseignant, d'autres aspects du travail de bibliste.	◇ 1 A, B ☆ **2** B		
	— Vous écoutez la présentation, faite par le personnel enseignant, de la deuxième partie de l'entrevue avec Jean-Pierre Prévost;	1 A, B	— Je me dispose physiquement et intérieurement à écouter le récit. — Je me concentre sur la narration du récit.	
	— Vous notez, au fur et à mesure de la présentation, les éléments que vous jugez importants.	1 C	— Je dis ce que je retiens après une première écoute. — J'exprime les questions ou les réactions que soulève cette première écoute.	
R	**Vous préparez votre présentation de l'entrevue avec Jean-Pierre Prévost, bibliste.**	◇ 1 A, B ☆ **2** B		
	En comité: — vous réalisez une analyse des deux parties de l'entrevue; — vous mettez en commun les notes prises au cours de la présentation par le personnel enseignant; — vous examinez particulièrement les deux dernières questions de la deuxième partie de l'entrevue avec Jean-Pierre Prévost: • *Quelqu'un a dit qu'un bibliste était un chercheur de vérité. Qu'en penses-tu?* • *Est-ce que la Bible a déjà répondu à des questions que tu te posais?*	1 C; **3** A **9** A, B	— Je relis le texte raconté ou je l'écoute à nouveau. — Je cherche le sens des expressions curieuses et des mots nouveaux. — J'identifie les principaux faits racontés dans le récit. — Je comprends des aspects du contexte du récit. — Je cherche à comprendre l'expérience humaine, spirituelle ou religieuse des personnages racontée dans le récit. — Je dégage une idée, une **valeur** ou un message important du récit. — J'élabore un plan de narration qui précise les éléments essentiels du récit à faire ressortir. — Je détermine les supports audio ou visuels appropriés à la narration du récit. — Je rassemble les ressources nécessaires à la narration du récit.	

Magazine Synergie

Est-ce que la Bible dit vrai ? N° 1

1 2 3 4 TÂCHE 5 6

1 période • Traducteurs demandés

Consignes	Compétences	Stratégies d'apprentissage	Stratégies d'enseignement
		Développement moral : — Je cherche des informations objectives qui jettent un éclairage sur le sujet d'enquête. — Je sélectionne les informations pertinentes. — J'entends les points de vue des personnes de l'entourage. — Je fais un inventaire des référentiels en présence dans les récits étudiés.	
Vous vous mesurez à un travail de traduction d'un texte biblique, un peu comme les biblistes le font.			
— Vous faites l'exercice de traduction du texte de Lc 1, 1-4 (fiche 5.1) afin de vous mesurer, comme les biblistes, à l'importance *de dire vrai*.	**9** A, B, C		
i **Vous présentez au groupe l'entrevue avec Jean-Pierre Prévost ainsi que votre traduction.**	**1** A, B **2** B		
En comité : — vous communiquez au groupe ce que vous avez retenu de l'entrevue avec Jean-Pierre Prévost ;	**1** C ; **3** A **9** C	— Je raconte le récit en tenant compte : • des faits essentiels ; • de la chronologie des faits ; • des aspects du contexte ; • de l'expérience humaine, spirituelle ou religieuse racontée ; • d'un message qui se dégage de cette expérience.	

— vous présentez au groupe votre traduction du texte de Luc; — vous portez intérêt aux critiques qui vous sont faites; — vous participez de façon constructive à la critique des traductions des autres comités.	**5** D	— Je raconte le récit en tenant compte: • des faits essentiels; • de la chronologie des faits; • des aspects du contexte; • de l'expérience humaine, spirituelle ou religieuse racontée; • d'un message qui se dégage de cette expérience.	
Vous dégagez des pistes-guides qui éclairent votre sujet d'enquête.	**1** D **2** D		
En comité: — vous dégagez des pistes-guides qui éclairent votre sujet d'enquête (fiche 2.2).	**1** C; **3** B	— Je redis la question à résoudre. — Je formule des hypothèses personnelles. — Je dégage des éléments de réponse à partir d'un récit. — Je fais l'inventaire des différentes options de réponse qui se présentent, notamment à partir des récits étudiés. — Je sélectionne les éléments de réponse qui sont les plus significatifs. — Je formule ma réponse dans une langue correcte. — Je justifie ma réponse. **Développement moral:** — J'exprime mon choix. — Je donne les raisons de mon choix en me référant à un ou à des éléments d'un référentiel.	
Vous évaluez le travail de votre comité ainsi que votre participation personnelle.			
En comité: — vous évaluez le travail de votre comité (fiche 1.3); — vous évaluez votre participation personnelle (fiche 1.4).	**5** D **5** D		

Je développe les compétences

J'apprécie la tradition catholique vivante.
Je prends position de façon éclairée sur des situations comportant un enjeu moral.
J'établis l'intention de la communication.
Je choisis le mode de communication.
Je réalise la communication.

Exercice de traduction

Vous connaissez le début de l'Évangile selon Luc. Imaginez que vous êtes des biblistes. Votre travail sera de traduire ce court texte dans des mots faciles à comprendre pour des jeunes (ceux du 2e cycle, par exemple). Attention ! Il est important de respecter ce que l'on appelle la vérité du texte. Il ne faut pas lui faire dire n'importe quoi ! Vos traductions doivent évidemment être écrites en bon français.

> Cher Théophile,
>
> Plusieurs personnes ont essayé d'écrire le récit des événements qui se sont passés parmi nous. Ils ont rapporté les faits tels que nous les ont racontés ceux qui les ont vus dès le commencement et qui ont été chargés d'annoncer la parole de Dieu. C'est pourquoi, à mon tour, je me suis renseigné exactement sur tout ce qui est arrivé depuis le début et il m'a semblé bon, illustre Théophile, d'en écrire pour toi le récit suivi. Je le fais pour que tu puisses reconnaître la vérité des enseignements que tu as reçus (Lc 1, 1-4).

Votre traduction :

Magazine Synergie

Est-ce que la Bible dit vrai ?

N° 1

1 2 3 4 5 TÂCHE 6

1 période • Notre conclusion à notre première enquête

D'après moi...

Situation

Les journalistes enquêteurs réalisent le premier numéro de leur journal. Ils y révèlent à leurs lecteurs et lectrices les conclusions de leur enquête.

Intention (s)

Dégager une réponse personnelle des résultats de l'enquête.
Évaluer la première enquête au moyen de la rédaction du journal.

Savoirs essentiels

Récit biblique : l'Évangile de Luc (Lc 1, 1-4), récit d'expériences de foi vécues
Récit de vie d'un catholique d'hier : Galilée, l'homme pour qui la Bible est un livre qui explique comment les humains se rapprochent de Dieu
Récit de vie d'un catholique contemporain : des biblistes en quête de vérité
Élément de la diversité : Luther, l'homme qui rend la Bible accessible
Développement moral : vérité et foi sont les valeurs à dégager

Ressources

- **ENSEMBLE-RESSOURCE DE RÉFÉRENCE**, fascicule n° 1, page 25 (l'encadré) – page 26 (différentes approches pour la rédaction du journal)
- Différents matériaux nécessaires aux réalisations des journaux des comités de rédaction
- Les fiches complétées, les documents consultés ainsi que les notes prises lors des diverses tâches de cette séquence
- **Fiches**

1.2 Sujet d'enquête
2.2 Nos pistes-guides
1.3 Regard sur notre enquête
1.4 Entre moi… et moi
6.1 Journal

Compétences disciplinaires

◇ **1** A, B, C, D ☆ **2** B, D

Compétences transversales

Ordre intellectuel : **3** A, B, C ; **4** A, B, C, D
Ordre méthodologique : **5** A, B, C
Ordre personnel et social : toutes
Ordre de la communication : **9** A, B, C

Liens avec d'autres disciplines

Français : Écrire des textes variés.

Tâche

P Vous formulez une conclusion à votre sujet d'enquête.

R Vous décidez comment cette conclusion sera présentée dans votre journal.
Vous rédigez votre participation au journal.

i Vous dégagez une réponse personnelle à votre enquête.
Vous évaluez votre enquête.

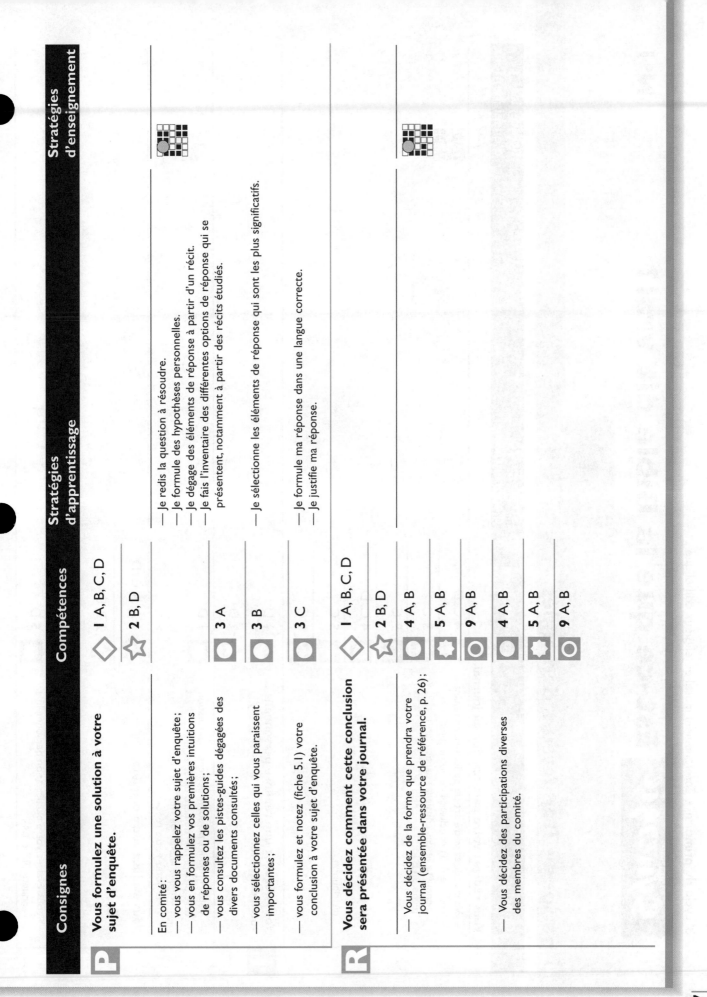

Consignes	Compétences	Stratégies d'apprentissage	Stratégies d'enseignement
P **Vous formulez une solution à votre sujet d'enquête.**	**1** A, B, C, D **2** B, D		
En comité : — vous vous rappelez votre sujet d'enquête ; — vous en formulez vos premières intuitions de réponses ou de solutions ; — vous consultez les pistes-guides dégagées des divers documents consultés ;	**3** A	— Je redis la question à résoudre. — Je formule des hypothèses personnelles. — Je dégage des éléments de réponse à partir d'un récit. — Je fais l'inventaire des différentes options de réponse qui se présentent, notamment à partir des récits étudiés.	
— vous sélectionnez celles qui vous paraissent importantes ;	**3** B	— Je sélectionne les éléments de réponse qui sont les plus significatifs.	
— vous formulez et notez (fiche 5.1) votre conclusion à votre sujet d'enquête.	**3** C	— Je formule ma réponse dans une langue correcte. — Je justifie ma réponse.	
R **Vous décidez comment cette conclusion sera présentée dans votre journal.**	**1** A, B, C, D **2** B, D		
— Vous décidez de la forme que prendra votre journal (ensemble-ressource de référence, p. 26) ;	**4** A, B **5** A, B **9** A, B		
— Vous décidez des participations diverses des membres du comité.	**4** A, B **5** A, B **9** A, B		

Magazine Synergie

Est-ce que la Bible dit vrai ? N° 1

1 2 3 4 5 TÂCHE 6

I période • Traducteurs demandés

Consignes	Compétences	Stratégies d'apprentissage	Stratégies d'enseignement
Vous rédigez votre participation au journal.			
— Vous rédigez votre article de journal en tenant compte de la conclusion de votre sujet d'enquête et des consignes particulières (fiche 5.1).	**4** C, D **5** C **9** C		
— Vous participez aux différentes étapes de réalisation de votre journal jusqu'à sa distribution.	**4** C, D **5** C **9** C		
Vous dégagez une réponse personnelle à votre enquête.	**1** D **2** D		
— Vous répondez personnellement à la question titre du premier numéro de *Synergie* : *Est-ce que la Bible dit vrai ?* — Vous notez votre réponse.	**1** D		
Vous évaluez votre enquête.	**1** A, B, C, D **2** B, D		
— Vous évaluez votre travail d'équipe (fiche 1.3).	**5** D		
— Vous évaluez votre participation personnelle à l'enquête (fiche 1.4).	**5** D		

Critères d'évaluation

Compétences disciplinaires

1— Apprécier la tradition catholique vivante.

— Narration ou reconstitution de récits de la tradition catholique vivante

— Description des expériences de vie et de foi relatées dans les récits

— Formulation des messages qui se dégagent des récits

— Prise en compte de l'apport de la diversité dans sa recherche de sens

— Construction de réponses personnelles

2— Prendre position de façon éclairée sur des situations comportant un enjeu moral.

— Choix d'informations pertinentes en rapport avec les valeurs à dégager

— Justification de ses choix à la lumière de référentiels

Je développe les compétences

J'apprécie la tradition catholique vivante.
Je prends position de façon éclairée sur des situations comportant un enjeu moral.
Je construis mon opinion.
J'exprime mon jugement.
Je relativise mon jugement.
Je m'imprègne des éléments d'une situation.
J'imagine des façons de faire.
Je m'engage dans une réalisation.
J'adopte un fonctionnement souple.
J'analyse la tâche à accomplir.
Je m'engage dans la démarche.
J'accomplis la tâche.
J'établis l'intention de la communication.
Je choisis le mode de communication.
Je réalise la communication.

Journal

1 — Conclusion à notre enquête :

2 — Consignes particulières

Chaque journaliste doit tenir compte, dans une langue correcte :

— de la conclusion de l'enquête ;

— des preuves (pistes-guides) qui l'éclairent :

- dire, par exemple, dans quel récit elles ont été trouvées ;
- raconter brièvement ce récit ;
- dégager une expérience de vie et de foi qui y est relatée ;
- dégager un message de ce récit ;

— de son opinion personnelle.

TÉMOINS EN HERBE

Magazine Synergie

Guide d'intervention pédagogique

Séquence 2

Magazine Synergie

Dieu existe-t-il ?

N° 2

Plan de la séquence 2

Compétences disciplinaires

1 – Apprécier la tradition catholique vivante.

2 – Prendre position de façon éclairée sur des situations comportant un enjeu moral.

Axe

Grandes questions humaines

Description de la séquence

Dans un premier temps, l'élève définit une problématique qui concerne l'existence de Dieu. Dans un deuxième temps, il explore et analyse des récits (textes bibliques, récits de catholiques d'hier et d'aujourd'hui, éléments de la diversité), afin d'éclairer sa problématique. Dans un dernier temps, il prend position, à la lumière de son analyse, sur l'existence de Dieu. Il rédige enfin sa participation au journal de son comité.

Composantes des compétences disciplinaires

1 – A Explorer des récits de la tradition catholique vivante.

1 – B Analyser des récits de la tradition catholique vivante.

1 – C Considérer des éléments de la diversité religieuse et des courants humanistes pour enrichir sa réflexion.

1 – D Prendre position sur des éléments de la tradition catholique vivante.

2 – A Définir l'enjeu moral.

2 – B Considérer différents référentiels.

2 – C Examiner des options et leurs effets possibles.

2 – D Justifier son choix à la lumière d'un référentiel.

Compétences transversales

Ordre intellectuel

1 – Exploiter l'information.

2 – Résoudre des problèmes.

3 – Exercer son jugement critique.

4 – Mettre en œuvre sa pensée créatrice.

Ordre méthodologique

5 – Se donner des méthodes de travail efficaces.

6 – Exploiter les technologies de l'information et de la communication.

Ordre personnel et social

7 – Structurer son identité.

8 – Coopérer.

Ordre de la communication

9 – Communiquer de façon appropriée.

Composantes des compétences transversales

1 – A S'approprier l'information.
B Reconnaître diverses sources d'information.
C Tirer profit de l'information.

2 – A Analyser les éléments de la situation.
B Imaginer des pistes de solution.
C Mettre à l'essai des pistes de solution.
D Adopter un fonctionnement souple.
E Évaluer sa démarche.

3 – A Construire son opinion.
B Exprimer son jugement.
C Relativiser son jugement.

4 – A S'imprégner des éléments d'une situation.
B Imaginer des façons de faire.
C S'engager dans une réalisation.
D Adopter un fonctionnement souple.

5 – A Analyser la tâche à accomplir.
B S'engager dans la démarche.
C Accomplir la tâche.
D Analyser sa démarche.

6 – A S'approprier les technologies de l'information et de la communication.
B Utiliser les technologies de l'information et de la communication pour effectuer sa tâche.
C Évaluer l'efficacité de l'utilisation de la technologie.

7 – A S'ouvrir aux stimulations environnantes.
B Prendre conscience de sa place parmi les autres.
C Mettre à profit ses ressources personnelles.

8 – A Interagir avec ouverture d'esprit dans différents contextes.
B Contribuer au travail collectif.
C Tirer profit du travail de coopération.

9 – A Établir l'intention de la communication.
B Choisir le mode de communication.
C Réaliser la communication.

Domaines généraux de formation

Orientation et entrepreneuriat
— Conscience de soi, de son potentiel et de ses modes d'actualisation
— Appropriation des stratégies liées à un projet

Vivre ensemble et citoyenneté
— Valorisation des règles de vie en société et des institutions démocratiques
— Engagement dans l'action dans un esprit de coopération et de solidarité
— Culture de la paix

Savoirs essentiels

Récits bibliques :
• La création (Gn 1, 1-3) : Dieu est le créateur
• Je suis la Voie (Jn 14, 6-14) : Jésus est le chemin qui conduit vers Dieu

Récit de vie de catholiques d'hier : des créateurs qui illustrent la présence de Dieu

Récit de vie d'un catholique contemporain : une personne présente dans le milieu de vie de l'élève qui exprime Dieu

Éléments de la diversité :
• des noms donnés à Dieu et aux divinités
• des attributs de Dieu chez les musulmans
• différents discours sur l'existence de Dieu

Développement moral : la foi est la valeur à dégager

Critères d'évaluation

1 — Apprécier la tradition catholique vivante.
— Choix de récits pertinents en rapport avec une problématique
— Narration ou reconstitution de récits de la tradition catholique vivante
— Description des expériences de vie et de foi relatées dans les récits
— Formulation des messages qui se dégagent des récits
— Prise en compte de l'apport de la diversité dans sa recherche de sens
— Construction de réponses personnelles

2 — Prendre position de façon éclairée sur des situations comportant un enjeu moral.
— Choix d'informations pertinentes en rapport avec l'enjeu moral
— Justification de ses choix à la lumière de référentiels

Magazine Synergie

Dieu existe-t-il ?

N° 2

TÂCHE 1 2 3 4 5

2 périodes • Une question vieille comme le monde

Mise au point

Situation

Les élèves débattent d'une question que tous les êtres humains se posent depuis toujours : Dieu existe-t-il ?

Intention (s)

Le débat sert de réflexion préalable aux comités de rédaction et les aide à choisir l'angle à partir duquel ils aborderont leur nouvelle enquête.

Savoirs essentiels

Élément de la diversité : différents discours sur l'existence de Dieu

Développement moral : la foi est la valeur à dégager

Ressources

- **ENSEMBLE-RESSOURCE DE RÉFÉRENCE**, fascicule n° 2 :
  - p. 3 : Témoignages
  - p. 4-6 : Peut-être… Oui ! Non !
- **Fiches**

1.1 Consultation : Dieu existe-t-il ?
1.2 Sujet d'enquête 2
1.3 Regard sur notre enquête
1.4 Entre moi… et moi

Compétences disciplinaires

◇ 1 C ☆ 2 B

Compétences transversales

Ordre intellectuel : 1 A, B, C ; **3** A, B, C

Ordre méthodologique : **5** D

Ordre personnel et social : toutes

Liens avec d'autres disciplines

Français : Communiquer oralement.

Tâche

P Vous avez effectué une consultation dans votre milieu (fiche 1.1).
Vous découvrez différents discours au sujet de l'existence de Dieu.

R Vous participez à un débat autour d'une question vieille comme le monde : Dieu existe-t-il ?

I Vous choisissez votre sujet d'enquête à la lumière des informations recueillies (consultation, recherche et débat).
Vous évaluez votre travail personnel au moment de la consultation et de votre participation au débat.
Vous évaluez le travail de votre comité.

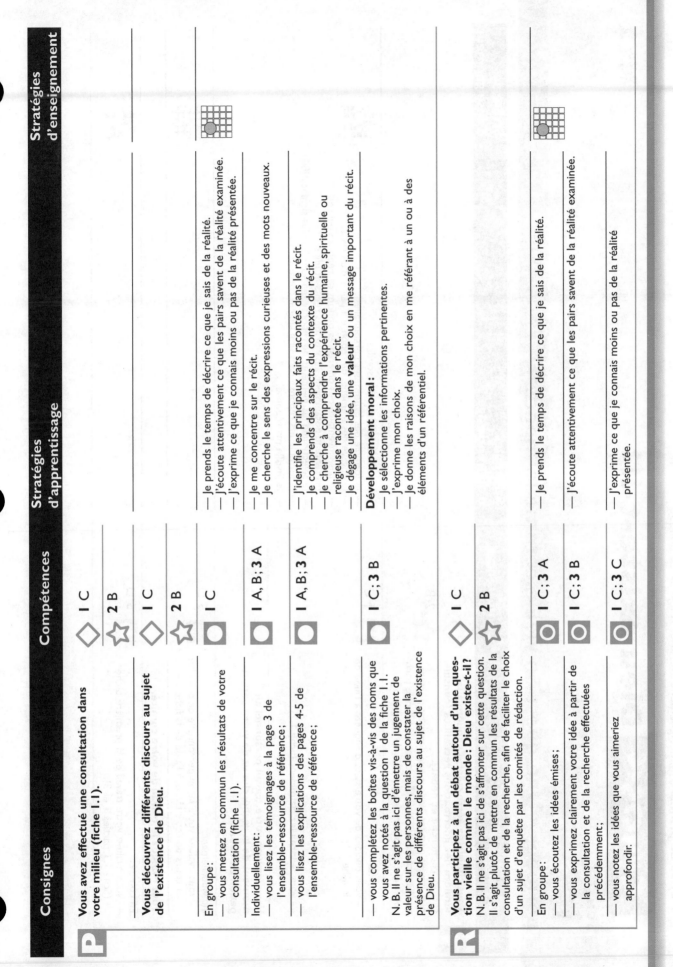

Consignes	Compétences	Stratégies d'apprentissage	Stratégies d'enseignement
P **Vous avez effectué une consultation dans votre milieu (fiche 1.1).**	1 C **2** B		
Vous découvrez différents discours au sujet de l'existence de Dieu.	1 C **2** B		
En groupe: — vous mettez en commun les résultats de votre consultation (fiche 1.1).	1 C	— Je prends le temps de décrire ce que je sais de la réalité. — J'écoute attentivement ce que les pairs savent de la réalité examinée. — J'exprime ce que je connais moins ou pas de la réalité présentée.	
Individuellement: — vous lisez les témoignages à la page 3 de l'ensemble-ressource de référence;	1 A, B; **3** A	— Je me concentre sur le récit. — Je cherche le sens des expressions curieuses et des mots nouveaux.	
— vous lisez les explications des pages 4-5 de l'ensemble-ressource de référence;	1 A, B; **3** A	— J'identifie les principaux faits racontés dans le récit. — Je comprends des aspects du contexte du récit. — Je cherche à comprendre l'expérience humaine, spirituelle ou religieuse racontée dans le récit. — Je dégage une idée, une **valeur** ou un message important du récit.	
— vous complétez les boîtes vis-à-vis des noms que vous avez notés à la question 1 de la fiche 1.1. N. B. Il ne s'agit pas ici d'émettre un jugement de valeur sur les personnes, mais de constater la présence de différents discours au sujet de l'existence de Dieu.	1 C; **3** B	**Développement moral:** — Je sélectionne les informations pertinentes. — J'exprime mon choix. — Je donne les raisons de mon choix en me référant à un ou à des éléments d'un référentiel.	
R **Vous participez à un débat autour d'une question vieille comme le monde: Dieu existe-t-il?** N. B. Il ne s'agit pas ici de s'affronter sur cette question. Il s'agit plutôt de mettre en commun les résultats de la consultation et de la recherche, afin de faciliter le choix d'un sujet d'enquête par les comités de rédaction.	1 C **2** B		
En groupe: — vous écoutez les idées émises;	1 C; **3** A	— Je prends le temps de décrire ce que je sais de la réalité.	
— vous exprimez clairement votre idée à partir de la consultation et de la recherche effectuées précédemment;	1 C; **3** B	— J'écoute attentivement ce que les pairs savent de la réalité examinée.	
— vous notez les idées que vous aimeriez approfondir.	1 C; **3** C	— J'exprime ce que je connais moins ou pas de la réalité présentée.	

Magazine Synergie

Dieu existe-t-il ?

N° 2

TÂCHE **1** 2 3 4 5

2 périodes • Une question vieille comme le monde

Consignes	Compétences	Stratégies d'apprentissage	Stratégies d'enseignement
Vous choisissez votre sujet d'enquête à la lumière des informations recueillies (consultation, recherche et débat). N.B. Il peut paraître évident que l'enquête portera sur l'existence de Dieu. L'important est l'angle particulier que choisiront les comités de rédaction.	1 C 2 B		
En comité: — vous décidez de votre sujet d'enquête à l'aide de la fiche 1.2; — vous le formulez clairement (fiche 1.2).	1 C	— Je redis la question à résoudre. — Je formule des hypothèses personnelles. — Je dégage des éléments de réponse à partir d'un récit. — Je fais l'inventaire des différentes options de réponse qui se présentent, notamment, à partir des récits étudiés. — Je sélectionne les éléments de réponse qui sont les plus significatifs. — Je formule ma réponse dans une langue correcte. — Je justifie ma réponse.	
Vous évaluez votre travail personnel au moment de la recherche et de votre participation au débat.			
Individuellement: — vous évaluez votre façon personnelle de travailler au cours de cette tâche, à l'aide de la fiche 1.4.	5 D		
Vous évaluez le travail de votre comité.			
En comité: — vous évaluez votre travail de la première tâche (fiche 1.3, parties 1 et 3).	5 D		

Je développe les compétences
J'apprécie la tradition catholique vivante.
Je prends position de façon éclairée sur des situations comportant un enjeu moral.
Je tire profit de l'information.

Consultation : Dieu existe-t-il ?

Avis important
Le sujet de cette consultation est sérieux.
Il ne doit pas être pris à la légère. Il convient d'aborder les personnes interrogées avec tact.

Code pour compléter les boîtes en classe
D'après moi, cette personne est :
C Croyante : elle a la foi, elle dit *oui*.
Ag Agnostique : elle dit *peut-être*.
At Athée : elle dit *non*.

1 — Qui avez-vous consulté ?

2 — Qu'est-ce que ces personnes vous ont dit au sujet de l'existence de Dieu ?

3 — Que retenez-vous de votre consultation (hésitations ou timidité de certaines personnes interrogées, affirmations d'autres, etc.) ?

Je développe les compétences
J'apprécie la tradition catholique vivante.
Je prends position de façon éclairée sur des situations comportant un enjeu moral.
Je tire profit de l'information.

Sujet d'enquête 2

Nous pouvons consulter rapidement les différents documents de notre magazine *Synergie*. Peut-être y trouverons-nous une inspiration?

Notre sujet d'enquête sera:

Nous approfondirons particulièrement* l'angle suivant:

- ☐ **Qu'en disent certaines religions?**
- ☐ **Qu'en disent les catholiques?**
- ☐ **Qu'en disent des créateurs?**
- ☐ **Qu'en dit une personne autour de nous?**

Si nous avons besoin d'autres ressources (livres, journaux, Internet, cédéroms, interviews, etc.), nous les identifions ci-dessous. Nous vérifions ensuite auprès du personnel enseignant au sujet de la possibilité de consulter ces sources.

* Nous ne négligerons cependant pas les autres angles.

Regard sur notre enquête

Nom :

Comité de rédaction :

Sujet d'enquête :

T Toujours
S Souvent
P Parfois
J Jamais

1 — Nos façons de travailler ensemble

	TÂCHES 1	2	3	4	5
Nous nous sommes entraidés.					
Nous avons demandé de l'aide quand c'était nécessaire.					
Nous avons participé aux discussions de notre comité.					

2 — Nos récits

	Colloque d'experts	Des théologiens délibèrent	La foi dans l'oeil et dans l'oreille
Nous avons décidé de la façon de raconter le récit.			
Nous avons élaboré un plan de notre narration.			
Nous avons raconté le récit en tenant compte :			
des faits essentiels ;			
des aspects du contexte ;			
de l'expérience qui y est racontée ;			
de la valeur (ou des valeurs) qui s'en dégage (nt).			

3 — Notre appréciation générale

Échelle d'appréciation

A Nous sommes très fiers de nous.
B Nous sommes fiers de nous.
C Nous aurions pu faire mieux.

Nous avons effectué notre enquête et ☐ .

Entre moi… et moi

T Toujours	**P** Parfois
S Souvent	**J** Jamais

	TÂCHES				
	1	2	3	4	5
Je prends mes responsabilités.					
Je suis à l'aise dans mon comité.					
Je suis respectueux de mes coéquipiers.					
Je suis capable de défendre mon point de vue.					
Je manifeste un bon esprit d'équipe.					
Je fonctionne de façon autonome.					
Je fais face aux difficultés.					
Je respecte les consignes.					
Je suis habile à chercher dans une documentation.					
Je sélectionne ce qui m'apparaît pertinent dans les informations recueillies.					
Je sais organiser mes informations.					
Je sais présenter mes informations.					
J'accomplis mon travail jusqu'au bout.					
Je présente correctement mon travail.					

Dieu existe-t-il ?

N° 2

TÂCHE 1 **2** 3 4 5

3 périodes • Colloque d'experts

Voyons voir

Situation

Des experts en sciences des religions se réunissent. Leur objectif : tracer le portrait de Dieu ou des divinités de différentes religions.

Intention (s)

Découvrir différents visages (noms, attributs) de Dieu ou des divinités tels que dessinés par différentes religions.

Savoirs essentiels

Éléments de la diversité :

- des noms donnés à Dieu et aux divinités
- des attributs de Dieu chez les musulmans

Développement moral : la foi est la valeur à dégager

Ressources

- **ENSEMBLE-RESSOURCE DE RÉFÉRENCE**, fascicule n° 2 : p. 7-14 : Comment t'appelles-tu ? Quel est ton visage ?
- **Fiches**

1.2 Sujet d'enquête 2
1.3 Regard sur notre enquête
1.4 Entre moi… et moi
2.1 Travail d'experts
2.2 Nos pistes-guides

Compétences disciplinaires

◇ **1** C ☆ **2** B, D

Compétences transversales

Ordre intellectuel : **1** A, B, C ; **4** A, B C, D

Ordre méthodologique : **5** A, B C, D

Ordre personnel et social : toutes

Ordre de la communication : **9** A, B C

Liens avec d'autres disciplines

Français : Communiquer oralement.

Tâche

P Vous (les experts) assistez à la présentation de la personne responsable du colloque (le personnel enseignant) sur le rôle de la religion dans la vie des êtres humains.

R Vous (les experts) effectuez la recherche proposée.

i Vous présentez aux autres experts du colloque les résultats de vos recherches.
Vous dégagez des pistes-guides qui éclairent votre sujet d'enquête.
Vous évaluez le travail de votre comité de rédaction ainsi que votre travail personnel.

Magazine Synergie **Dieu existe-t-il ?** N° 2

TÂCHE 2 (1 2 3 4 5)

3 périodes • Colloque d'experts

Consignes	Compétences	Stratégies d'apprentissage	Stratégies d'enseignement
P **Vous (les experts) assistez à la présentation de la personne responsable du colloque (le personnel enseignant) sur le rôle de la religion dans la vie des êtres humains.**	I C 2 B		
En groupe : — vous écoutez attentivement la présentation des pages 7-8 de l'ensemble-ressource de référence au sujet de la religion ;	I A, B	— Je me dispose physiquement et intérieurement à examiner une question de sens. — Je prends le temps de décrire ce que je sais de la réalité. — J'écoute attentivement ce que les pairs savent de la réalité. — J'exprime ce que je connais moins ou pas de la réalité présentée.	
— vous notez les informations que vous trouvez importantes en relation avec votre sujet d'enquête.	I C		
R **Vous (les experts) effectuez la recherche proposée.**	I C 2 B		
En comité : — vous mettez en commun les notes prises lors de la présentation de la personne responsable du colloque ;	I C	— Je me concentre sur la narration du récit.	
— vous comprenez bien les consignes données (fiche 2.1) ;	5 A	— Je cherche le sens des expressions curieuses et des mots nouveaux. — J'identifie les principaux faits racontés dans le récit.	
— vous trouvez, comme il vous l'est demandé (fiche 2.1), les informations sur les religions que vous avez choisi d'analyser ;	I A, B 5 B, C	— Je comprends des aspects du contexte du récit.	
— [vous enrichissez ces informations en effectuant des recherches complémentaires (bibliothèque, Internet, etc.)] ;	I B 5 B, C	— Je cherche à comprendre l'expérience humaine, spirituelle ou religieuse des personnages racontée dans le récit.	

— vous préparez vos interventions au colloque.	**1** C ; **4** A, B, C, D **9** A, B	— Je dégage une idée, une valeur ou un message important du récit. — J'élabore un plan de narration qui précise les éléments essentiels du récit à faire ressortir. — Je détermine les supports audio ou visuels appropriés à la narration du récit. — Je rassemble les ressources nécessaires à la narration du récit. **Développement moral :** — Je sélectionne les informations pertinentes. — Je fais un inventaire des référentiels en présence dans les récits étudiés.	
Vous présentez aux autres experts du colloque les résultats de vos recherches.	**1** C **2** B		
En comité : — vous participez en tant qu'experts des religions à la présentation de votre comité ; N. B. Chaque comité doit obligatoirement traiter de l'islam.	**9** C	— Je raconte le récit en tentant compte : • des faits essentiels ; • de la chronologie des faits ; • des aspects du contexte ; • de l'expérience humaine, spirituelle ou religieuse racontée ; • d'un message qui se dégage de cette expérience. **Développement moral :** — J'exprime mon choix. — Je donne les raisons de mon choix en me référant à un ou à des éléments d'un référentiel.	
— vous écoutez attentivement les présentations des autres comités d'experts ;	**1** A, B		
— vous complétez vos propres informations ;	**1** C		
— vous critiquez, de façon constructive, les présentations	**5** D		
— vous tenez compte des critiques qui sont faites à votre comité d'experts.	**5** D		

Magazine Synergie **Dieu existe-t-il ?** N° 2

TÂCHE 2 (1 2 3 4 5)

3 périodes • Colloque d'experts

Consignes	Compétences	Stratégies d'apprentissage	Stratégies d'enseignement
Vous dégagez des pistes-guides qui éclairent votre sujet d'enquête.	2 D		
En comité : — vous vous rappelez votre sujet d'enquête (fiche 1.2) ; — vous dégagez, à la suite de vos recherches et de vos présentations du colloque, des pistes-guides qui éclairent votre sujet d'enquête ; — vous les notez (fiche 2.2).		— Je redis la question à résoudre. — Je formule des hypothèses personnelles. — Je dégage des éléments de réponse à partir d'un récit. — Je fais l'inventaire des différentes options de réponse qui se présentent, notamment à partir des récits étudiés. — Je sélectionne les éléments de réponse qui sont les plus significatifs. — Je formule ma réponse dans une langue correcte. — Je justifie ma réponse.	
Vous évaluez le travail de votre comité de rédaction ainsi que votre travail personnel.			
En comité : — vous évaluez votre travail de la tâche 2 (fiche 1.3) ; — vous évaluez (fiche 1.4) votre façon personnelle de travailler.	5 D		

Je développe les compétences

J'apprécie la tradition catholique vivante.
Je prends position de façon éclairée sur des situations comportant un enjeu moral.
J'analyse la tâche à accomplir.
Je m'approprie l'information.
Je reconnais diverses sources d'information.
Je m'engage dans la démarche.
J'accomplis la tâche.

Travail d'experts

Vous trouverez ci-dessous la marche à suivre pour effectuer votre travail d'experts.

1 — Cochez dans la liste des religions deux (2) religions éteintes et trois (3) religions allumées sur lesquelles vous concentrerez vos recherches.

N. B. Vous devez faire des recherches sur **toutes les religions cochées ✔.**

Liste des religions

Les religions sont un peu comme des phares sur l'océan de la vie. Elles guident leurs fidèles vers le port. Au fil des siècles et des millénaires, certaines se sont éteintes. D'autres sont cependant toujours allumées.

Religions allumées		Religions éteintes	
Judaïsme	☐	Religion égyptienne	☐
Hindouïsme	☐	Religion sumérienne	☐
Bouddhisme	☐	Religion grecque	☐
Jaïnisme	☐	Religion romaine	☐
Taoïsme	☐	Religion des Vikings	☐
Confucianisme	☐	Religion des Aztèques	☐
Christianisme	☐	Religion des Incas	☐
Islam	☑	D'autres, à votre choix :	
Religions amérindiennes	☐		

2 — Trouvez pour chacune des religions cochées les informations suivantes :

— Où cette religion se retrouve-t-elle ou se retrouvait-elle ?
— Comment se nomment ou se nommaient ses fidèles ?
— Quelle est ou était leur foi ?
  • Noms donnés à Dieu ou aux dieux
  • Attributs (qualités, façons d'être ou d'agir, etc.)

3 — Dressez un portrait de Dieu, d'un dieu ou de plusieurs (description écrite, symbole, dessin, etc.) pour chacune des religions étudiées.

4 — Complétez les informations recueillies par d'autres que vous aurez trouvées dans divers documents (bibliothèque, Internet, etc.). N'oubliez pas de noter où vous avez trouvé ces informations; cela vous sera utile si vous désirez les retrouver.

5 — Regroupez vos informations en suivant, pour chacune des religions étudiées, le modèle suivant:

Nom de la religion: ______________________________

____

☐ mono ☐ poly ☐ allumée ☐ éteinte

Où? ______________________________

____

____

____

____

Comment? ______________________________

____

____

____

____

La foi des fidèles ______________________________

____

____

____

____

Dieu ressemble à ______________________________

____

____

____

____

Je développe les compétences

J'apprécie la tradition catholique vivante.
Je prends position de façon éclairée sur des situations comportant un enjeu moral.
Je tire profit de l'information.
J'exprime mon jugement.

Nos pistes-guides

Nom: ______________________

Comité de rédaction: ______________________

Sujet d'enquête: ______________________

1 — Pistes-guides dégagées du document intitulé *Comment t'appelles-tu? Quel est ton nom?*

2 — Pistes-guides dégagées du document intitulé *La Création chante l'existence de son Créateur*

3 — Pistes-guides dégagées du document intitulé *Jésus, un chemin qui conduit à Dieu*

4 — Pistes-guides dégagées du document intitulé *Ils nous parlent de Dieu*

5 — Pistes-guides dégagées de l'expérience vécue par notre artiste invité

6 — Pistes-guides dégagées d'autres documents consultés

Je conserve cette fiche. Elle me sera utile quand viendra le moment de participer à la rédaction du journal de mon comité.

Magazine Synergie

Dieu existe-t-il ?

N° 2

1 2 TÂCHE 3 4 5

3 périodes • Des théologiens délibèrent

Voyons voir

Situation

On a demandé à des théologiens (vous) de tracer un portrait du Dieu des catholiques. Pour ce faire, ils disposent de deux textes bibliques : l'un de l'Ancien Testament, l'autre du Nouveau.

Intention (s)

Découvrir pour les chrétiens (les catholiques en particulier) une réponse à l'existence de Dieu. Découvrir que, pour eux, non seulement Dieu existe, mais qu'il est présent par Jésus.

Savoirs essentiels

Récits bibliques :
- La Création (Gn 1, 1-3) : Dieu est le créateur
- Je suis la Voie (Jn 14, 6-14) : Jésus est le chemin qui conduit vers Dieu

Ressources

- **ENSEMBLE-RESSOURCE DE RÉFÉRENCE**, fascicule n° 2 :
  p. 15-16 : La Création chante l'existence de son Créateur
  p. 17-18 : Jésus, un chemin qui conduit à Dieu

- **Fiches**

1.2 Sujet d'enquête 2
1.3 Regard sur notre enquête
1.4 Entre moi… et moi
2.2 Nos pistes-guides

Compétences disciplinaires

◇ **1** A, B, D ☆ **2** B, D

Compétences transversales

Ordre intellectuel :
1 A, C ; **3** A ; **4** A, B, C, D

Ordre méthodologique :
5 A, B, C, D

Ordre personnel et social :
toutes

Ordre de la communication :
9 A, B, C

Liens avec d'autres disciplines

Français : Communiquer oralement.

Tâche

P Vous préparez vos communications en tant que théologiens.

R Vous présentez vos communications aux autres théologiens réunis.

i Vous dégagez des pistes-guides qui éclairent votre sujet d'enquête. Vous évaluez le travail de votre comité ainsi que votre participation personnelle.

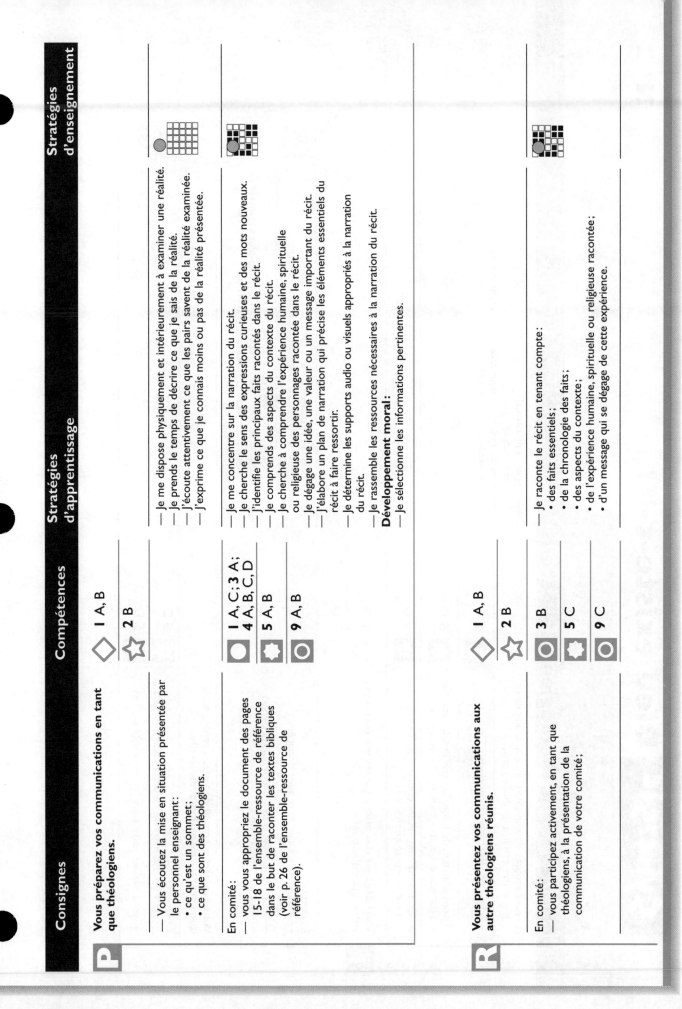

Consignes	Compétences	Stratégies d'apprentissage	Stratégies d'enseignement
P **Vous préparez vos communications en tant que théologiens.**	1 A, B **2** B		
— Vous écoutez la mise en situation présentée par le personnel enseignant: • ce qu'est un sommet; • ce que sont des théologiens.		— Je me dispose physiquement et intérieurement à examiner une réalité. — Je prends le temps de décrire ce que je sais de la réalité. — J'écoute attentivement ce que les pairs savent de la réalité examinée. — J'exprime ce que je connais moins ou pas de la réalité présentée.	
En comité: — vous vous appropriez le document des pages 15-18 de l'ensemble-ressource de référence dans le but de raconter les textes bibliques (voir p. 26 de l'ensemble-ressource de référence).	**1** A, C; **3** A; **4** A, B, C, D **5** A, B **9** A, B	— Je me concentre sur la narration du récit. — Je cherche le sens des expressions curieuses et des mots nouveaux. — J'identifie les principaux faits racontés dans le récit. — Je comprends des aspects du contexte du récit. — Je cherche à comprendre l'expérience humaine, spirituelle ou religieuse des personnages racontée dans le récit. — Je dégage une idée, une valeur ou un message important du récit. — J'élabore un plan de narration qui précise les éléments essentiels du récit à faire ressortir. — Je détermine les supports audio ou visuels appropriés à la narration du récit. — Je rassemble les ressources nécessaires à la narration du récit. **Développement moral:** — Je sélectionne les informations pertinentes.	
R **Vous présentez vos communications aux autre théologiens réunis.**	**1** A, B **2** B		
En comité: — vous participez activement, en tant que théologiens, à la présentation de la communication de votre comité;	**3** B **5** C **9** C	— Je raconte le récit en tenant compte: • des faits essentiels; • de la chronologie des faits; • des aspects du contexte; • de l'expérience humaine, spirituelle ou religieuse racontée; • d'un message qui se dégage de cette expérience.	

Magazine Synergie

Dieu existe-t-il ?

N° 2

TÂCHE 1 2 3 4 5

3 périodes • Des théologiens délibèrent

— vous écoutez attentivement les communications des autres comités de théologiens;		**Développement moral:** — J'exprime mon choix. — Je donne les raisons de mon choix en me référant à un ou à des éléments d'un référentiel.
— vous complétez vos informations;	**1** C	
— vous critiquez, de façon constructive, les communications des autres comités de théologiens;	**5** D	
— vous tenez compte des critiques qui sont faites à votre comité de théologie.	**5** D	
Vous dégagez des pistes-guides qui éclairent votre sujet d'enquête.	**1** D **2** D	
En comité: — vous vous rappelez votre sujet d'enquête (fiche 1.2); — vous dégagez des pistes-guides qui l'éclairent; — vous les notez (fiche 2.2).		— Je formule des hypothèses personnelles. — Je dégage des éléments de réponse à partir d'un récit. — Je fais l'inventaire des différentes options de réponse qui se présentent, notamment à partir des récits étudiés. — Je sélectionne les éléments de réponse qui sont les plus significatifs. — Je formule ma réponse dans une langue correcte. — Je justifie ma réponse.
Vous évaluez le travail de votre comité ainsi que votre participation personnelle.		
En comité: — vous évaluez le travail de votre comité (fiche 1.3);	**5** D	
— vous évaluez votre travail personnel (fiche 1.4).	**5** D	

Magazine Synergie **Dieu existe-t-il ?** N° 2

1 2 3 TÂCHE 4 5

1,5 période • La foi dans l'œil et dans l'oreille

Voyons voir

Situation

On organise une exposition ayant pour thème: la foi dans l'œil et dans l'oreille.

Intention (s)

Faire découvrir aux élèves que la foi, la foi catholique en particulier, s'exprime de multiples façons, surtout dans les domaines de la création.

Savoirs essentiels

Récit de vie de catholiques d'hier: des créateurs qui illustrent la présence de Dieu

Récit de vie d'un catholique contemporain: une personne présente dans le milieu de vie de l'élève qui exprime Dieu

Développement moral: la foi est la valeur à dégager

Ressources

- **ENSEMBLE-RESSOURCE DE RÉFÉRENCE**, fascicule n° 2:
  p. 19-25: Ils nous parlent de Dieu
  p. 26: Avis de recherche
- **Fiches**

1.2 Sujet d'enquête 2	2.2 Nos pistes-guides
1.3 Regard sur notre enquête	4.1 Notre artiste invité
1.4 Entre moi… et moi	4.2 Exposition

Compétences disciplinaires

◇ **1** A, B, D ☆ **2** B, D

Compétences transversales

Ordre intellectuel:
1 A, B, C; **3** A, B; **4** A, B, C, D

Ordre méthodologique:
5 A, B, C, D

Ordre personnel et social:
toutes

Ordre de la communication:
9 A, B, C

Liens avec d'autres disciplines

Arts plastiques: Apprécier des œuvres d'art, des objets culturels du patrimoine artistique, des images médiatiques, ses réalisations et celles de ses camarades.

Tâche

P Vous avez effectué une recherche, afin de découvrir dans votre milieu une personne qui exprime Dieu dans son art.
Vous explorez le document de l'ensemble-ressource de référence intitulé *Ils nous parlent de Dieu*, selon les indications données (fiche 4.2), dans le but de préparer votre participation à l'exposition.

R Vous participez à l'exposition.

i Vous dégagez des pistes-guides qui éclairent votre sujet d'enquête.
Vous évaluez le travail de votre comité ainsi que votre participation personnelle.

Magazine Synergie **Dieu existe-t-il ?** **N° 2**

1 2 3 TÂCHE 4 5

1,5 période • La foi dans l'œil et dans l'oreille

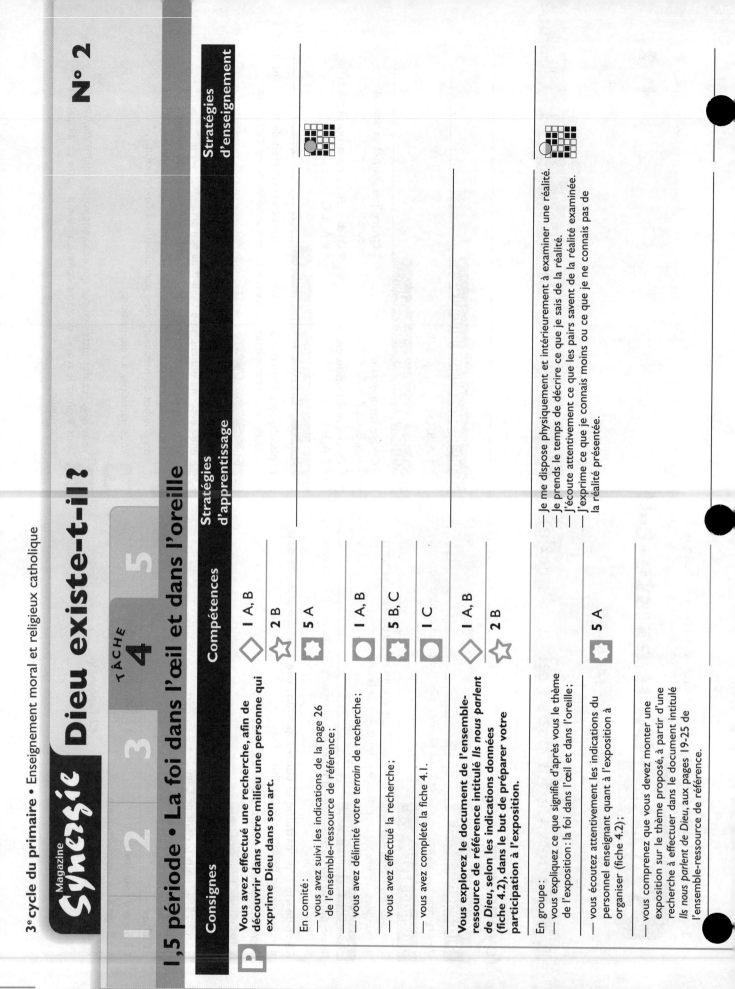

Consignes	Compétences	Stratégies d'apprentissage	Stratégies d'enseignement
P **Vous avez effectué une recherche, afin de découvrir dans votre milieu une personne qui exprime Dieu dans son art.**	1 A, B 2 B		
En comité: — vous avez suivi les indications de la page 26 de l'ensemble-ressource de référence;	5 A		
— vous avez délimité votre *terrain* de recherche;	1 A, B		
— vous avez effectué la recherche;	5 B, C		
— vous avez complété la fiche 4.1.	1 C		
Vous explorez le document de l'ensemble-ressource de référence intitulé *Ils nous parlent de Dieu*, selon les indications données (fiche 4.2), dans le but de préparer votre participation à l'exposition.	1 A, B 2 B		
En groupe: — vous expliquez ce que signifie d'après vous le thème de l'exposition: la foi dans l'œil et dans l'oreille;		— Je me dispose physiquement et intérieurement à examiner une réalité. — Je prends le temps de décrire ce que je sais de la réalité. — J'écoute attentivement ce que les pairs savent de la réalité examinée. — J'exprime ce que je connais moins ou ce que je ne connais pas de la réalité présentée.	
— vous écoutez attentivement les indications du personnel enseignant quant à l'exposition à organiser (fiche 4.2);	5 A		
— vous comprenez que vous devez monter une exposition sur le thème proposé, à partir d'une recherche à effectuer dans le document intitulé *Ils nous parlent de Dieu*, aux pages 19-25 de l'ensemble-ressource de référence.			

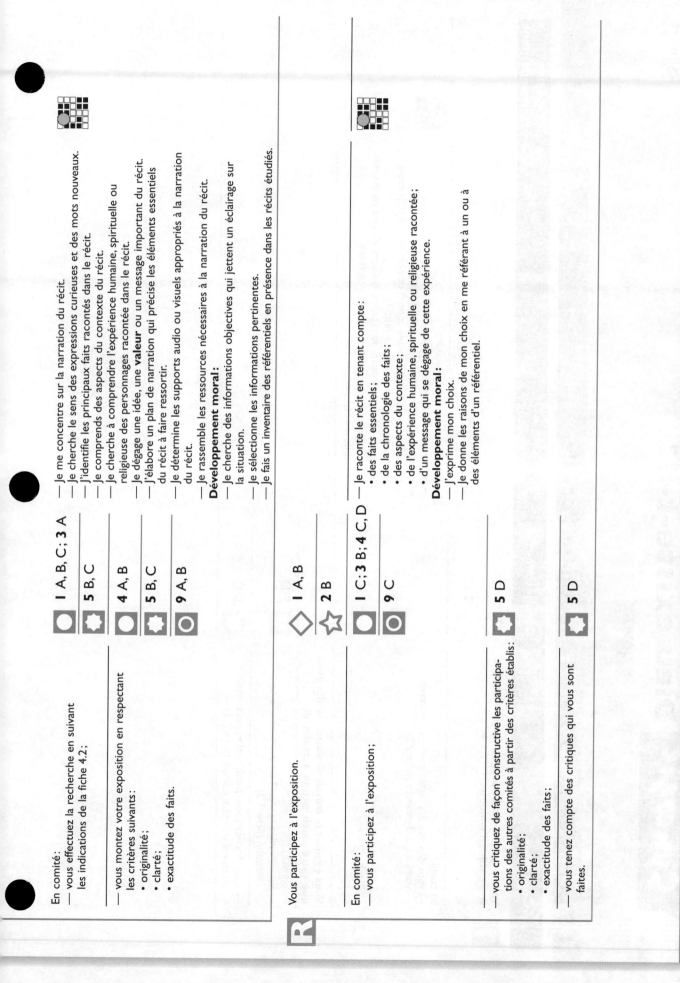

En comité : — vous effectuez la recherche en suivant les indications de la fiche 4.2;	**1** A, B, C; **3** A **5** B, C	— Je me concentre sur la narration du récit. — Je cherche le sens des expressions curieuses et des mots nouveaux. — J'identifie les principaux faits racontés dans le récit. — Je comprends des aspects du contexte du récit. — Je cherche à comprendre l'expérience humaine, spirituelle ou religieuse des personnages racontée dans le récit. — Je dégage une idée, une **valeur** ou un message important du récit. — J'élabore un plan de narration qui précise les éléments essentiels du récit à faire ressortir. — Je détermine les supports audio ou visuels appropriés à la narration du récit. — Je rassemble les ressources nécessaires à la narration du récit. **Développement moral :** — Je cherche des informations objectives qui jettent un éclairage sur la situation. — Je sélectionne les informations pertinentes. — Je fais un inventaire des référentiels en présence dans les récits étudiés.
— vous montez votre exposition en respectant les critères suivants : • originalité; • clarté; • exactitude des faits.	**4** A, B **5** B, C **9** A, B	

R

Vous participez à l'exposition.	**1** A, B **2** B	
En comité : — vous participez à l'exposition;	**1** C; **3** B; **4** C, D **9** C	— Je raconte le récit en tenant compte : • des faits essentiels; • de la chronologie des faits; • des aspects du contexte; • de l'expérience humaine, spirituelle ou religieuse racontée; • d'un message qui se dégage de cette expérience. **Développement moral :** — J'exprime mon choix. — Je donne les raisons de mon choix en me référant à un ou à des éléments d'un référentiel.
— vous critiquez de façon constructive les participations des autres comités à partir des critères établis : • originalité; • clarté; • exactitude des faits;	**5** D	
— vous tenez compte des critiques qui vous sont faites.	**5** D	

Magazine Synergie **Dieu existe-t-il ?** N° 2

1 2 3 TÂCHE 4 5

1,5 période • La foi dans l'œil et dans l'oreille

Consignes	Compétences	Stratégies d'apprentissage	Stratégies d'enseignement
Vous dégagez des pistes-guides qui éclairent votre sujet d'enquête.	1 D 2 D		
En comité : — vous dégagez des pistes-guides qui éclairent votre sujet d'enquête (fiche 2.2).		— Je redis la question à résoudre. — Je formule des hypothèses personnelles. — Je dégage des éléments de réponse à partir d'un récit. — Je fais l'inventaire des différentes options de réponse qui se présentent, notamment à partir des récits étudiés. — Je sélectionne les éléments de réponse qui sont les plus significatifs. — Je formule ma réponse dans une langue correcte. — Je justifie ma réponse.	
Vous évaluez le travail de votre comité ainsi que votre participation personnelle			
En comité : — vous évaluez le travail de votre comité de rédaction (fiche 1.3) ;	5 D		
— vous évaluez votre participation personnelle au travail de votre comité (fiche 1.4).	5 D		

Je développe les compétences

J'apprécie la tradition catholique vivante.
Je prends position de façon éclairée sur des situations comportant un enjeu moral.
Je tire profit de l'information.

Notre artiste invité

Nom:

Comité de rédaction:

Sujet d'enquête:

Nom de l'artiste:

Art:

1 — Comment cette personne exprime-t-elle sa foi?

2 — Qu'est-ce qu'elle dit de Dieu?

Je développe les compétences
J'apprécie la tradition catholique vivante.
Je prends position de façon éclairée sur des situations comportant un enjeu moral.
Je m'approprie l'information.
Je reconnais diverses sources d'information.
Je tire profit de l'information.
Je m'engage dans la démarche.
J'accomplis la tâche.

Exposition

Nom: ______________________

Comité de rédaction: ______________________

Sujet d'enquête: ______________________

1 — Répartir les recherches de la façon suivante :

- Historien(s) et historienne(s) de l'architecture
  Lieu de fouille : Ensemble-ressource de référence, p. 20-22

Noms : ______________________

- Historien(s) et historienne(s) de l'architecture
  Lieu de fouille : Ensemble-ressource de référence, p. 20-22

Noms : ______________________

- Historien(s) et historienne(s) de la peinture*
  Lieu de fouille : Ensemble-ressource de référence, p. 24-25

Noms : ______________________

2 — Chaque groupe d'historiens explore son lieu de fouille.

3 — Il choisit un ou des sujets précis de fouille plus poussée. Exemple : une cathédrale, un musicien ou un peintre en particulier.

4 — Il approfondit sa recherche. Pour ce faire, il consulte divers documents (dictionnaires, encyclopédies, Internet, etc.). Il note l'endroit où il a trouvé ses informations.

5 — Il trouve un ou des exemples visuels ou sonores qui illustrent bien son sujet.

6 — Il trouve une façon originale de présenter (diapositives, montage photographique, enregistrement de commentaires, etc.) son sujet dans le cadre de l'exposition.

7 — Le comité intègre à sa participation l'artiste invité, trouvé dans le milieu (fiche 4.1).

8 — Le comité met en commun les différents sujets approfondis, afin de donner une certaine uniformité à la participation à l'exposition.

* Ce domaine peut inclure la sculpture.

Magazine Synergie

Dieu existe-t-il ?

N° 2

1 2 3 4 TÂCHE 5

0,5 période • Nos conclusions à notre deuxième enquête

D'après moi...

Situation

Les journalistes enquêteurs réalisent le deuxième numéro de leur journal. Ils y révèlent à leurs lecteurs les conclusions de leur enquête.

Intention (s)

Dégager une réponse personnelle des résultats de l'enquête.
Évaluer la deuxième enquête au moyen de la rédaction du journal.

Savoirs essentiels

Récits bibliques:
- La création (Gn 1, 1-3): Dieu est le créateur
- Je suis la Voie (Jn 14, 6-14): Jésus est le chemin qui conduit vers Dieu

Récit de vie de catholiques d'hier: des créateurs qui illustrent la présence de Dieu
Récit de vie d'un catholique contemporain: une personne présente dans le milieu de vie de l'élève qui exprime Dieu
Éléments de la diversité:
- des noms donnés à Dieu et aux divinités
- des attributs de Dieu chez les musulmans
- différents discours sur l'existence de Dieu

Développement moral: la foi est la valeur à dégager

Ressources

- **ENSEMBLE-RESSOURCE DE RÉFÉRENCE**, fascicule n° 2
- *Synergie*, n° 1, page 26 (différentes approches pour la rédaction du journal)
- Différents matériaux nécessaires aux réalisations des journaux des comités de rédaction
    - Les fiches complétées, les documents consultés ainsi que les notes prises lors des diverses tâches de cette séquence

- **Fiches**

1.2 Sujet d'enquête 2
1.3 Regard sur notre enquête
1.4 Entre moi… et moi
2.2 Nos pistes-guides

Compétences disciplinaires

◇ **1** A, B, C, D ☆ **2** B, D

Compétences transversales

Ordre intellectuel:
3 A, B, C; **4** A, B, C, D

Ordre méthodologique:
5 A, B, C, D

Ordre personnel et social:
toutes

Ordre de la communication:
9 A, B, C

Tâche

P Vous formulez une conclusion à votre sujet d'enquête.
Vous décidez comment cette conclusion sera présentée dans votre journal.

R Vous rédigez votre participation au journal.

i Vous dégagez une réponse personnelle à votre enquête.
Vous évaluez votre enquête.

Magazine Synergie **Dieu existe-t-il ?** **N° 2**

1 2 3 4 TÂCHE 5

0,5 période • Nos conclusions à notre deuxième enquête

Consignes	Compétences	Stratégies d'apprentissage	Stratégies d'enseignement
P **Vous formulez une réponse ou une solution à votre sujet d'enquête.**	**1** A, B, C, D **2** B, D		
En comité : — vous vous rappelez votre sujet d'enquête (fiche 1.2) ;		— Je redis la question à résoudre.	
— vous formulez vos premières intuitions de réponses ou de solutions ; — vous consultez les pistes-guides dégagées des divers documents consultés (fiche 2.2) ;	**3** A	— Je formule des hypothèses personnelles. — Je dégage des éléments de réponse à partir d'un récit. — Je fais l'inventaire des différentes options de réponse qui se présentent, notamment à partir des récits étudiés.	
— vous sélectionnez celles qui vous paraissent importantes ;	**3** B	— Je sélectionne les éléments de réponse qui sont les plus significatifs. — Je formule ma réponse dans une langue correcte.	
— vous formulez et notez (fiche 5.1) la conclusion à votre sujet d'enquête.	**3** C	— Je justifie ma réponse.	
Vous décidez comment cette conclusion sera présentée dans votre journal.			
En comité : — vous décidez de la forme que prendra votre journal (*Synergie*, n° 1), p. 26 ;	**4** A, B **5** A, B **9** A, B		
— vous décidez des participations diverses des membres du comité.			

R	**Vous rédigez votre participation au journal.**	**1** A, B, C, D **2** B, D	
	En comité : — vous rédigez vos articles de journal en tenant compte de la conclusion de votre sujet d'enquête et des consignes particulières (fiche 5.1) ;	**4** C, D **5** C **9** C	
	— vous participez aux différentes étapes de réalisation de votre journal jusqu'à sa distribution.		
i	**Vous dégagez une réponse personnelle à votre enquête.**	**1** D **2** D	
	— Vous répondez à la question titre du numéro de *Synergie : Dieu existe-t-il ?* — Vous notez votre réponse.	**3** B, C	— Je redis la question à résoudre. — Je formule des hypothèses personnelles. — Je dégage des éléments de réponse à partir d'un récit. — Je fais l'inventaire des différentes options de réponse qui se présentent, notamment à partir des récits étudiés. — Je sélectionne les éléments de réponse qui sont les plus significatifs. — Je formule ma réponse dans une langue correcte. — Je justifie ma réponse. **Développement moral :** — J'exprime mon choix. — Je donne les raisons de mon choix en me référant à un ou à des éléments d'un référentiel.
	Vous évaluez votre enquête.		
	En comité : — vous évaluez votre travail d'équipe (fiche 1.3) ;	**5** D	
	— vous évaluez votre participation personnelle à l'enquête (fiche 1.4).	**5** D	

Magazine Synergie **Dieu existe-t-il ?** **N° 2**

1 2 3 4 TÂCHE 5

0,5 période • Nos conclusions à notre deuxième enquête

Critères d'évaluation

Compétences disciplinaires

1 — Apprécier la tradition catholique vivante.
- Choix de récits pertinents en rapport avec une problématique
- Narration ou reconstitution de récits de la tradition catholique vivante
- Description des expériences de vie et de foi relatées dans les récits
- Formulation des messages qui se dégagent des récits
- Prise en compte de l'apport de la diversité dans sa recherche de sens
- Construction de réponses personnelles

2 — Prendre position de façon éclairée sur des situations comportant un enjeu moral.
- Choix d'informations pertinentes en rapport avec les valeurs à dégager
- Justification de ses choix à la lumière de référentiels

Je développe les compétences

J'apprécie la tradition catholique vivante.
Je prends position de façon éclairée sur des situations comportant un enjeu moral.
Je construis mon opinion.
J'exprime mon jugement.
Je relativise mon jugement.
Je m'imprègne des éléments d'une situation.
J'imagine des façons de faire.
Je m'engage dans une réalisation.
J'adopte un fonctionnement souple.
J'analyse la tâche à accomplir.
Je m'engage dans la démarche.
J'accomplis la tâche.
J'établis l'intention de la communication.
Je choisis le mode de communication.
Je réalise la communication.

Journal

1 — Conclusion à notre enquête:

2 — Consignes particulières

Chaque journaliste doit tenir compte, dans une langue correcte:

— de la conclusion de l'enquête;

— des preuves (pistes-guides) qui l'éclairent:

- dire, par exemple, dans quel récit elles ont été trouvées;
- raconter brièvement ce récit;
- dégager une expérience de vie et de foi qui y est relatée;
- dégager un message de ce récit;

— de son opinion personnelle.

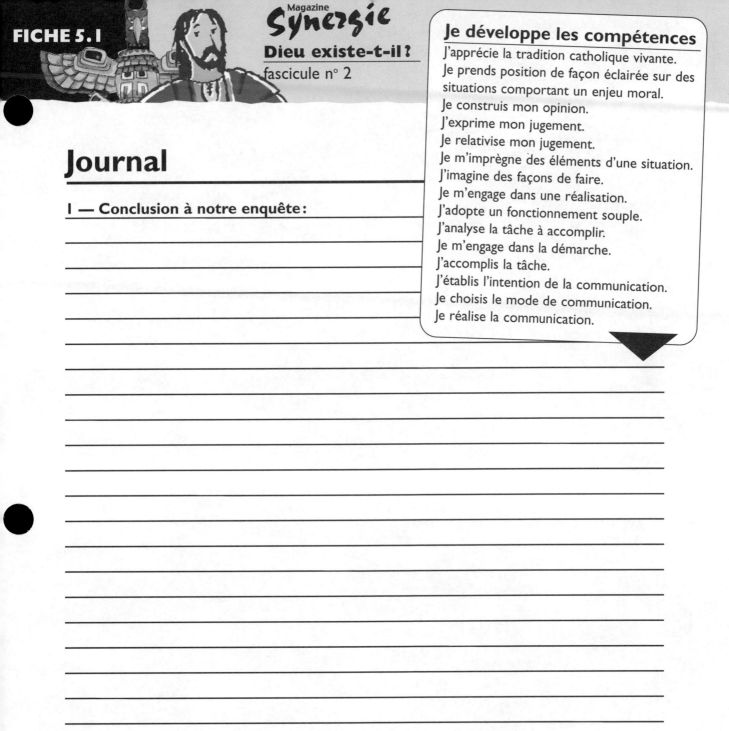

TÉMOINS EN HERBE

Magazine Synergie

Guide d'intervention pédagogique

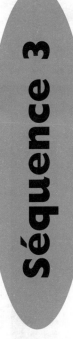

Séquence 3

Magazine Synergie

Quelle est la valeur de la vie ?

N° 3

Plan de la séquence 3

Compétences disciplinaires

- **1 –** Apprécier la tradition catholique vivante.
- **2 –** Prendre position de façon éclairée sur des situations comportant un enjeu moral.

Axe

Grandes questions humaines

Description de la séquence

Dans un premier temps, l'élève définit une problématique qui concerne la valeur de la vie à l'aide de la démarche de discernement moral. Dans un deuxième temps, il explore et analyse des récits (textes bibliques, récits de catholiques d'hier et d'aujourd'hui, éléments de la diversité), afin d'éclairer sa problématique. Dans un dernier temps, il prend position, à la lumière de son analyse, sur la valeur de la vie. Il rédige enfin sa participation au journal de son comité.

Composantes des compétences disciplinaires

- **1 –** A Explorer des récits de la tradition catholique vivante.
- **1 –** B Analyser des récits de la tradition catholique vivante.
- **1 –** C Considérer des éléments de la diversité religieuse et des courants humanistes pour enrichir sa réflexion.
- **1 –** D Prendre position sur des éléments de la tradition catholique vivante.

- **2 –** A Définir l'enjeu moral.
- **2 –** B Considérer différents référentiels.
- **2 –** C Examiner des options et leurs effets possibles.
- **2 –** D Justifier son choix à la lumière d'un référentiel.

Compétences transversales

Ordre intellectuel
- **1 –** Exploiter l'information.
- **2 –** Résoudre des problèmes.
- **3 –** Exercer son jugement critique.
- **4 –** Mettre en œuvre sa pensée créatrice.

Ordre méthodologique
- **5 –** Se donner des méthodes de travail efficaces.
- **6 –** Exploiter les technologies de l'information et de la communication.

Ordre personnel et social
- **7 –** Structurer son identité.
- **8 –** Coopérer.

Ordre de la communication
- **9 –** Communiquer de façon appropriée.

Composantes des compétences transversales

1 – A S'approprier l'information.
- B Reconnaître diverses sources d'information.
- C Tirer profit de l'information.

2 – A Analyser les éléments de la situation.
- B Imaginer des pistes de solution.
- C Mettre à l'essai des pistes de solution.
- D Adopter un fonctionnement souple.
- E Évaluer sa démarche.

3 – A Construire son opinion.
- B Exprimer son jugement.
- C Relativiser son jugement.

4 – A S'imprégner des éléments d'une situation.
- B Imaginer des façons de faire.
- C S'engager dans une réalisation.
- D Adopter un fonctionnement souple.

5 – A Analyser la tâche à accomplir.
- B S'engager dans la démarche.
- C Accomplir la tâche.
- D Analyser sa démarche.

6 – A S'approprier les technologies de l'information et de la communication.
- B Utiliser les technologies de l'information et de la communication pour effectuer sa tâche.
- C Évaluer l'efficacité de l'utilisation de la technologie.

7 – A S'ouvrir aux stimulations environnantes.
- B Prendre conscience de sa place parmi les autres.
- C Mettre à profit ses ressources personnelles.

8 – A Interagir avec ouverture d'esprit dans différents contextes.
- B Contribuer au travail collectif.
- C Tirer profit du travail de coopération.

9 – A Établir l'intention de la communication.
- B Choisir le mode de communication.
- C Réaliser la communication.

Domaines généraux de formation

Orientation et entrepreneuriat
- — Conscience de soi, de son potentiel et de ses modes d'actualisation
- — Appropriation des stratégies liées à un projet

Vivre ensemble et citoyenneté
- — Valorisation des règles de vie en société et des institutions démocratiques
- — Engagement dans l'action dans un esprit de coopération et de solidarité
- — Culture de la paix

Savoirs essentiels

Récits bibliques :
- La naissance et la mission de Moïse (Ex 2, 1-10; 3, 1-12): Moïse a la vie sauve; il sauve son peuple
- Le projet de Jésus (Jn 10, 10): Dieu veut pour l'être humain la vie en abondance

Récit de vie d'une catholique d'hier : Marguerite d'Youville: une fondatrice de communauté religieuse qui a fait grandir la vie dans son milieu

Récit de vie d'un catholique contemporain : une personne catholique qui défend et qui crée la vie autour d'elle

Éléments de la diversité :
- Des enfants qui luttent pour rester en vie ou un organisme qui a à cœur leur santé
- L'enseignement du bouddhisme sur le respect de la vie
- Florence Nightingale: une croyante protestante qui a consacré sa vie à sauver celle des autres

Développement moral : utilisation d'une démarche de discernement moral à l'aide des référentiels suivants:
- — les expériences humaines, spirituelles ou religieuses racontées dans les récits
- — les valeurs qui s'en dégagent: bonheur, compassion, respect de la vie et courage

Critères d'évaluation

1 — Apprécier la tradition catholique vivante.
- — Choix de récits pertinents en rapport avec une problématique
- — Narration ou reconstitution de récits de la tradition catholique vivante
- — Description des expériences de vie et de foi relatées dans les récits
- — Formulation des messages qui se dégagent des récits
- — Prise en compte de l'apport de la diversité dans sa recherche de sens
- — Construction de réponses personnelles

2 — Prendre position de façon éclairée sur des situations comportant un enjeu moral.
- — Utilisation d'une démarche de discernement moral
- — Présentation de situations qui comportent un enjeu moral
- — Identification d'un enjeu moral présent dans ces situations
- — Choix d'informations pertinentes en rapport avec l'enjeu moral
- — Justification de ses choix à la lumière de référentiels

Magazine Synergie — Quelle est la valeur de la vie ? N° 3

TÂCHE 1 2 3 4 5

2 périodes • Un sujet d'enquête qui nous tient particulièrement à cœur

Mise au point

Situation

Les élèves discutent d'un sujet important. Ils expriment leur compréhension du mot vie.

Intention (s)

Il est important de bien s'entendre sur le sens que l'on donne au mot vie avant de choisir un sujet d'enquête. S'entendre sur le sens de ce mot, c'est en quelque sorte exprimer la valeur que l'on accorde à la vie.

Savoirs essentiels

Développement moral : utilisation d'une démarche de discernement moral à l'aide des référentiels suivants :

— les expériences humaines, spirituelles ou religieuses racontées dans les récits

— les valeurs qui s'en dégagent : bonheur, compassion, respect de la vie et courage

Ressources

- **ENSEMBLE-RESSOURCE DE RÉFÉRENCE**, fascicule n° 3 :
  - p. 2 : Numéro spécial ! Enquête spéciale !
  - p. 3 : Manchettes
  - p. 4-5 : Démarche de discernement moral
  - Journaux, magazines, Internet
- **Fiches**

1.1 En manchette
1.2 Nos commentaires sur la DDM
1.3 Sujet d'enquête 3
1.4 Regard sur notre enquête
1.5 Entre moi et… moi

Compétences disciplinaires

◇ **1** C ☆ **2** A, B, C, D

Compétences transversales

Ordre intellectuel : **1** A, B ; **2** A

Ordre méthodologique : **5** A, B, C, D ; **6** B

Ordre personnel et social : toutes

Ordre de la communication : **9** A, B, C

Liens avec d'autres disciplines

Français : Communiquer oralement. Lire des textes variés.

Tâche

P Vous avez lu le texte de la page 2 de l'ensemble-ressource de référence ainsi que les manchettes de la page 3.
Vous effectuez une revue de presse (journaux, magazines, Internet), afin d'y retracer des manchettes qui parlent de la vie et de la valeur qu'on lui attribue.

R Vous participez à une discussion dont le thème est : la vie, c'est…
Vous formulez dans vos mots en quoi consiste la démarche de discernement moral (DDM).

i Vous choisissez votre sujet d'enquête à la lumière des informations recueillies (lectures préalables, revue de presse, discussion, commentaires sur la DDM). Vous répondez en même temps à la question de la première étape de la DDM : que se passe-t-il ?
Vous évaluez le travail de votre comité ainsi que votre participation personnelle.

Consignes	Compétences	Stratégies d'apprentissage	Stratégies d'enseignement
P **Vous avez lu le texte de la page 2 de l'ensemble-ressource de référence ainsi que les manchettes de la page 3.**	1 C 2 A		
Vous effectuez une revue de presse (journaux, magazines, Internet), afin d'y retracer des manchettes qui parlent de la vie et de la valeur qu'on lui attribue.	1 C 2 A		
En comité: — vous consultez les ressources dont vous disposez;	1 A, B 6 B	— Je me concentre sur le récit. — Je cherche le sens des expressions curieuses et des mots nouveaux.	
— vous les notez ainsi que vos sources (fiche1.1);		— Je comprends des aspects du contexte du récit.	
— vous complétez le dialogue de la fiche 1.1.		— Je cherche à comprendre l'expérience humaine, spirituelle ou religieuse racontée dans le récit. — Je dégage une idée, une **valeur** ou un message important du récit. **Développement moral:** — Je sélectionne les informations pertinentes. **Français:** Stratégies de gestion de la compréhension	
R **Vous participez à une discussion dont le thème est: la vie, c'est…**	1 C 2 A		
Individuellement: — vous prenez le temps d'intérioriser vos arguments;	9 A	— Je prends le temps de décrire ce que je sais de la réalité.	
— vous notez ceux que vous trouvez les plus solides et la manière dont vous les partagerez avec le groupe.	9 B		
En groupe: — vous exprimez clairement votre idée;	9 C		
— vous écoutez les idées émises;		— J'écoute attentivement ce que les pairs savent de la réalité examinée.	
— vous notez les idées que vous aimeriez approfondir.		— J'exprime ce que je connais moins ou pas de la réalité présentée. **Français:** Stratégies de partage, stratégies d'écoute	

Magazine Synergie

Quelle est la valeur de la vie ?

N° 3

TÂCHE 1 2 3 4 5

2 périodes • Un sujet d'enquête qui nous tient particulièrement à cœur

Consignes	Compétences	Stratégies d'apprentissage	Stratégies d'enseignement
R **Vous formulez dans vos mots en quoi consiste la démarche de discernement moral (DDM).**	2 A, B, C, D		
N. B. L'enseignement moral et religieux catholique a permis à l'élève depuis le début du primaire de se familiariser avec la DDM.			
En comité : — vous suivez les instructions données aux questions A et B de la fiche 1.2 ;	5 A		
— vous répondez à la question C de la fiche 1.2 et vous vous assurez que vous comprenez bien en quoi consiste la DDM.	5 B		
En groupe : — vous partagez avec les membres des autres comités vos réflexions au sujet de la DDM et les conclusions auxquelles vous êtes arrivés.	5 C		
i **Vous choisissez votre sujet d'enquête à la lumière des informations recueillies (lectures préalables, revues de presse, discussions, commentaires sur la DDM). Vous répondez en même temps à la question de la première étape de la DDM : que se passe-t-il ?**	1 C 2 A		
En comité : — vous décidez de votre sujet d'enquête (fiche 1.3) ;	2 A	— Je redis la question à résoudre. — Je formule des hypothèses personnelles. — Je dégage des éléments de réponse à partir d'un récit. — Je fais l'inventaire des différentes options de réponse qui se présentent, notamment à partir des récits étudiés. — Je sélectionne les éléments de réponse qui sont les plus significatifs.	

— vous le formulez clairement (fiche 1.2).		— Je formule ma réponse dans une langue correcte. — Je justifie ma réponse. **Développement moral :** — Je présente le problème et son contexte avec objectivité. — Je nomme un enjeu moral lié à la situation et un dilemme en présence. — J'identifie les ressources internes et externes disponibles pour faire un choix.	
Vous évaluez le travail de votre comité ainsi que votre participation personnelle.			
En comité : — vous évaluez votre travail de la première tâche (fiche 1.4, parties 1 et 3) ;	5 D		
— vous évaluez votre façon personnelle de travailler au cours de cette tâche à l'aide de la fiche 1.5.	5 D		

Je développe les compétences

J'apprécie la tradition catholique vivante.
Je prends position de façon éclairée sur des situations comportant un enjeu moral.
Je tire profit de l'information.
J'analyse les éléments d'une situation.
J'utilise les technologies de l'information et de la communication pour effectuer ma tâche.

En manchette

1 — Mes manchettes

Nos manchettes	Nos sources

2 — Compléter le texte ci-dessous en parlant de la valeur que j'accorde à la vie.

— La vie est belle !

— La vie est plate !

Quand j'entends ce genre de propos, je me demande :

— Est-ce que la vie se résume en deux mots ? belle ou plate, noire ou blanche, ensoleillée ou orageuse ? Il me semble que la vie…

Je développe les compétences

Je prends position de façon éclairée sur des situations comportant un enjeu moral.
J'analyse la tâche à accomplir.
Je m'engage dans la démarche.
J'accomplis la tâche.

Nos commentaires sur la DDM

A — Imaginez…

On débat. On discute. Soudain, le membre le plus timide du comité affirme haut et fort: « La démarche de discernement moral est au service de la vie. »

Surprise. Étonnement. Silence.

Les autres membres du comité ne veulent pas être en reste. Eux aussi, ils veulent exprimer leurs idées sur le sujet. Ils lisent alors le texte du haut des pages 4-5 de l'ensemble-ressource de référence.

B — Après leur lecture, les membres du comité comprennent mieux ce que leur camarade, qui n'est plus timide du tout, a voulu dire. Ils complètent la phrase ci-dessous.

La DDM est au service de la vie parce que…

____

____

____

____

____

____

C — À mon tour de commenter les étapes de la DDM, comme le personnage dans l'ensemble-ressource de référence.

1 — Que se passe-t-il?

- Je tente de bien comprendre la situation.

____

____

____

____

____

____

____

- Je suis attentif à ce que cette situation éveille en moi.

____

____

____

____

____

____

2 — Qu'est-ce que je peux faire?

- J'identifie clairement ce qui, d'après moi, devrait changer dans cette situation. Si je ne peux pas la changer, je peux tout au moins tenter de l'améliorer.

3 — Qu'est-ce qui arrivera?

- J'examine attentivement les solutions que j'ai retenues.
- J'envisage les conséquences qu'elles pourraient entraîner si je les mets à exécution.

4 — Qu'est-ce que je décide de faire?

- Je choisis la solution qui m'apparaît la meilleure pour améliorer la situation.
- Je fais passer une épreuve à mon choix.

Je développe les compétences

J'apprécie la tradition catholique vivante.
Je prends position de façon éclairée sur des situations comportant un enjeu moral.
Je tire profit de l'information.

Sujet d'enquête 3

Nom:

Comité de rédaction:

Sujet d'enquête:

Si nous avons besoin d'autres ressources (livres, journaux, Internet, cédéroms, interviews, etc.), nous les identifions ci-dessous. Nous consultons ensuite le personnel enseignant quant à la possibilité de consulter ces sources.

Regard sur notre enquête

Nom:

Comité de rédaction:

Sujet d'enquête:

T Toujours
S Souvent
P Parfois
J Jamais

1 — Nos façons de travailler ensemble

	TÂCHES 1	2	3	4	5
Nous nous sommes entraidés.					
Nous avons demandé de l'aide quand c'était nécessaire.					
Nous avons participé aux discussions de notre comité.					

2 — Nos récits

	Des biblistes examinent la vie de près	Hier et aujourd'hui: la vie, toujours la vie!	Ailleurs, autrement
Nous avons décidé de la façon de raconter le récit.			
Nous avons élaboré un plan de notre narration.			
Nous avons raconté le récit en tenant compte:			
des faits essentiels;			
des aspects du contexte;			
de l'expérience qui y est racontée;			
de la valeur (ou des valeurs) qui s'en dégage (nt).			

3 — Notre appréciation générale

Échelle d'appréciation

A Nous sommes très fiers de nous.
B Nous sommes fiers de nous.
C Nous aurions pu faire mieux.

Nous avons effectué notre enquête et ☐ .

Entre moi... et moi

T Toujours	**P** Parfois
S Souvent	**J** Jamais

	TÂCHES 1	2	3	4	5
Je prends mes responsabilités.					
Je suis à l'aise dans mon comité.					
Je suis respectueux de mes coéquipiers.					
Je suis capable de défendre mon point de vue.					
Je manifeste un bon esprit d'équipe.					
Je fonctionne de façon autonome.					
Je fais face aux difficultés.					
Je respecte les consignes.					
Je suis habile à chercher dans une documentation.					
Je sélectionne ce qui m'apparaît pertinent dans les informations recueillies.					
Je sais organiser mes informations.					
Je sais présenter mes informations.					
J'accomplis mon travail jusqu'au bout.					
Je présente correctement mon travail.					

Magazine Synergie

Quelle est la valeur de la vie ? N° 3

TÂCHE 1 **2** 3 4 5

3 périodes • Des biblistes examinent la vie de près

Voyons voir

Situation

Vous connaissez en quoi consiste le travail des biblistes (voir *Synergie*, n° 1, p. 5 et 25). Ils sont en quelque sorte des traducteurs de textes anciens. C'est ce que vous serez dans les périodes qui vont suivre : des traducteurs de récits bibliques qui parlent de la valeur de la vie.

Intention (s)

Découvrir deux points de vue sur la valeur de la vie tirés de la Bible : l'un du livre de l'Exode, l'autre de l'Évangile de Jean.

Savoirs essentiels

Récits bibliques :

- La naissance et la mission de Moïse (Ex 2, 1-10 ; 3, 1-12) : Moïse a la vie sauve ; il sauve son peuple
- Le projet de Jésus (Jn 10, 10) : Dieu veut pour l'être humain la vie en abondance

Développement moral : utilisation d'une démarche de discernement moral à l'aide des référentiels suivants :

— les expériences humaines, spirituelles ou religieuses racontées dans les récits
— les valeurs qui s'en dégagent : bonheur, compassion, respect de la vie et courage

Ressources

- **ENSEMBLE-RESSOURCE DE RÉFÉRENCE**, fascicule n° 3 :
  p. 6-11 : Dieu, la Bible et la Vie
  p. 12-13 : Jésus et la Vie
- *Synergie*, n° 1, p. 5 et 25

- **Fiches**
  1.3 Sujet d'enquête 3
  1.4 Regard sur notre enquête
  1.5 Entre moi… et moi
  2.1 La naissance et la mission de Moïse
  2.2 Le projet de Jésus
  2.3 Nos pistes-guides

Compétences disciplinaires

1 A, B, D   2 B, C, D

Compétences transversales

Ordre intellectuel : 1 A, C ; **2** B ; **4** A, B C, D

Ordre personnel et social : toutes

Ordre méthodologique : **5** A, B C, D

Ordre de la communication : **9** A, B C

Liens avec d'autres disciplines

Français : Communiquer oralement. Lire des textes variés. Écrire des textes variés.
Arts plastiques : Réaliser des créations plastiques personnelles.

Tâche

P Vous préparez vos traductions des deux récits bibliques.

R Vous présentez vos traductions des deux récits bibliques.

i Vous dégagez des pistes-guides qui éclairent votre sujet d'enquête.
Vous répondez ainsi à la question de la deuxième étape de la DDM : qu'est-ce que je peux faire ?
Vous évaluez le travail de votre comité ainsi que votre participation personnelle.

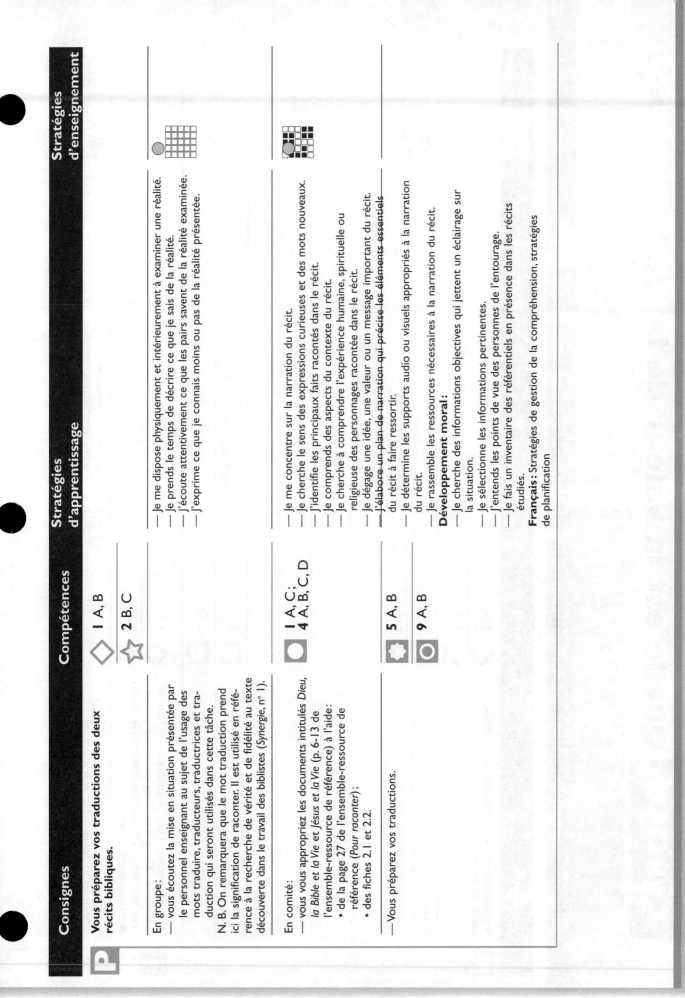

Consignes	Compétences	Stratégies d'apprentissage	Stratégies d'enseignement
P **Vous préparez vos traductions des deux récits bibliques.**	**1** A, B **2** B, C		
En groupe: — vous écoutez la mise en situation présentée par le personnel enseignant au sujet de l'usage des mots traduire, traducteurs, traductrices et traduction qui seront utilisés dans cette tâche. N. B. On remarquera que le mot traduction prend ici la signification de raconter. Il est utilisé en référence à la recherche de vérité et de fidélité au texte découverte dans le travail des biblistes (*Synergie*, n° 1).		— Je me dispose physiquement et intérieurement à examiner une réalité. — Je prends le temps de décrire ce que je sais de la réalité. — J'écoute attentivement ce que les pairs savent de la réalité examinée. — J'exprime ce que je connais moins ou pas de la réalité présentée.	
En comité: — vous vous appropriez les documents intitulés *Dieu, la Bible et la Vie* et *Jésus et la Vie* (p. 6-13 de l'ensemble-ressource de référence) à l'aide: • de la page 27 de l'ensemble-ressource de référence (*Pour raconter*); • des fiches 2.1 et 2.2.	**1** A, C; **4** A, B, C, D	— Je me concentre sur la narration du récit. — Je cherche le sens des expressions curieuses et des mots nouveaux. — J'identifie les principaux faits racontés dans le récit. — Je comprends des aspects du contexte du récit. — Je cherche à comprendre l'expérience humaine, spirituelle ou religieuse des personnages racontée dans le récit. — Je dégage une idée, une valeur ou un message important du récit.	
— Vous préparez vos traductions.	**5** A, B **9** A, B	— J'élabore un plan de narration qui précise les éléments essentiels du récit à faire ressortir. — Je détermine les supports audio ou visuels appropriés à la narration du récit. — Je rassemble les ressources nécessaires à la narration du récit. **Développement moral:** — Je cherche des informations objectives qui jettent un éclairage sur la situation. — Je sélectionne les informations pertinentes. — J'entends les points de vue des personnes de l'entourage. — Je fais un inventaire des référentiels en présence dans les récits étudiés. **Français:** Stratégies de gestion de la compréhension, stratégies de planification	

Magazine Synergie

Quelle est la valeur de la vie ?

N° 3

TÂCHE 1 **2** 3 4 5

3 périodes • Des biblistes examinent la vie de près

	Consignes	Compétences	Stratégies d'apprentissage	Stratégies d'enseignement
R	**Vous présentez vos traductions des deux récits bibliques.**	1 A, B 2 A, B		
	En comité : — vous participez à la présentation des deux traductions de votre comité ;	5 C 9 C	— Je raconte le récit en tenant compte : • des faits essentiels ; • de la chronologie des faits ; • des aspects du contexte ; • de l'expérience humaine, spirituelle ou religieuse racontée ; • d'un message qui se dégage de cette expérience. **Français :** • Stratégies de partage **Arts plastiques**	
	— vous écoutez les traductions des autres comités ;		**Français** • Stratégies d'écoute	
	— vous complétez vos informations ;			
	— vous critiquez de façon constructive les traductions des autres comités ;	5 D	**Français** • Stratégies d'évaluation	
	— vous tenez compte des critiques qui vous sont faites.	5 D		
i	**Vous dégagez des pistes-guides qui éclairent votre sujet d'enquête. Vous répondez ainsi à la question de la deuxième étape de la DDM : qu'est-ce que je peux faire ?**	1 D 2 D		
	En comité : — vous vous rappelez votre sujet d'enquête (fiche 1.3) ;		— Je redis la question à résoudre. — Je formule des hypothèses personnelles.	

— vous dégagez des pistes-guides qui l'éclairent;	2 B	— Je dégage des éléments de réponse à partir d'un récit. — Je fais l'inventaire des différentes options de réponse qui se présentent, notamment à partir des récits étudiés. — Je sélectionne les éléments de réponse qui sont les plus significatifs.	
— vous les notez (fiche 2.3).	2 B	— Je formule ma réponse dans une langue correcte. — Je justifie ma réponse. **Développement moral:** — Je prends connaissance des options fournies à la lumière de référentiels. — J'évalue les effets de chacune de ces options sur moi et sur les personnes concernées. — Je sélectionne l'option la plus appropriée en tenant compte du contexte de la situation. — J'exprime mon choix. — Je donne les raisons de mon choix en me référant à un ou à des éléments d'un référentiel.	
Vous évaluez le travail de votre comité ainsi que votre participation personnelle.			
En comité: — vous évaluez le travail de votre comité (fiche 1.4);	5 D		
— vous évaluez votre travail personnel (fiche 1.5).	5 D		

Je développe les compétences

J'apprécie la tradition catholique vivante.
Je prends position de façon éclairée sur des situations comportant un enjeu moral.
Je m'approprie l'information.
Je tire profit de l'information.
J'analyse la tâche à accomplir.
Je m'engage dans la démarche.
J'établis l'intention de la communication.
Je choisis le mode de communication.

La naissance et la mission de Moïse

Naissance de Moïse

1 — Dans les six chandelles, inscrivez des mots qui vous serviront d'aide-mémoire au sujet:

1. des faits essentiels;
2. de la chronologie des faits;
3. du contexte;
4. de l'expérience humaine racontée;
5. de l'expérience spirituelle ou religieuse racontée;
6. du message ou de la valeur à dégager.

2 — Choisissez la forme de traduction du récit que vous privilégiez:

☐ traduction orale: préparez-vous sérieusement en consultant la page 27 *(Pour raconter)* de l'ensemble-ressource de référence.

☐ traduction illustrée: que vous fassiez une bande dessinée, des illustrations plus classiques ou que vous utilisiez un logiciel de dessins, n'oubliez pas que **clarté** et **précision** amélioreront la qualité de votre traduction.

Mission de Moïse

1 — Dans les six flammes numérotées, inscrivez des mots qui vous serviront d'aide-mémoire au sujet:

1. des faits essentiels;
2. de la chronologie des faits;
3. du contexte;
4. de l'expérience humaine racontée;
5. de l'expérience spirituelle ou religieuse racontée;
6. du message ou de la valeur à dégager.

1 ______________________________

____

2 ______________________________

____

3 ______________________________

____

4 ______________________________

____

5 ______________________________

____

6 ______________________________

____

2 — Choisissez la forme de traduction du récit que vous privilégiez:

☐ traduction orale: préparez-vous sérieusement en consultant la page 27 *(Pour raconter)* de l'ensemble-ressource de référence.

☐ traduction illustrée: que vous fassiez une bande dessinée, des illustrations plus classiques ou que vous utilisiez un logiciel de dessins, n'oubliez pas que **clarté** et **précision** amélioreront la qualité de votre traduction.

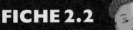

Je développe les compétences

J'apprécie la tradition catholique vivante.
Je prends position de façon éclairée sur des situations comportant un enjeu moral.
Je m'approprie l'information.
Je tire profit de l'information.
J'analyse la tâche à accomplir.
Je m'engage dans la démarche.
J'établis l'intention de la communication.
Je choisis le mode de communication.

Le projet de Jésus

Le récit de l'Évangile de Jean est très court. Une bonne façon de le raconter serait de vous laisser entraîner par votre imagination.

1 — Lisez tout d'abord la réflexion du personnage, à la page 12 de l'ensemble-ressource de référence. Il y est question d'abondance.

2 — Imaginez ensuite que l'évangéliste Jean donne une série d'exemples d'abondance de vie. Prêtez-lui votre voix, votre plume (ou votre ordi). Si vous le préférez, dessinez l'abondance de vie que Jésus a désiré apporter aux êtres humains.

Je développe les compétences

J'apprécie la tradition catholique vivante.
Je prends position de façon éclairée sur des situations comportant un enjeu moral.
Je tire profit de l'information.
J'exprime mon jugement.

Nos pistes-guides

Nom: ____________________

Comité de rédaction: ____________________

Sujet d'enquête: ____________________

1 — Pistes-guides dégagées du document intitulé *Dieu, la Bible et la Vie*

____

2 — Pistes-guides dégagées du document intitulé *Jésus et la Vie*

____

3 — Pistes-guides dégagées du document intitulé *Marguerite d'Youville, une femme qui a fait grandir la Vie*

____

4 — Pistes-guides dégagées du document intitulé *Des catholiques engagés pour la Vie*

____

5 — Pistes-guides dégagées du document intitulé *Florence Nightingale, sauveur de vies*

____

6 — Pistes-guides dégagées du document intitulé *Au service de la Vie*

____

7 — Pistes-guides dégagées du document intitulé *Le bouddhisme et la Vie*

____

8 — Pistes-guides dégagées d'autres documents consultés

____

Je conserve cette fiche. Elle me sera utile quand viendra le moment de participer à la rédaction du journal de mon comité.

Magazine Synergie

Quelle est la valeur de la vie ? N° 3

1 2 TÂCHE 3 4 5

2 périodes • Hier et aujourd'hui : la vie, toujours la vie !

Voyons voir

Situation

Vous relevez un défi : réaliser **de façon originale** deux portraits de catholiques.

Intention (s)

Découvrir la valeur que des catholiques d'hier et d'aujourd'hui accordent à la vie.

Savoirs essentiels

Récit de vie d'une catholique d'hier : Marguerite d'Youville, une fondatrice de communauté religieuse qui a fait grandir la vie dans son milieu
Récit de vie d'un catholique contemporain : une personne catholique qui défend et crée la vie autour d'elle
Développement moral : utilisation d'une démarche de discernement moral à l'aide des référentiels suivants :
— les expériences humaines, spirituelles ou religieuses racontées dans les récits
— les valeurs qui s'en dégagent : bonheur, compassion, respect de la vie et courage

Ressources

• **ENSEMBLE-RESSOURCE DE RÉFÉRENCE**, fascicule n° 3 :
p. 14-15 : Marguerite d'Youville, une femme qui a fait grandir la vie
p. 20-21 : Des catholiques engagés pour la vie
• Autres numéros de *Synergie*

• **Fiches**

1.3 Sujet d'enquête 3
1.4 Regard sur notre enquête
1.5 Entre moi… et moi
2.3 Nos pistes-guides
3.1 Portraitistes demandés

Compétences disciplinaires

◇ **1** A, B, D ☆ **2** B, C, D

Compétences transversales

Ordre intellectuel : **1** A, B, C ; **2** B ; **4** A, B, C, D

Ordre personnel et social : toutes

Ordre méthodologique : **5** A, B, C, D

Ordre de la communication : **9** A, B, C

Liens avec d'autres disciplines

Français : Communiquer oralement.
Art dramatique : Inventer des séquences dramatiques. Interpréter des séquences dramatiques.

Tâche

P Vous explorez les documents de l'ensemble-ressource de référence nécessaires à la préparation de vos portraits.

R Vous présentez vos portraits.

i Vous dégagez des pistes-guides qui éclairent votre sujet d'enquête. Vous répondez ainsi à la question de la deuxième étape de la DDM : qu'est-ce que je peux faire ?
Vous évaluez le travail de votre comité ainsi que votre participation personnelle.

Consignes	Compétences	Stratégies d'apprentissage	Stratégies d'enseignement
P **Vous explorez les documents de l'ensemble-ressource de référence nécessaires à la préparation de vos portraits :** **• p. 14-15 : Marguerite d'Youville, une femme qui a fait grandir la vie ;** **• p. 20-21 : Des catholiques engagés pour la vie.**	**1** A, B **2** B, C		
En groupe : — vous comprenez en quoi consiste l'art du portrait : • clarté ; • précision ; • ressemblance ; • originalité.	**5** A	— Je prends le temps de décrire ce que je sais de la réalité. — J'écoute attentivement ce que les pairs savent de la réalité examinée. — J'exprime ce que je connais moins ou pas de la réalité présentée.	
En comité : — vous effectuez la recherche proposée dans la fiche 3.1 ; — vous consultez d'autres documents afin de compléter vos portraits ;	**1** A, B, C **5** B, C	— Je me dispose physiquement et intérieurement à écouter ou à lire le récit. — Je me concentre sur la narration ou la lecture du récit. — Je cherche le sens des expressions curieuses et des mots nouveaux. — J'identifie les principaux faits racontés dans le récit. — Je comprends des aspects du contexte du récit. — Je cherche à comprendre l'expérience humaine, spirituelle ou religieuse des personnages racontée dans le récit. — Je dégage une idée, une **valeur** ou un message important du récit. **Développement moral :** — Je cherche des informations objectives qui jettent un éclairage sur la situation. — Je sélectionne les informations pertinentes. — J'entends les points de vue des personnes de l'entourage. — Je fais un inventaire des référentiels en présence dans les récits étudiés.	
Vous préparez soigneusement vos portraits.	**4** A, B, C, D **5** B, C **9** A, B	— J'élabore un plan de narration qui précise les éléments essentiels du récit à faire ressortir. — Je détermine les supports audio ou visuels appropriés à la narration du récit. — Je rassemble les ressources nécessaires à la narration du récit. **Français :** • Stratégies d'exploration • Stratégies de gestion de la compréhension	

Magazine Synergie — Quelle est la valeur de la vie ? N° 3

Tâche 3 (1 2 3 4 5)

2 périodes • Hier et aujourd'hui : la vie, toujours la vie !

Consignes	Compétences	Stratégies d'apprentissage	Stratégies d'enseignement
R **Vous présentez vos portraits.**	1 A, B 2 B, C		
En comité : — vous présentez vos portraits à la classe ;	5 C 9 C	— Je raconte le récit en tenant compte : • des faits essentiels ; • de la chronologie des faits ; • des aspects du contexte ; • de l'expérience humaine, spirituelle ou religieuse racontée ; • d'un message qui se dégage de cette expérience. **Français :** Stratégies de partage	
— vous écoutez attentivement les portraits présentés par les autres comités ;		**Français :** Stratégies d'écoute	
— vous critiquez de façon constructive les portraits présentés par les autres comités à partir des critères suivants : • clarté ; • précision ; • ressemblance ; • originalité.	5 D	**Français :** Stratégies d'évaluation	
— vous tenez compte des critiques qui vous sont faites.	5 D		

Vous dégagez des pistes-guides qui éclairent votre sujet d'enquête. Vous répondez ainsi à la question de la deuxième étape de la DDM : qu'est-ce que je peux faire ?	1 D 2 D		
En comité : — vous vous rappelez votre sujet d'enquête (fiche 1.3) ;		— Je redis la question à résoudre.	
— vous dégagez des pistes-guides qui éclairent votre sujet d'enquête (fiche 2.3).	2 B	— Je formule des hypothèses personnelles. — Je dégage des éléments de réponse à partir d'un récit. — Je fais l'inventaire des différentes options de réponse qui se présentent, notamment à partir des récits étudiés. — Je sélectionne les éléments de réponse qui sont les plus significatifs. — Je formule ma réponse dans une langue correcte. — Je justifie ma réponse. **Développement moral :** — Je prends connaissance des options fournies à la lumière de référentiels. — J'évalue les effets de chacune de ces options sur moi et sur les personnes concernées. — Je sélectionne l'option la plus appropriée en tenant compte du contexte lié à la situation. — J'exprime mon choix. — Je donne les raisons de mon choix en me référant à un ou à des éléments d'un référentiel.	
Vous évaluez le travail de votre comité ainsi que votre participation personnelle.			
En comité : — vous évaluez le travail de votre comité de rédaction (fiche 1.4) ;	5 D		
— vous évaluez votre participation personnelle au travail de votre comité (fiche 1.5).	5 D		

Magazine *Synergie*

Quelle est la valeur de la vie ?

fascicule n° 3

Je développe les compétences

J'apprécie la tradition catholique vivante.
Je prends position de façon éclairée sur des situations comportant un enjeu moral.
Je m'approprie l'information.
Je tire profit de l'information.
J'analyse la tâche à accomplir.
Je m'engage dans la démarche.
J'établis l'intention de la communication.
Je choisis le mode de communication.

Portraitistes demandés

1 — Choisissez, comme indiqué ci-dessous, les personnes dont vous désirez tracer le portrait.

Important

- Vous devez obligatoirement traiter celles dont le nom est déjà coché.
- Vous devez traiter au moins une personne catholique contemporaine.

☑ Marguerite d'Youville (ensemble-ressource de référence, p. 14-15)

☐ Des catholiques d'hier que vous pouvez retracer dans les autres numéros de *Synergie*

Nous choisissons :

Noms	Sources

☐ Des créateurs de vie contemporains (ensemble-ressource de référence, p. 20)

☐ Des défenseurs contemporains de la vie (ensemble-ressource de référence, p. 21)

☐ Autour de nous (Avis de recherche, ensemble-ressource de référence, p. 21)

2 — Suivez les indications de la page 27 de l'ensemble-ressource de référence *(Pour raconter)*.

Quatre mots-conseils pour réussir votre portrait :

- Clarté
- Précision
- Ressemblance
- Originalité

Pourquoi n'y ajouteriez-vous pas *Surprise* ? Il est bon de savoir étonner vos auditeurs.

Un exemple

Réalisez un portrait-entrevue enregistré sur bande audio ou vidéo. Les spectateurs n'en reviendront pas de faire connaissance comme si c'était réel, avec Marguerite d'Youville.

Magazine Synergie

Quelle est la valeur de la vie ? N° 3

1 2 3 TÂCHE 4 5

2 périodes • Ailleurs, autrement

Voyons voir

Situation

On fait appel aux comités de rédaction afin de réaliser des publicités qui ont pour thème : Ailleurs, autrement.

Intention (s)

Découvrir d'autres façons d'envisager la valeur de la vie.

Savoirs essentiels

Éléments de la diversité :

- Des enfants qui luttent pour rester en vie ou un organisme qui a à cœur leur santé
- Florence Nightingale : une croyante protestante qui a consacré sa vie à sauver celle des autres
- L'enseignement du bouddhisme sur le respect de la vie

Développement moral : utilisation d'une démarche de discernement moral à l'aide des référentiels suivants :

— les expériences humaines, spirituelles ou religieuses racontées dans les récits
— les valeurs qui s'en dégagent : bonheur, compassion, respect de la vie, courage

Ressources

- **ENSEMBLE-RESSOURCE DE RÉFÉRENCE**, fascicule n° 3 :
  p. 16-17 : Florence Nightingale, sauveur de vies
  p. 18-19 : Au service de la vie des enfants
  p. 22-26 : Le bouddhisme et la Vie
- **Fiches**

1.3 Sujet d'enquête 3
1.4 Regard sur notre enquête
1.5 Entre moi… et moi
2.3 Nos pistes-guides

Compétences disciplinaires

1 C   2 B, C, D

Compétences transversales

Ordre intellectuel : 1 A, B, C ; 2 B ; 4 A, B, C, D

Ordre méthodologique : 5 D ; 6 B

Ordre personnel et social : toutes

Ordre de la communication : 9 A, B, C

Liens avec d'autres disciplines

Arts plastiques : Réaliser des créations plastiques médiatiques.

Tâche

P Vous explorez les documents de l'ensemble-ressource de référence dans le but de produire votre publicité.

R Vous présentez votre publicité.

i Vous dégagez des pistes-guides qui éclairent votre sujet d'enquête.
Vous répondez ainsi à la question de la deuxième étape de la DDM : qu'est-ce que je peux faire ?
Vous évaluez le travail de votre comité ainsi que votre participation personnelle.

Magazine Synergie

Quelle est la valeur de la vie ? N° 3

1 2 3 TÂCHE 4 5

2 périodes • Ailleurs, autrement

Consignes	Compétences	Stratégies d'apprentissage	Stratégies d'enseignement
P **Vous explorez les documents de l'ensemble-ressource de référence dans le but de produire votre publicité.**	◇ 1 C ☆ **2** B, C		
En groupe : — vous expliquez ce que signifie d'après vous le thème de votre publicité : Ailleurs, autrement ;		— Je me dispose physiquement et intérieurement à examiner une réalité. — Je prends le temps de décrire ce que je sais de la réalité. — J'écoute attentivement ce que les pairs savent de la réalité examinée.	
— vous comprenez que votre comité doit choisir un sujet de publicité parmi les trois qui sont proposés.			N. B. Il est important de s'assurer que l'ensemble des trois sujets soit traité.
En comité : — vous effectuez la recherche dans le document de l'ensemble-ressource de référence : • Florence Nightingale, sauveur de vies ; **ou** • Au service de la vie des enfants ; **ou** • Le bouddhisme et la Vie.	**1** A, B, C	— Je me dispose physiquement et intérieurement à écouter le récit. — Je me concentre sur la narration du récit. — Je cherche le sens des expressions curieuses et des mots nouveaux. — J'identifie les principaux faits racontés dans le récit.	
— vous exploitez au moins un autre document (encyclopédies, magazines, journaux, cédéroms, Internet) que celui de l'ensemble-ressource de référence ;	**6** B	— Je comprends des aspects du contexte du récit. — Je cherche à comprendre l'expérience humaine, spirituelle ou religieuse racontée dans le récit. — Je dégage une idée, une **valeur** ou un message important du récit. **Développement moral :** — Je cherche des informations objectives qui jettent un éclairage sur la situation. — Je sélectionne les informations pertinentes. — J'entends les points de vue des personnes de l'entourage. — Je fais un inventaire des référentiels en présence dans les récits étudiés.	

— vous préparez votre publicité.	**4** A, B, C, D **9** A, B	— J'élabore un plan de narration qui précise les éléments essentiels du récit à faire ressortir. — Je détermine les supports audio ou visuels appropriés à la narration du récit. — Je rassemble les ressources nécessaires à la narration du récit. **Arts plastiques**	
R **Vous présentez votre publicité.**	**1** C **2** B, C		
En comité: — vous présentez votre publicité;	**9** C	— Je raconte le récit en tenant compte: • des faits essentiels; • de la chronologie des faits; • des aspects du contexte; • de l'expérience humaine, spirituelle ou religieuse racontée; • d'un message qui se dégage de cette expérience. **Arts plastiques**	
— vous notez les points importants des publicités des autres comités;			
— vous critiquez de façon constructive les publicités des autres comités;	**5** D		
— vous tenez compte des critiques qui vous sont faites.	**5** D		
i **Vous dégagez des pistes-guides qui éclairent votre sujet d'enquête. Vous répondez ainsi à la question de la deuxième étape de la DDM: qu'est-ce que je peux faire?**	**1** C **2** D		
En comité: — vous vous rappelez votre sujet d'enquête (fiche 1.3);		— Je redis la question à résoudre.	

Magazine Synergie — Quelle est la valeur de la vie ? N° 3

1 2 3 TÂCHE 4 5

2 périodes • Ailleurs, autrement

Consignes	Compétences	Stratégies d'apprentissage	Stratégies d'enseignement
— vous dégagez des pistes-guides qui éclairent votre sujet d'enquête (fiche 2.3).	2 B	— Je formule des hypothèses personnelles. — Je dégage des éléments de réponse à partir d'un récit. — Je fais l'inventaire des différentes options de réponse qui se présentent, notamment à partir des récits étudiés. — Je sélectionne les éléments de réponse qui sont les plus significatifs. — Je formule ma réponse dans une langue correcte. — Je justifie ma réponse. **Développement moral :** — Je prends connaissance des options fournies à la lumière de référentiels. — J'évalue les effets de chacune de ces options sur moi et sur les personnes concernées. — Je sélectionne l'option la plus appropriée en tenant compte du contexte lié à la situation. — J'exprime mon choix. — Je donne les raisons de mon choix en me référant à un ou à des éléments d'un référentiel.	
Vous évaluez le travail de votre comité ainsi que votre participation personnelle.			
En comité : — vous évaluez le travail de votre comité de rédaction (fiche 1.4) ;	5 D		
En comité : — vous évaluez votre participation personnelle (fiche 1.5) ;	5 D		

Magazine Synergie

Quelle est la valeur de la vie ?

N° 3

1 2 3 4 TÂCHE 5

1 période • Nos conclusions à notre troisième enquête

D'après moi...

Situation

Les journalistes enquêteurs réalisent le troisième numéro de leur journal. Ils y révèlent à leurs lecteurs les conclusions de leur enquête.

Intention (s)

Dégager une réponse personnelle des résultats de l'enquête.
Évaluer la troisième enquête au moyen de la rédaction du journal.

Savoirs essentiels

Récits bibliques :

- La naissance et la mission de Moïse (Ex 2, 1-10 ; 3, 1-12) : Moïse a la vie sauve ; il sauve son peuple
- Le projet de Jésus (Jn 10, 10) : Dieu veut pour l'être humain la vie en abondance

Récit de vie d'une catholique d'hier : Marguerite d'Youville, une fondatrice de communauté religieuse qui a fait grandir la vie dans son milieu

Récit de vie d'un catholique contemporain : une personne catholique qui défend et qui crée la vie autour d'elle

Éléments de la diversité :

- Des enfants qui luttent pour rester en vie ou un organisme qui a à cœur leur santé
- L'enseignement du bouddhisme sur le respect de la vie
- Florence Nightingale : une croyante protestante qui a consacré sa vie à sauver celle des autres

Développement moral : utilisation d'une démarche de discernement moral à l'aide des référentiels suivants :

— les expériences humaines, spirituelles ou religieuses racontées dans les récits
— les valeurs qui s'en dégagent : bonheur, compassion, respect de la vie et courage

Ressources

- **ENSEMBLE-RESSOURCE DE RÉFÉRENCE**, fascicule n° 3
- *Synergie*, n° 1, page 26 (différentes approches pour la rédaction du journal)
- Différents matériaux nécessaires aux réalisations des journaux des comités de rédaction
- Les fiches complétées, les documents consultés ainsi que les notes prises lors des diverses tâches de cette séquence

- **Fiches**

1.3 Sujet d'enquête 3
1.4 Regard sur notre enquête
1.5 Entre moi… et moi
2.3 Nos pistes-guides
5.1 Journal

Compétences disciplinaires

◇ **1** A, B, C, D ☆ **2** A, B, C, D

Compétences transversales

Ordre intellectuel :
2 B, C, E ; **4** A, B, C, D

Ordre personnel et socia :
toutes

Ordre de la communication :
9 A, B, C

Tâche

P Vous formulez une conclusion à votre sujet d'enquête. Vous répondez ainsi aux questions de la troisième et de la quatrième étapes de la DDM : qu'est-ce qui arrivera ? qu'est-ce que je décide de faire ?
Vous décidez comment cette conclusion sera présentée dans votre journal.

R Vous rédigez votre participation au journal.

i Vous dégagez une réponse personnelle à votre enquête.
Vous évaluez votre enquête.

Magazine Synergie — Quelle est la valeur de la vie ? N° 3

1 2 3 4 TÂCHE 5

I période • Nos conclusions à notre troisième enquête

Consignes	Compétences	Stratégies d'apprentissage	Stratégies d'enseignement
P **Vous formulez une conclusion à votre sujet d'enquête. Vous répondez ainsi aux questions de la troisième et de la quatrième étapes de la DDM : qu'est-ce qui arrivera ? qu'est-ce que je décide de faire ?**	◇ **1** A, B, C, D ☆ **2** A, B, C, D		
En comité : — vous vous rappelez votre sujet d'enquête (fiche 1.3) ;		— Je redis la question à résoudre.	
— vous formulez vos premières intuitions de réponses ou de solutions ;	**2** B, C	— Je formule des hypothèses personnelles.	
— vous consultez les pistes-guides dégagées des divers documents consultés (fiche2.3) ;	**2** B, C	— Je dégage des éléments de réponse à partir d'un récit. — Je fais l'inventaire des différentes options de réponse qui se présentent, notamment à partir des récits étudiés.	
— vous sélectionnez celles qui vous paraissent importantes ;	**2** C	— Je sélectionne les éléments de réponse qui sont les plus significatifs.	
— vous formulez et notez (fiche 5.1) la conclusion à votre sujet d'enquête.		— Je formule ma réponse dans une langue correcte.	
Vous décidez comment cette conclusion sera présentée dans votre journal.			
En comité : — vous décidez de la forme que prendra votre journal (*Synergie*, n° 1, p. 26) ;	**4** A, B **9** A, B		
— vous décidez des participations diverses des membres du comité.			

R **Vous rédigez votre participation au journal.**	**1** A, B, C, D **2** A, B, C, D		
En comité : — vous rédigez vos articles de journal en tenant compte de la conclusion de votre sujet d'enquête et des consignes particulières (fiche 5.1) ;	**4** C, D **9** C		
— vous participez aux différentes étapes de réalisation de votre journal jusqu'à sa distribution.			
i **Vous dégagez une réponse personnelle à votre enquête.**	**1** D **2** D		
Individuellement : — vous répondez à la question : *Quelle est la valeur de la vie ?*		— Je redis la question à résoudre. — Je formule des hypothèses personnelles. — Je dégage des éléments de réponse à partir d'un récit. — Je fais l'inventaire des différentes options de réponse qui se présentent, notamment à partir des récits étudiés. — Je sélectionne les éléments de réponse qui sont les plus significatifs.	
— vous notez votre réponse.		— Je formule ma réponse dans une langue correcte. — Je justifie ma réponse. **Développement moral :** — J'exprime mon choix. — Je donne les raisons de mon choix en me référant à un ou à des éléments d'un référentiel.	
Vous évaluez votre enquête.			
En comité : — vous évaluez votre travail d'équipe (fiche 1.3) ;	**2** E		
— vous évaluez votre participation personnelle à l'enquête (fiche 1.4).	**2** E		

Magazine Synergie **Quelle est la valeur de la vie ?** N° 3

1 2 3 4 TÂCHE 5

1 période • Nos conclusions à notre troisième enquête

Critères d'évaluation

Compétences disciplinaires

1 — **Apprécier la tradition catholique vivante.**
- Choix de récits pertinents en rapport avec une problématique
- Narration ou reconstitution de récits de la tradition catholique vivante
- Description des expériences de vie et de foi relatées dans les récits
- Formulation des messages qui se dégagent des récits
- Prise en compte de l'apport de la diversité dans sa recherche de sens
- Construction de réponses personnelles

2 — **Prendre position de façon éclairée sur des situations comportant un enjeu moral.**
- Utilisation d'une démarche de discernement moral
- Présentation de situations qui comportent un enjeu moral
- Identification d'un enjeu moral présent dans ces situations
- Choix d'informations pertinentes en rapport avec l'enjeu moral
- Justification de ses choix à la lumière de référentiels

Je développe les compétences

J'apprécie la tradition catholique vivante.
Je prends position de façon éclairée sur des situations comportant un enjeu moral.
Je construis mon opinion.
J'exprime mon jugement.
Je relativise mon jugement.
Je m'imprègne des éléments d'une situation.
J'imagine des façons de faire.
Je m'engage dans une réalisation.
J'adopte un fonctionnement souple.
J'analyse la tâche à accomplir.
Je m'engage dans la démarche.
J'accomplis la tâche.
J'établis l'intention de la communication.
Je choisis le mode de communication.
Je réalise la communication.

Journal

1 — Conclusion à notre enquête:

2 — Consignes particulières

Chaque journaliste doit tenir compte, dans une langue correcte:

— de la conclusion de l'enquête;

— des preuves (pistes-guides) qui l'éclairent:

- dire, par exemple, dans quel récit elles ont été trouvées;
- raconter brièvement ce récit;
- dégager une expérience de vie et de foi qui y est relatée;
- dégager un message de ce récit;

— de son opinion personnelle.

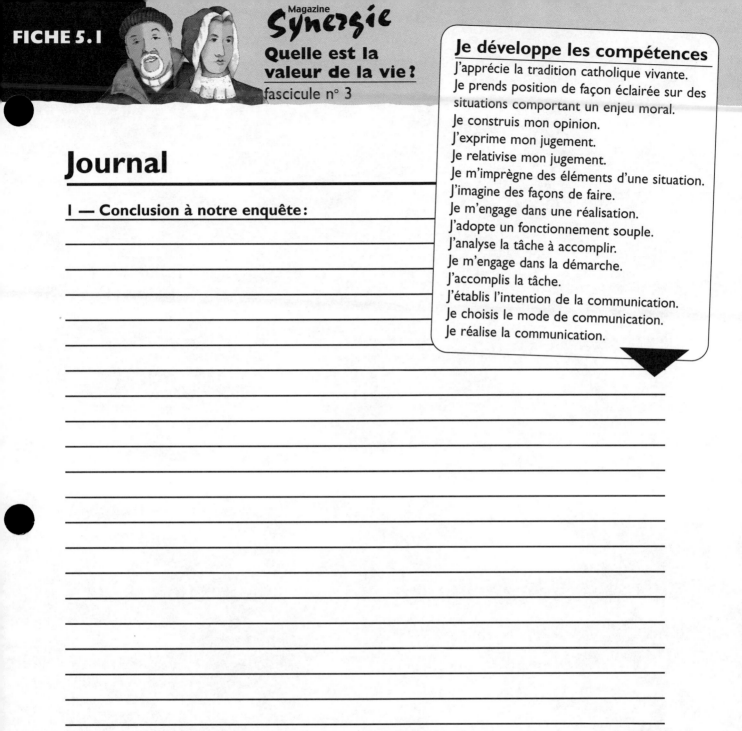

TÉMOINS EN HERBE

Magazine

Synergie

Guide d'intervention pédagogique

Séquence 4

Magazine Synergie

Comment se réaliser ?

N° 4

Plan de la séquence 4

Compétences disciplinaires

1 – Apprécier la tradition catholique vivante.

2 – Prendre position de façon éclairée sur des situations comportant un enjeu moral.

Axe

Développement personnel

Description de la séquence

Dans un premier temps, l'élève définit une problématique qui concerne la réalisation de soi. Dans un deuxième temps, il explore et analyse des récits (textes bibliques, récits de catholiques d'hier et d'aujourd'hui, éléments de la diversité), afin d'éclairer sa problématique. Dans un dernier temps, il prend position, à la lumière de son analyse, sur la valeur de la vie. Il rédige enfin sa participation au journal de son comité.

Composantes des compétences disciplinaires

A Explorer des récits de la tradition catholique vivante.

B Analyser des récits de la tradition catholique vivante.

C Considérer des éléments de la diversité religieuse et des courants humanistes pour enrichir sa réflexion.

D Prendre position sur des éléments de la tradition catholique vivante.

A Définir l'enjeu moral.

B Considérer différents référentiels.

C Examiner des options et leurs effets possibles.

D Justifier son choix à la lumière d'un référentiel.

Compétences transversales

Ordre intellectuel

1 – Exploiter l'information.

2 – Résoudre des problèmes.

3 – Exercer son jugement critique.

4 – Mettre en œuvre sa pensée créatrice.

Ordre méthodologique

5 – Se donner des méthodes de travail efficaces.

6 – Exploiter les technologies de l'information et de la communication.

Ordre personnel et social

7 – Structurer son identité.

8 – Coopérer.

Ordre de la communication

9 – Communiquer de façon appropriée.

Composantes des compétences transversales

1 – A S'approprier l'information.
B Reconnaître diverses sources d'information.
C Tirer profit de l'information.

2 – A Analyser les éléments de la situation.
B Imaginer des pistes de solution.
C Mettre à l'essai des pistes de solution.
D Adopter un fonctionnement souple.
E Évaluer sa démarche.

3 – A Construire son opinion.
B Exprimer son jugement.
C Relativiser son jugement.

4 – A S'imprégner des éléments d'une situation.
B Imaginer des façons de faire.
C S'engager dans une réalisation.
D Adopter un fonctionnement souple.

5 – A Analyser la tâche à accomplir.
B S'engager dans la démarche.
C Accomplir la tâche.
D Analyser sa démarche.

6 – A S'approprier les technologies de l'information et de la communication.
B Utiliser les technologies de l'information et de la communi cation pour effectuer sa tâche.
C Évaluer l'efficacité de l'utilisation de la technologie.

7 – A S'ouvrir aux stimulations environnantes.
B Prendre conscience de sa place parmi les autres.
C Mettre à profit ses ressources personnelles.

8 – A Interagir avec ouverture d'esprit dans différents contextes.
B Contribuer au travail collectif.
C Tirer profit du travail de coopération.

9 – A Établir l'intention de la communication.
B Choisir le mode de communication.
C Réaliser la communication.

Domaines généraux de formation

Orientation et entrepreneuriat
— Conscience de soi, de son potentiel et de ses modes d'actualisation
— Appropriation des stratégies liées à un projet

Vivre ensemble et citoyenneté
— Valorisation des règles de vie en société et des institutions démocratiques
— Engagement dans l'action dans un esprit de coopération et de solidarité
— Culture de la paix

Savoirs essentiels

Récits bibliques:
- La parabole des trois serviteurs ou des talents (Mt 25, 14-30): oser développer ses dons
- Le récit sur les dons (Rm 12, 6-8): développer les dons reçus, pour soi et pour les autres
- La maison bâtie sur le roc (Lc 6, 46-48): appuyer ses actions sur du solide pour aller de l'avant

Récit de vie d'un catholique d'hier: Louis Pasteur, un croyant qui a su se réaliser

Récit de vie d'un catholique contemporain: une personne croyante présente dans le milieu de l'élève comme modèle de réalisation de soi

Éléments de la diversité:
- Andreï Roublev, orthodoxe: un exemple de réalisation de soi par l'art iconographique
- Des jeunes engagés dans des projets scolaires

Développement moral: fierté et confiance en soi sont des valeurs à dégager.

Critères d'évaluation

1 — Apprécier la tradition catholique vivante.
— Choix de récits pertinents en rapport avec une problématique
— Narration ou reconstitution de récits de la tradition catholique vivante
— Description des expériences de vie et de foi relatées dans les récits
— Formulation des messages qui se dégagent des récits
— Prise en compte de l'apport de la diversité dans sa recherche de sens
— Construction de réponses personnelles

2 — Prendre position de façon éclairée sur des situations comportant un enjeu moral.
— Choix d'informations pertinentes en rapport avec l'enjeu moral
— Justification de ses choix à la lumière de référentiels

Magazine Synergie

Comment se réaliser ? N° 4

TÂCHE 1 2 3 4

2 périodes • Itinéraire à préparer

Mise au point

Situation

Vous êtes invités à faire un voyage. Celui-ci aura la particularité de s'effectuer **en vous**, dans ce lieu que l'on désigne habituellement par votre cœur ou votre esprit. Vous comprendrez qu'il est important de bien le préparer. Au cours de ce voyage, vous continuerez à faire du journalisme d'enquête. À votre retour, vous présenterez aux autres comités les rencontres que vous aurez faites.

Intention (s)

Présenter le but du voyage et son fonctionnement.

Savoirs essentiels

Développement moral : fierté et confiance en soi sont les valeurs à dégager

Ressources

- **ENSEMBLE-RESSOURCE DE RÉFÉRENCE**, fascicule n° 4 :
  - p. 2 : Se réaliser
  - p. 3 : Un mot de Suzie
  - p. 4-5 : Pour le plaisir de mieux se connaître
  - p. 6-7 : Mieux se connaître
- **Fiches**

1.1 Mieux se connaître
1.2 Notre sujet d'enquête 4
1.3 Notre itinéraire
1.4 Regard sur notre enquête
1.5 Entre moi… et moi

Compétences disciplinaires

1 C   2 B

Compétences transversales

Ordre intellectuel : 1 A, B, C ; **3** A, B ; **4** A, B, C, D

Ordre méthodologique : **5** A, D

Ordre personnel et social : toutes

Ordre de la communication : **9** A, C

Liens avec d'autres disciplines

Français : Lire des textes variés. Écrire des textes variés. Communiquer oralement.

Tâche

P Vous avez commencé à faire vos bagages en vue de votre voyage.

R Vous découvrez quel voyage il vous est proposé de faire.

i Vous définissez votre sujet d'enquête.
Vous évaluez le travail de votre comité ainsi que votre participation personnelle.

Consignes	Compétences	Stratégies d'apprentissage	Stratégies d'enseignement
P **Vous avez commencé à faire vos bagages en vue de votre voyage.**	◇ **1** C ☆ **2** B		
Individuellement: — vous avec complété la fiche 1.1. Elle vous donne une idée des bagages que vous emportez en voyage;	**3** A, B	— Je me dispose physiquement et intérieurement à examiner une réalité. — Je prends le temps de décrire ce que je sais de la réalité.	
— vous avez lu: • Un mot de Suzie (p. 3 de l'ensemble-ressource de référence); • Pour le plaisir de mieux se connaître (p. 4-5 de l'ensemble-ressource de référence).	**1** A, B	— Je me dispose physiquement et intérieurement à écouter le récit. — Je me concentre sur la narration du récit. — Je cherche le sens des expressions curieuses et des mots nouveaux. — J'identifie les principaux faits racontés dans le récit. — Je comprends des aspects du contexte du récit. — Je cherche à comprendre l'expérience humaine, spirituelle ou religieuse des personnages racontée dans le récit. — Je dégage une idée, une **valeur** ou un message important du récit. **Développement moral:** — Je cherche des informations objectives qui jettent un éclairage sur la situation. — Je sélectionne les informations pertinentes. — J'entends les points de vue des personnes de l'entourage. — Je fais un inventaire des référentiels en présence dans les récits étudiés. **Français** • Stratégies de reconnaissance et d'identification des mots d'un texte • Stratégies de gestion de la compréhension	
— [vous avez inventé une fable qui parle de confiance en soi.]	**4** A, B, C, D	— J'élabore un plan de narration précisant les éléments essentiels du récit à faire ressortir. — Je raconte le récit en tenant compte: • des faits essentiels; • de la chronologie des faits; • des aspects du contexte; • de l'expérience humaine, spirituelle ou religieuse racontée; • d'un message qui se dégage de cette expérience. **Français** • Stratégies de planification • Stratégies de mise en texte • Stratégies de révision • Stratégies de correction	

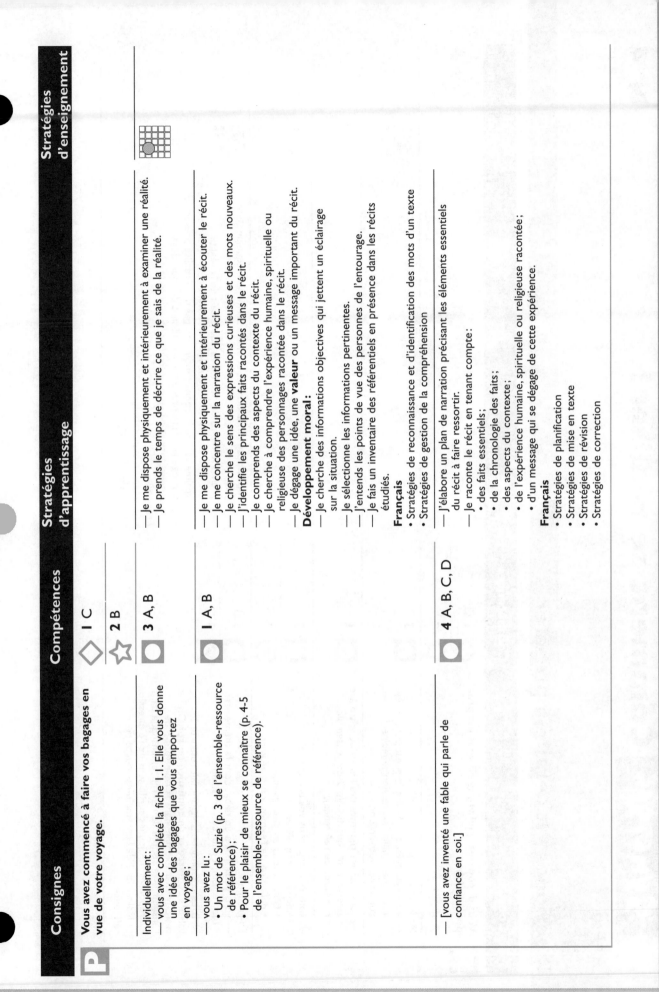

Magazine Synergie — Comment se réaliser ? N° 4

TÂCHE 1 2 3 4

2 périodes • Itinéraire à préparer

Consignes	Compétences	Stratégies d'apprentissage	Stratégies d'enseignement
Vous découvrez quel voyage il vous est proposé de faire.	◇ 1 C ☆ 2 B		
Individuellement : — vous répondez par écrit à la question : d'après vous, que signifie l'expression *se réaliser ?* et vous conservez votre réponse ;	3 B		
— vous lisez les réponses des jeunes de votre âge à cette même question (p. 2 de l'ensemble-ressource de référence) ;	1 A, C		
— vous réunissez tous vos bagages : • fiche 1.1 complétée ; • fable, si vous en avez inventé une ; • définition de l'expression *se réaliser*.	3 A 9 A		
En groupe : — vous participez à un débat dont le thème est : se réaliser, à quoi cela ressemble-t-il ? N. B. Le personnel enseignant fait ressortir les valeurs de **fierté** et de **confiance en soi**. On les retrouve par exemple dans la fable (p. 4-5 de l'ensemble-ressource de référence) ainsi que dans les réponses des jeunes sur le sens de l'expression *se réaliser* (p. 2 de l'ensemble-ressource de référence).	3 B 9 C	— Je me dispose physiquement et intérieurement à examiner une réalité. — Je prends le temps de décrire ce que je sais de la réalité. — J'écoute attentivement ce que les pairs savent de la réalité examinée. — J'exprime ce que je connais moins ou pas de la réalité présentée. — J'interroge la réalité présentée en utilisant des questions commençant par *pourquoi ? comment ? à quoi ça sert ?* **Français** • Stratégies d'exploration • Stratégies de partage	

Vous définissez votre sujet d'enquête.	1 C 2 B		
En comité : — vous décidez de votre sujet d'enquête (fiche 1.2) ;		— Je redis la question à résoudre. — Je formule des hypothèses personnelles. — Je dégage des éléments de réponse à partir d'un récit. — Je fais l'inventaire des différentes options de réponse qui se présentent, notamment à partir des récits étudiés. — Je sélectionne les éléments de réponse qui sont les plus significatifs.	
— vous le formulez clairement (fiche 1.2) ;		— Je formule ma réponse dans une langue correcte. — Je justifie ma réponse. **Développement moral :** — J'exprime mon choix. — Je donne les raisons de mon choix en me référant à un ou des éléments d'un référentiel.	
— vous fixez votre itinéraire de voyage (fiche 1.3) ;	5 A		N.B. Le personnel enseignant s'assurera que tous les documents seront explorés, analysés et présentés à l'ensemble de la classe.
Vous évaluez le travail de votre comité ainsi que votre participation personnelle.			
En comité : — vous évaluez le travail de votre comité (fiche 1.4, parties 1 et 3) ;	5 D		
— vous évaluez votre participation personnelle (fiche 1.5).	5 D		

Je développe les compétences
J'apprécie la tradition catholique vivante.
Je prends position de façon éclairée sur des situations comportant un enjeu moral.
Je construis mon opinion.
J'exprime mon jugement.

Mieux se connaître

Afin de bien saisir le but des deux exercices proposés ci-dessous, lire les pages 6-7 de l'ensemble-ressource de référence.

A — Pour faire mon portrait

Mes notes sur :

— ma famille : ______________________________

— mon milieu : ______________________________

— ma culture : ______________________________

— ma religion (ou mon absence de religion) : ______________________________

Conformément aux renseignements recueillis, je **certifie** que ____________________ répond à la description unique suivante : ______________________________

B — Pour trouver mes valeurs

Étapes 3-4 : première liste de mes valeurs

❑ Amitié	❑ Bonheur	❑ Générosité	❑ Liberté	❑ Respect de l'autre
❑ Amour	❑ Bonté	❑ Harmonie	❑ Plaisir	❑ Respect de soi
❑ Beauté	❑ Curiosité	❑ Joie de vivre	❑ Prospérité	❑ Richesse
❑ Bienveillance	❑ Efficacité	❑ Justice	❑ Religion	❑ Santé

Étape 9 : liste révisée de mes valeurs

❑ Amitié	❑ Bonheur	❑ Générosité	❑ Liberté	❑ Respect de l'autre
❑ Amour	❑ Bonté	❑ Harmonie	❑ Plaisir	❑ Respect de soi
❑ Beauté	❑ Curiosité	❑ Joie de vivre	❑ Prospérité	❑ Richesse
❑ Bienveillance	❑ Efficacité	❑ Justice	❑ Religion	❑ Santé

C — Quel(s) sentiment(s) est-ce que j'éprouve devant la liste de mes valeurs ?

____

____

____

D — Est-ce que cela ressemble à de la fierté ?

❑ Oui ❑ Non

Pourquoi ? ______________________________

____

____

E — Est-ce que cela ressemble à de la confiance en soi ?

❑ Oui ❑ Non

Pourquoi ? ______________________________

____

____

F — Aurais-je le goût d'ajouter ces valeurs à ma liste ?

❑ Oui ❑ Non

Pourquoi ? ______________________________

____

____

Je développe les compétences
J'apprécie la tradition catholique vivante.
Je prends position de façon éclairée sur des situations comportant un enjeu moral.
Je tire profit de l'information.

Notre sujet d'enquête 4

Nom:

Comité de rédaction:

Notre sujet d'enquête:

Si nous avons besoin d'autres ressources (livres, journaux, Internet, cédéroms, interviews, etc.), nous les identifions ci-dessous. Nous consultons ensuite le personnel enseignant au sujet de la possibilité de consulter ces sources.

Je développe les compétences

J'apprécie la tradition catholique vivante.
Je prends position de façon éclairée sur des situations comportant un enjeu moral.
Je reconnais diverses sources d'information.
J'analyse la tâche à accomplir.

Notre itinéraire

1 — Nous examinons attentivement la page couverture du magazine *Synergie* n° 4. Nous sommes peut-être intrigués par certains portraits. Nous désirons peut-être savoir comment ces personnes se sont réalisées.

2 — Nous parcourons l'ensemble du magazine. Nous nous arrêtons sur les différents documents. Nous éveillons notre curiosité.

3 — Nous choisissons les personnes en plus de celles déjà cochés ou les récits que nous voulons *rencontrer* durant notre voyage. (Il peut paraître curieux de rencontrer un récit, mais vous verrez que c'est possible.) Ces rencontres éclaireront notre sujet d'enquête.

Nous sommes invités à *rencontrer:*

• deux (2) récits bibliques (nous cochons nos choix):

- [ ] Oser développer ses talents (p. 10-12 de l'ensemble-ressource de référence)
- [ ] Mettre ses dons à profit (p. 17-19)
- [ ] Pour aller de l'avant (p. 25-26)

• des personnes (nous cochons nos choix):

- [x] Louis Pasteur (p. 13 de l'ensemble-ressource de référence)
- [ ] D'autres croyants et savants (p. 14-16)
- [ ] Andreï Roublev (p. 8-9)
- [ ] Dominique Lebel (p. 20)
- [x] La personne inspirante de notre milieu (Avis de recherche, p. 21)
- [ ] Des jeunes comme toi (p. 22-23)
- [ ] Jean-Paul Riopelle (p. 24)

IMPORTANT

Les récits et toutes les personnes dont le nom est coché doivent être rencontrés.

Regard sur notre enquête

Nom:

Comité de rédaction:

Sujet d'enquête:

T Toujours **P** Parfois
S Souvent **J** Jamais

1 — Nos façons de travailler ensemble

	TÂCHES 1	2	3	4
Nous nous sommes entraidés.				
Nous avons demandé de l'aide quand c'était nécessaire.				
Nous avons participé aux discussions de notre comité.				

2 — Nos rencontres

	Oser développer ses talents	Mettre ses dons à profit	Pour aller de l'avant	Louis Pasteur	D'autres croyants et savants	Andreï Roublev	La personne inspirante de notre milieu	Dominique Lebel	Des jeunes comme toi	Jean-Paul Riopelle
Nous avons décidé de la façon de raconter le récit.										
Nous avons élaboré un plan de notre narration.										
Nous avons raconté le récit en tenant compte:										
des faits essentiels;										
des aspects du contexte;										
de l'expérience qui y est racontée;										
de la valeur (ou des valeurs) qui s'en dégage (nt).										

3 — Notre appréciation générale

Échelle d'appréciation

A Nous sommes très fiers de nous.
B Nous sommes fiers de nous.
C Nous aurions pu faire mieux.

Nous avons effectué notre enquête et ☐.

Entre moi… et moi

T Toujours **P** Parfois
S Souvent **J** Jamais

	TÂCHES 1	2	3	4
Je prends mes responsabilités.				
Je suis à l'aise dans mon comité.				
Je suis respectueux de mes coéquipiers.				
Je suis capable de défendre mon point de vue.				
Je manifeste un bon esprit d'équipe.				
Je fonctionne de façon autonome.				
Je fais face aux difficultés.				
Je respecte les consignes.				
Je suis habile à chercher dans une documentation.				
Je sélectionne ce qui m'apparaît pertinent dans les informations recueillies.				
Je sais organiser mes informations.				
Je sais présenter mes informations.				
J'accomplis mon travail jusqu'au bout.				
Je présente correctement mon travail.				

Magazine Synergie

Comment se réaliser ?

N° 4

TÂCHE 1 **2** 3 4

4 périodes • Voyage à effectuer

Voyons voir

Situation

C'est le moment du départ pour votre voyage. Vous y ferez des rencontres qui vous marqueront peut-être. Elles vous feront toutes découvrir des façons de se réaliser ainsi que des valeurs importantes.

Intention (s)

Explorer et analyser différents documents afin d'y rechercher des voies possibles de réalisation.

Savoirs essentiels

Récits bibliques :
- La parabole des trois serviteurs ou des talents (Mt 25, 14-30) : oser développer ses dons
- Le récit sur les dons (Rm 12, 6-8) : développer les dons reçus, pour soi et pour les autres
- La maison bâtie sur le roc (Lc 6, 46-48) : appuyer ses actions sur du solide pour aller de l'avant

Récit de vie d'un catholique d'hier : Louis Pasteur, un croyant qui a su se réaliser
Récit de vie d'un catholique contemporain : une personne croyante présente dans le milieu de l'élève comme modèle de réalisation de soi
Éléments de la diversité :
- Andreï Roublev, orthodoxe : un exemple de réalisation de soi par l'art iconographique
- Des jeunes engagés dans des projets scolaires

Développement moral : fierté et confiance en soi sont des valeurs à dégager

Ressources

- **ENSEMBLE-RESSOURCE DE RÉFÉRENCE**, fascicule n° 4 :
  p. 8 : Andreï Roublev, un artiste qui a fait fructifier ses talents
  p. 10 : Oser développer ses talents
  p. 13 : Louis Pasteur, un croyant qui a su se réaliser
  p. 17 : Mettre ses dons à profit
  p. 20 : Galerie de talents
  p. 25 : Pour aller de l'avant
- Tous documents (encyclopédies, journaux, magazines, cédéroms, Internet) utiles à l'approfondissement des sujets de rencontres.

- **Fiches**

1.2 Notre sujet d'enquête 4
1.3 Notre itinéraire
1.4 Regard sur notre enquête
1.5 Entre moi… et moi
2.1 Nos pistes-guides

Compétences disciplinaires

◇ **1** A, B, C, D ☆ **2** B, D

Compétences transversales

Ordre intellectuel : **1** A, B, C ; **3** A, B

Ordre méthodologique : **5** A, B C, D ; **6** B

Ordre personnel et social : toutes

Lien avec d'autres disciplines

Français : Lire des textes variés.

Tâche

P Vous préparez vos rencontres.

R Vous explorez et analysez les récits bibliques et les portraits de personnes que vous avez choisi de rencontrer.

I Vous dégagez de vos rencontres des pistes-guides qui éclairent votre sujet d'enquête.
Vous évaluez le travail de votre comité ainsi que votre participation personnelle.

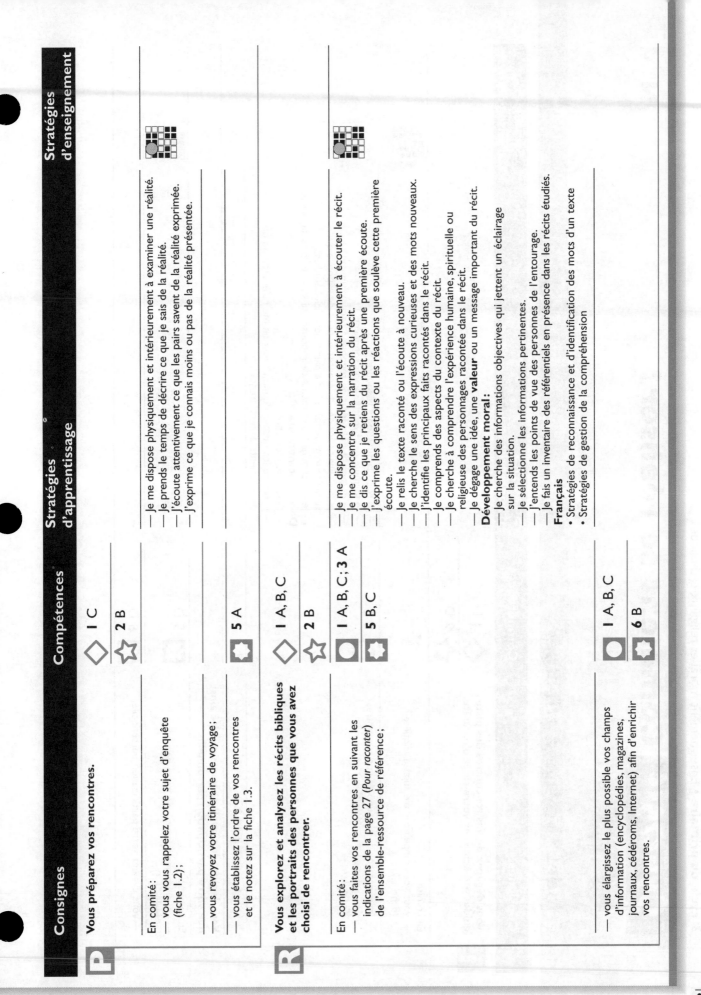

Consignes	Compétences	Stratégies d'apprentissage	Stratégies d'enseignement
P **Vous préparez vos rencontres.**	◇ **1** C ☆ **2** B		
En comité : — vous vous rappelez votre sujet d'enquête (fiche 1.2) ;		— Je me dispose physiquement et intérieurement à examiner une réalité. — Je prends le temps de décrire ce que je sais de la réalité. — J'écoute attentivement ce que les pairs savent de la réalité exprimée. — J'exprime ce que je connais moins ou pas de la réalité présentée.	
— vous revoyez votre itinéraire de voyage ;			
— vous établissez l'ordre de vos rencontres et le notez sur la fiche 1.3.	**5** A		
R **Vous explorez et analysez les récits bibliques et les portraits des personnes que vous avez choisi de rencontrer.**	◇ **1** A, B, C ☆ **2** B		
En comité : — vous faites vos rencontres en suivant les indications de la page 27 (*Pour raconter*) de l'ensemble-ressource de référence ;	**1** A, B, C ; **3** A **5** B, C	— Je me dispose physiquement et intérieurement à écouter le récit. — Je me concentre sur la narration du récit. — Je dis ce que je retiens du récit après une première écoute. — J'exprime les questions ou les réactions que soulève cette première écoute. — Je relis le texte raconté ou l'écoute à nouveau. — Je cherche le sens des expressions curieuses et des mots nouveaux. — J'identifie les principaux faits racontés dans le récit. — Je comprends des aspects du contexte du récit. — Je cherche à comprendre l'expérience humaine, spirituelle ou religieuse des personnages racontée dans le récit. — Je dégage une idée, une **valeur** ou un message important du récit. **Développement moral :** — Je cherche des informations objectives qui jettent un éclairage sur la situation. — Je sélectionne les informations pertinentes. — J'entends les points de vue des personnes de l'entourage. — Je fais un inventaire des référentiels en présence dans les récits étudiés. **Français** • Stratégies de reconnaissance et d'identification des mots d'un texte • Stratégies de gestion de la compréhension	
— vous élargissez le plus possible vos champs d'information (encyclopédies, magazines, journaux, cédéroms, Internet) afin d'enrichir vos rencontres.	**1** A, B, C **6** B		

Magazine Synergie

Comment se réaliser ? N° 4

1 | TÂCHE 2 | 3 | 4

4 périodes • Voyage à effectuer

Consignes	Compétences	Stratégies d'apprentissage	Stratégies d'enseignement
Vous dégagez de vos rencontres des pistes-guides qui éclairent votre sujet d'enquête.	1 D 2 D		
En comité : — vous vous rappelez votre sujet d'enquête (fiche 1.2) ;			
— vous dégagez de chacune de vos rencontres des pistes-guides qui éclairent votre sujet d'enquête ;	3 B	— Je redis la question à résoudre. — Je formule des hypothèses personnelles. — Je dégage des éléments de réponse à partir d'un récit. — Je fais l'inventaire des différentes options de réponse qui se présentent, notamment à partir des récits étudiés. — Je sélectionne les éléments de réponse qui sont les plus significatifs. **Développement moral :** — J'exprime mon choix. — Je donne les raisons de mon choix en me référant à un ou des éléments d'un référentiel.	
— vous les notez (fiche 2.1).			
Vous évaluez le travail de votre comité ainsi que votre participation personnelle.			
En comité : — vous évaluez le travail de votre comité (fiche 1.4) ;	5 D		
— vous évaluez votre participation personnelle.	5 D		

Je développe les compétences

J'apprécie la tradition catholique vivante.
Je prends position de façon éclairée sur des situations comportant un enjeu moral.
Je tire profit de l'information.
J'exprime mon jugement.

Nom : ______________________

Comité de rédaction : ______________________

Sujet d'enquête : ______________________

Nos pistes-guides

1 — Pistes-guides dégagées du document intitulé *Andreï Roublev, un artiste qui a fait fructifier ses talents*

____

2 — Pistes-guides dégagées du document intitulé *Oser développer ses talents*

____

3 — Pistes-guides dégagées du document intitulé *Louis Pasteur, un croyant qui a su se réaliser*

____

4 — Pistes-guides dégagées du document intitulé *Mettre ses dons à profit*

____

5 — Pistes-guides dégagées du document intitulé *Galerie de talents*

____

6 — Pistes-guides dégagées du document intitulé *Pour aller de l'avant*

____

7 — Pistes-guides dégagées d'autres documents consultés

____

8 — Pistes-guides dégagées des présentations des autres comités

____

Je conserve cette fiche. Elle me sera utile quand viendra le moment de participer à la rédaction du journal de mon comité.

Magazine Synergie

Comment se réaliser ? N° 4

1 2 TÂCHE 3 4

3 périodes • Rencontres à raconter

Voyons voir

Situation

Retour de voyage. Moment d'en raconter les souvenirs. Savoir en reconnaître les temps forts. Certaines rencontres ont peut-être été plus marquantes que d'autres. Savoir aussi en reconnaître les incidents et les ratés.

Intention (s)

Raconter les rencontres effectuées au cours du voyage.

Savoirs essentiels

Récits bibliques:
- La parabole des trois serviteurs ou des talents (Mt 25, 14-30): oser développer ses dons
- Le récit sur les dons (Rm 12, 6-8): développer les dons reçus, pour soi et pour les autres
- La maison bâtie sur le roc (Lc 6, 46-48): appuyer ses actions sur du solide pour aller de l'avant

Récit de vie d'un catholique d'hier: Louis Pasteur, un croyant qui a su se réaliser
Récit de vie d'un catholique contemporain: une personne croyante présente dans le milieu de l'élève comme modèle de réalisation de soi
Éléments de la diversité:
- Andreï Roublev, orthodoxe: un exemple de réalisation de soi par l'art iconographique
- Des jeunes engagés dans des projets scolaires

Développement moral: fierté et confiance en soi sont des valeurs à dégager

Ressources

- **ENSEMBLE-RESSOURCE DE RÉFÉRENCE**, fascicule n° 4:

p. 8: Andreï Roublev, un artiste qui a fait fructifier ses talents
p. 10: Oser développer ses talents
p. 13: Louis Pasteur, un croyant qui a su se réaliser
p. 17: Mettre ses dons à profit
p. 20: Galerie de talents
p. 25: Pour aller de l'avant

- Tous documents (encyclopédies, journaux, magazines, Internet) utiles à l'approfondissement des sujets de rencontres.

- **Fiches**

1.2 Notre sujet d'enquête 4
1.3 Notre itinéraire
1.4 Regard sur notre enquête
1.5 Entre moi… et moi
2.1 Nos pistes-guides

Compétences disciplinaires

◇ **1** A, B, C, D ☆ **2** B, D

Compétences transversales

Ordre intellectuel: **3** A, B; **4** A, B, C, D

Ordre méthodologique: **5** D; **6** B

Ordre personnel et social: toutes

Ordre de la communication: **9** A, B, C

Liens avec d'autres disciplines

Français: Communiquer oralement.

Tâche

P Vous préparez votre façon de raconter vos souvenirs de voyage.

R Vous présentez vos souvenirs de voyage à l'ensemble de la classe.

i Vous dégagez de vos présentations et de celles des autres comités des pistes-guides qui éclairent votre sujet d'enquête.
Vous évaluez le travail de votre comité ainsi que votre participation personnelle.

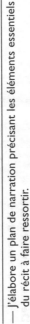

Consignes	Compétences	Stratégies d'apprentissage	Stratégies d'enseignement
P **Vous préparez votre façon de raconter vos souvenirs de voyage.**	◇ **1** A, B, C, D ☆ **2** B, D		
En comité : — vous revoyez votre itinéraire de voyage (fiche 1.3) ; — vous mettez de l'ordre dans les notes prises lors de vos différentes rencontres. Par exemple : • vous les classez selon l'importance que vous voulez leur donner dans votre présentation ; • vous faites des liens entre vos rencontres de différentes personnes et les récits bibliques qui les éclairent ; • vous faites ressortir clairement les valeurs que vous avez découvertes grâce aux pistes-guides que vous avez notées (fiche 2.1) ;	**3** A ; **4** A		
— vous décidez de la façon que vous privilégierez pour présenter vos rencontres à l'ensemble de la classe. Par exemple : • vous compléterez votre exposé oral en illustrant certains points forts de vos rencontres ; • vous réaliserez votre présentation sous forme d'entrevues dans lesquelles vous jouerez les rôles d'intervieweurs et d'interviewés ; • vous distribuerez aux autres élèves de la classe des documents (articles de journaux ou de magazines, pages de sites Internet que vous avez imprimées, etc.) que vous avez trouvés et qui illustrent bien vos propos ; • vous montrerez aux autres élèves des photographies de la personne que vous avez découverte dans votre milieu ainsi que de son action. N. B. Vous n'oubliez pas que c'est vous qui ferez découvrir certaines rencontres que vous aurez peut-être été les seuls à faire (un récit biblique qui n'a pas été exploré et analysé par d'autres comités, par exemple).	**3** B ; **4** B, C, D **6** B **9** A, B	— J'élabore un plan de narration précisant les éléments essentiels du récit à faire ressortir. — Je détermine les supports audio ou visuels appropriés à la narration du récit. — Je rassemble les ressources nécessaires à la narration du récit. **Développement moral :** — Je cherche des informations objectives qui jettent un éclairage sur la situation. — Je sélectionne les informations pertinentes. — J'entends les points de vue des personnes de l'entourage. — Je fais un inventaire des référentiels en présence dans les récits étudiés. **Français** • Stratégies d'exploration	

Magazine Synergie — Comment se réaliser ? N° 4

TÂCHE 1 2 3 4

3 périodes • Rencontres à raconter

Consignes	Compétences	Stratégies d'apprentissage	Stratégies d'enseignement
R **Vous présentez vos souvenirs de voyage à l'ensemble de la classe.**	1 A, B, C, D 2 B, D		
En comité : — vous réalisez la présentation de vos souvenirs de voyage aux autres élèves de la classe;	3 B 6 B 9 C	— Je raconte le récit en tenant compte: • des faits essentiels; • de la chronologie des faits; • des aspects du contexte; • de l'expérience humaine, spirituelle ou religieuse racontée; • d'un message qui se dégage de cette expérience. **Développement moral:** — J'exprime mon choix. — Je donne les raisons de mon choix en me référant à un ou des éléments d'un référentiel. **Français** • Stratégies de partage	
— vous écoutez attentivement les présentations des autres comités;			
— vous portez une attention particulière aux rencontres présentées par certains comités, rencontres qui ne faisaient pas partie de celles que vous avez effectuées; — vous posez des questions afin d'éclaircir des points qui vous semblent obscurs; — vous notez les points forts qui ressortent des présentations des autres comités, ils pourront éclairer votre sujet d'enquête;	3 A	— Je cherche le sens des expressions curieuses et des mots nouveaux. — J'identifie les principaux faits racontés dans le récit. — Je comprends des aspects du contexte du récit. — Je cherche à comprendre l'expérience humaine, spirituelle ou religieuse des personnages racontée dans le récit. — Je dégage une idée, une **valeur** ou un message important du récit. **Développement moral:** — Je cherche des informations objectives qui jettent un éclairage sur la situation. — Je sélectionne les informations pertinentes. — J'entends les points de vue des personnes de l'entourage. — Je fais un inventaire des référentiels en présence dans les récits étudiés. **Français** • Stratégies d'écoute	

— vous critiquez de façon constructive les présentations des autres comités;	5 D	**Français** • Stratégies d'évaluation	
— vous tenez compte des critiques qui vous sont faites.	5 D	**Français** • Stratégies d'évaluation	
Vous dégagez de vos présentations et de celles des autres comités des pistes-guides qui éclairent votre sujet d'enquête.	1 D 2 D		
En comité: — vous vous rappelez votre sujet d'enquête (fiche 1.2);			
— vous ajoutez à vos pistes-guides (fiche 2.1) celles que vous dégagez des présentations des autres comités.	3 B	— Je redis la question à résoudre. — Je formule des hypothèses personnelles. — Je dégage des éléments de réponse à partir d'un récit. — Je fais l'inventaire des différentes options de réponse qui se présentent, notamment à partir des récits étudiés. — Je sélectionne les éléments de réponse qui sont les plus significatifs. **Développement moral:** — J'exprime mon choix. — Je donne les raisons de mon choix en me référant à un ou des éléments d'un référentiel.	
Vous évaluez le travail de votre comité ainsi que votre participation personnelle.			
En comité: — vous évaluez le travail de votre comité (fiche 1.4);	5 D		
— vous évaluez votre participation personnelle (fiche 1.5).	5 D		

Magazine Synergie — Comment se réaliser ? N° 4

1 2 3 TÂCHE 4

1 période • Nos conclusions à notre quatrième enquête

Voyons voir

Situation

Les journalistes enquêteurs réalisent le quatrième numéro de leur journal.
Ils y révèlent à leurs lecteurs les conclusions de leur enquête.

Intention (s)

Dégager une réponse personnelle des résultats de l'enquête.
Évaluer la quatrième enquête au moyen de la rédaction du journal.

Savoirs essentiels

Récits bibliques :
- La parabole des trois serviteurs ou des talents (Mt 25, 14-30) : oser développer ses dons
- Le récit sur les dons (Rm 12, 6-8) : développer les dons reçus, pour soi et pour les autres
- La maison bâtie sur le roc (Lc 6, 46-48) : appuyer ses actions sur du solide pour aller de l'avant

Récit de vie d'un catholique d'hier : Louis Pasteur, un croyant qui a su se réaliser
Récit de vie d'un catholique contemporain : une personne croyante présente dans le milieu de l'élève comme modèle de réalisation de soi
Éléments de la diversité :
- Andreï Roublev, orthodoxe : un exemple de réalisation de soi par l'art iconographique
- Des jeunes engagés dans des projets scolaires

Développement moral : fierté et confiance en soi sont des valeurs à dégager

Ressources

- **ENSEMBLE-RESSOURCE DE RÉFÉRENCE**, fascicule n° 4 :
  - p. 8 : Andreï Roublev, un artiste qui a fait fructifier ses talents
  - p. 10 : Oser développer ses talents
  - p. 13 : Louis Pasteur, un croyant qui a su se réaliser
  - p. 17 : Mettre ses dons à profit
  - p. 20 : Galerie de talents
  - p. 25 : Pour aller de l'avant
- Tous documents (encyclopédies, journaux, magazines, Internet) utiles à l'approfondissement des sujets de rencontres.

- **Fiches**

1.2 Notre sujet d'enquête 4	1.5 Entre moi… et moi
1.3 Notre itinéraire	2.1 Nos pistes-guides
1.4 Regard sur notre enquête	4.1 Journal

Compétences disciplinaires

◇ **1** A, B, C, D ☆ **2** D

Compétences transversales

Ordre intellectuel : **3** B ; **4** A, B, C
Ordre méthodologique : **5** D
Ordre personnel et social : toutes
Ordre de la communication : **9** A, B, C

Tâche

P Vous formulez une conclusion à votre sujet d'enquête.
Vous décidez comment cette conclusion sera présentée dans votre journal.

R Vous rédigez votre participation au journal.

i Vous dégagez une réponse personnelle à votre enquête.
Vous évaluez votre enquête.

Consignes	Compétences	Stratégies d'apprentissage	Stratégies d'enseignement
P **Vous formulez une conclusion à votre sujet d'enquête.**	◇ 1 A, B, C, D ☆ 2 B, D		
En comité : — vous vous rappelez votre sujet d'enquête (fiche 1.2) ;		— Je redis la question à résoudre.	
— vous formulez vos premières intuitions de réponses ou de solutions ;		— Je formule des hypothèses personnelles.	
— vous consultez les pistes-guides dégagées de vos rencontres et de celles des autres comités (fiche 2.1) ;		— Je dégage des éléments de réponse à partir d'un récit. — Je fais l'inventaire des différentes options de réponse qui se présentent, notamment à partir des récits étudiés.	
— vous sélectionnez celles qui vous paraissent importantes ;	**3** B	— Je sélectionne les éléments de réponse qui sont les plus significatifs.	
— vous formulez et notez (fiche 4.1) la conclusion à votre sujet d'enquête.		— Je formule ma réponse dans une langue correcte. — Je justifie ma réponse.	
Vous décidez comment cette conclusion sera présentée dans votre journal.			
En comité : — vous décidez de la forme que prendra votre journal (*Synergie*, n° 1, p. 26) ;	**4** A, B **9** A, B		
— vous décidez des participations diverses des membres du comité.			

Magazine Synergie

Comment se réaliser ? N° 4

1 2 3 TÂCHE 4

1 période • Nos conclusions à notre quatrième enquête

	Consignes	Compétences	Stratégies d'apprentissage	Stratégies d'enseignement
R	**Vous rédigez votre participation au journal.**	1 A, B, C, D 2 B, D		
	En comité : — vous rédigez vos articles de journal en tenant compte de la conclusion de votre sujet d'enquête et des consignes particulières (fiche 4.1) ;	4 C, D 9 C		
	— vous participez aux différentes étapes de réalisation de votre journal jusqu'à sa distribution.			
i	**Vous dégagez une réponse personnelle à votre enquête.**	1 D 2 D		
	Individuellement : — vous répondez à la question : *Comment se réaliser ?*		— Je redis la question à résoudre. — Je formule des hypothèses personnelles. — Je dégage des éléments de réponse à partir d'un récit. — Je fais l'inventaire des différentes options de réponse qui se présentent, notamment à partir des récits étudiés. — Je sélectionne les éléments de réponse qui sont les plus significatifs.	**Travail personnel**
	— vous notez votre réponse.		— Je formule ma réponse dans une langue correcte. — Je justifie ma réponse. **Développement moral :** — J'exprime mon choix. — Je donne les raisons de mon choix en me référant à un ou des éléments d'un référentiel.	

Vous évaluez votre enquête.

En comité : — vous évaluez votre travail d'équipe (fiche 1.4) ;	**5** D		
— vous évaluez votre participation personnelle à l'enquête (fiche1.5).	**5** D		

Critères d'évaluation

Compétences disciplinaires

1 — Apprécier la tradition catholique vivante.

— Choix de récits pertinents en rapport avec une problématique

— Narration ou reconstitution de récits de la tradition catholique vivante

— Description des expériences de vie et de foi relatées dans les récits

— Formulation des messages qui se dégagent des récits

— Prise en compte de l'apport de la diversité dans sa recherche de sens

— Construction de réponses personnelles

2 — Prendre position de façon éclairée sur des situations comportant un enjeu moral.

— Choix d'informations pertinentes en rapport avec l'enjeu moral

— Justification de ses choix à la lumière de référentiels

Je développe les compétences

J'apprécie la tradition catholique vivante.
Je prends position de façon éclairée sur des situations comportant un enjeu moral.
Je construis mon opinion.
J'exprime mon jugement.
Je relativise mon jugement.
Je m'imprègne des éléments d'une situation.
J'imagine des façons de faire.
Je m'engage dans une réalisation.
J'adopte un fonctionnement souple.
J'analyse la tâche à accomplir.
Je m'engage dans la démarche.
J'accomplis la tâche.
J'établis l'intention de la communication.
Je choisis le mode de communication.
Je réalise la communication.

Journal

1 — Conclusion à notre enquête :

2 — Consignes particulières

Chaque journaliste doit tenir compte, dans une langue correcte :

- de la conclusion de l'enquête ;
- des preuves (pistes-guides) qui l'éclairent :
  - dire, par exemple, dans quel récit elles ont été trouvées ;
  - raconter brièvement ce récit ;
  - dégager une expérience de vie et de foi qui y est relatée ;
  - dégager un message de ce récit ;
- de son opinion personnelle.

TÉMOINS EN HERBE

Magazine Synergie

Guide d'intervention pédagogique

Séquence 5

Magazine Synergie

Comment vivre libre ?

N° 5

Plan de la séquence 5

Compétences disciplinaires

- 1 – Apprécier la tradition catholique vivante.
- 2 – Prendre position de façon éclairée sur des situations comportant un enjeu moral.

Composantes des compétences disciplinaires

A Explorer des récits de la tradition catholique vivante.

B Analyser des récits de la tradition catholique vivante.

C Considérer des éléments de la diversité religieuse et des courants humanistes pour enrichir sa réflexion.

D Prendre position sur des éléments de la tradition catholique vivante.

A Définir l'enjeu moral.

B Considérer différents référentiels.

C Examiner des options et leurs effets possibles.

D Justifier son choix à la lumière d'un référentiel.

Axe

Développement personnel

Description de la séquence

Dans un premier temps, l'élève définit une problématique qui concerne l'exercice de la liberté (comment vivre libre ?). Dans un deuxième temps, il explore et analyse des récits (textes bibliques, récits de catholiques d'hier et d'aujourd'hui, éléments de la diversité), afin d'éclairer sa problématique. Dans un dernier temps, il prend position, à la lumière de son analyse, sur l'exercice de la liberté. Il rédige enfin sa participation au journal de son comité.

Compétences transversales

Ordre intellectuel

1 – Exploiter l'information.

2 – Résoudre des problèmes.

3 – Exercer son jugement critique.

4 – Mettre en œuvre sa pensée créatrice.

Ordre méthodologique

5 – Se donner des méthodes de travail efficaces.

6 – Exploiter les technologies de l'information et de la communication.

Ordre personnel et social

7 – Structurer son identité.

8 – Coopérer.

Ordre de la communication

9 – Communiquer de façon appropriée.

Composantes des compétences transversales

1 – A S'approprier l'information.
B Reconnaître diverses sources d'information.
C Tirer profit de l'information.

2 – A Analyser les éléments de la situation.
B Imaginer des pistes de solution.
C Mettre à l'essai des pistes de solution.
D Adopter un fonctionnement souple.
E Évaluer sa démarche.

3 – A Construire son opinion.
B Exprimer son jugement.
C Relativiser son jugement.

4 – A S'imprégner des éléments d'une situation.
B Imaginer des façons de faire.
C S'engager dans une réalisation.
D Adopter un fonctionnement souple.

5 – A Analyser la tâche à accomplir.
B S'engager dans la démarche.
C Accomplir la tâche.
D Analyser sa démarche.

6 – A S'approprier les technologies de l'information et de la communication.
B Utiliser les technologies de l'information et de la communication pour effectuer sa tâche.
C Évaluer l'efficacité de l'utilisation de la technologie.

7 – A S'ouvrir aux stimulations environnantes.
B Prendre conscience de sa place parmi les autres.
C Mettre à profit ses ressources personnelles.

8 – A Interagir avec ouverture d'esprit dans différents contextes.
B Contribuer au travail collectif.
C Tirer profit du travail de coopération.

9 – A Établir l'intention de la communication.
B Choisir le mode de communication.
C Réaliser la communication.

Savoirs essentiels

Récits bibliques :

- Jésus et le sabbat (Mc 2, 23-28) : enraciné dans la foi de son peuple, Jésus propose un amour qui rend libre
- La parabole de l'enfant prodigue (Lc 15, 11-32) : la liberté d'aimer du Père qui offre son pardon sans limite et qui laisse libre

Récit de vie d'une catholique d'hier : Claire d'Assise, un choix délibéré pour la pauvreté

Récit de vie d'un catholique contemporain : Mgr Romero, la liberté dérangeante d'une parole engagée

Élément de la diversité :

- Nelson Mandela : un authentique messager de la liberté

Développement moral : liberté, responsabilité et amour sont des valeurs à dégager

Domaines généraux de formation

Orientation et entrepreneuriat

— Conscience de soi, de son potentiel et de ses modes d'actualisation
— Appropriation des stratégies liées à un projet

Vivre ensemble et citoyenneté

— Valorisation des règles de vie en société et des institutions démocratiques
— Engagement dans l'action dans un esprit de coopération et de solidarité
— Culture de la paix

Critères d'évaluation

1 — Apprécier la tradition catholique vivante.

— Choix de récits pertinents en rapport avec une problématique
— Narration ou reconstitution de récits de la tradition catholique vivante
— Description des expériences de vie et de foi relatées dans les récits
— Formulation des messages qui se dégagent des récits
— Prise en compte de l'apport de la diversité dans sa recherche de sens
— Construction de réponses personnelles

2 — Prendre position de façon éclairée sur des situations comportant un enjeu moral.

— Choix d'informations pertinentes en rapport avec l'enjeu moral
— Justification de ses choix à la lumière de référentiels

Magazine Synergie

Comment vivre libre ?

N° 5

TÂCHE 1 2 3 4

2 périodes • Sous le signe de la liberté

Mise au point

Situation

Vous êtes invités à faire une réelle expérience de liberté. En effet, vous serez le personnel enseignant, les maîtres et les guides des autres comités. À vous de faire preuve de créativité et d'invention dans vos façons de partager votre enseignement. Autrement dit, à vous de manifester votre liberté.

Intention (s)

Se préparer aux tâches d'enseignement en débattant du sujet qui en sera le cœur : la liberté.

Savoirs essentiels

Récits bibliques :

- Jésus et le sabbat (Mc 2, 23-28) : enraciné dans la foi de son peuple, Jésus propose un amour qui rend libre
- La parabole de l'enfant prodigue (Lc 15, 11-32) : la liberté d'aimer du Père qui offre son pardon sans limite et qui laisse libre

Récit de vie d'une catholique d'hier : Claire d'Assise, un choix délibéré pour la pauvreté

Récit de vie d'un catholique contemporain : Mgr Romero, la liberté dérangeante d'une parole engagée

Élément de la diversité : Nelson Mandela, un authentique messager de la liberté

Développement moral : liberté, responsabilité et amour sont des valeurs à dégager

Ressources

- **ENSEMBLE-RESSOURCE DE RÉFÉRENCE**, fascicule n° 5 :
- **Information complémentaire 1**

- **Fiches**

1.1 Notre thème d'enseignement	1.3 Regard sur notre enquête
1.2 Notre sujet d'enquête 5	1.4 Entre moi… et moi

Compétences disciplinaires

1 C ☆ **2** B

Compétences transversales

Ordre intellectuel : **1** A, B, C ; **3** A, B ; **4** A, B

Ordre méthodologique : **5** D ; **6** B

Ordre personnel et social : toutes

Ordre de la communication : **9** A, B

Lien avec d'autres disciplines

Français : Lire des textes variés, écrire des textes variés, communiquer oralement.

Art dramatique

Arts plastiques

Tâche

P Vous réfléchissez à la question de la liberté.

R Vous participez à un débat autour du thème que vous devrez explorer et analyser : comment vivre libre ?
Vous vous partagez les tâches d'enseignement.

i Vous définissez votre sujet d'enquête.
Vous évaluez le travail de votre comité ainsi que votre participation personnelle.

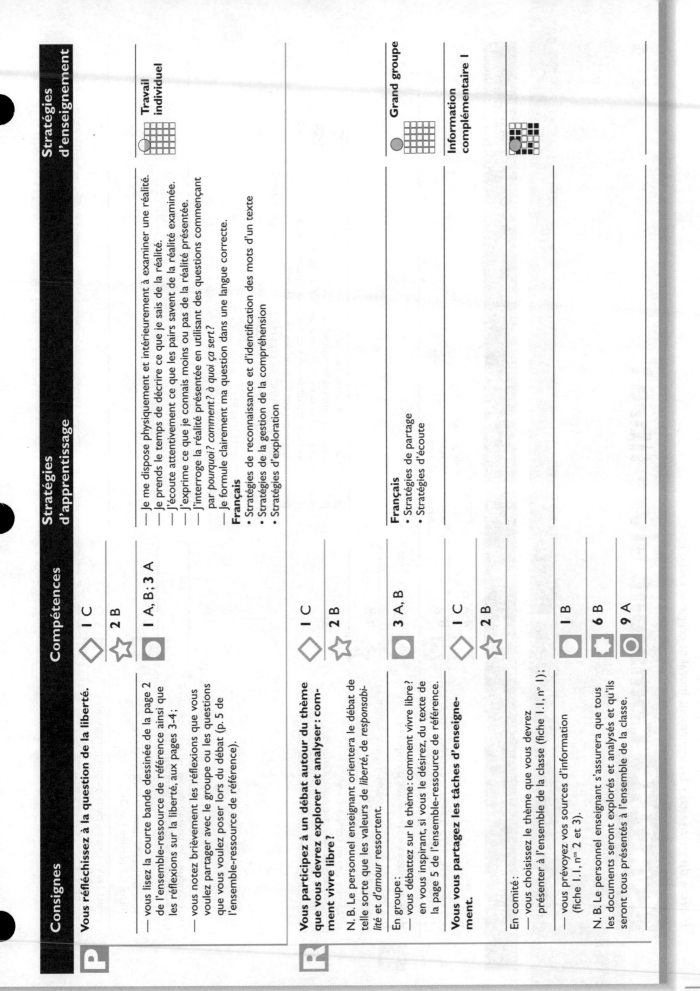

Consignes	Compétences	Stratégies d'apprentissage	Stratégies d'enseignement
P **Vous réfléchissez à la question de la liberté.**	1 C 2 B		
— vous lisez la courte bande dessinée de la page 2 de l'ensemble-ressource de référence ainsi que les réflexions sur la liberté, aux pages 3-4; — vous notez brièvement les réflexions que vous voulez partager avec le groupe ou les questions que vous voulez poser lors du débat (p. 5 de l'ensemble-ressource de référence).	1 A, B; **3** A	— Je me dispose physiquement et intérieurement à examiner une réalité. — Je prends le temps de décrire ce que je sais de la réalité. — J'écoute attentivement ce que les pairs savent de la réalité examinée. — J'exprime ce que je connais moins ou pas de la réalité présentée. — J'interroge la réalité présentée en utilisant des questions commençant par *pourquoi? comment? à quoi ça sert?* — Je formule clairement ma question dans une langue correcte. **Français** • Stratégies de reconnaissance et d'identification des mots d'un texte • Stratégies de la gestion de la compréhension • Stratégies d'exploration	**Travail individuel**
R **Vous participez à un débat autour du thème que vous devrez explorer et analyser: comment vivre libre?** N. B. Le personnel enseignant orientera le débat de telle sorte que les valeurs de *liberté*, de *responsabilité* et *d'amour* ressortent.	1 C 2 B		
En groupe: — vous débattez sur le thème: comment vivre libre? en vous inspirant, si vous le désirez, du texte de la page 5 de l'ensemble-ressource de référence.	**3** A, B	**Français** • Stratégies de partage • Stratégies d'écoute	**Grand groupe**
Vous vous partagez les tâches d'enseignement.	1 C 2 B		**Information complémentaire 1**
En comité: — vous choisissez le thème que vous devrez présenter à l'ensemble de la classe (fiche 1.1, n° 1);			
— vous prévoyez vos sources d'information (fiche 1.1, n°s 2 et 3). N. B. Le personnel enseignant s'assurera que tous les documents seront explorés et analysés et qu'ils seront tous présentés à l'ensemble de la classe.	1 B **6** B **9** A		

Magazine Synergie

Comment vivre libre ?

N° 5

TÂCHE 1 2 3 4

2 périodes • Sous le signe de la liberté

Consignes	Compétences	Stratégies d'apprentissage	Stratégies d'enseignement
En comité : — vous choisissez votre mode d'enseignement, c'est-à-dire la façon dont vous présenterez votre enseignement.	**4** A, B **9** B	**Français** • Stratégies de partage **Art dramatique** **Arts plastiques**	
Vous définissez votre sujet d'enquête. N. B. On notera qu'ici le thème d'enseignement se fond avec le sujet d'enquête.	**1** C **2** B		
En comité (ou en comité élargi) : — vous décidez de votre sujet d'enquête (fiche 1.2) ; — vous le formulez clairement (fiche 1.2).		— Je redis la question à résoudre. — Je formule des hypothèses personnelles. — Je dégage des éléments de réponse à partir d'un récit. — Je fais l'inventaire des différentes options de réponse qui se présentent, notamment à partir des récits étudiés. — Je sélectionne les éléments de réponse qui sont les plus significatifs. — Je formule ma réponse dans une langue correcte. — Je justifie ma réponse. **Développement moral :** — J'exprime mon choix. — Je donne les raisons de mon choix en me référant à un ou des éléments d'un référentiel.	
Vous évaluez le travail de votre comité ainsi que votre participation personnelle.			
En comité : — vous évaluez le travail de votre comité (fiche 1.3, parties 1 et 3) ;	**5** D		
— vous évaluez votre participation personnelle (fiche 1.4).	**5** D		

Information complémentaire 1

Répartition des thèmes d'enseignement

Répartition des thèmes d'enseignement

1 Comment vivre libre selon Jésus (Les épis arrachés) ?

2 * Comment vivre libre selon Claire d'Assise ?

3 Comment vivre libre selon Jésus (La parabole du fils prodigue) ?

4 * Comment vivre libre selon Mgr Romero ?

5 * Comment vivre libre selon Nelson Mandela ?

Selon le nombre de comités de rédaction dans la classe, on pourra en jumeler (comités élargis) pour faire travailler les thèmes.

Préparation des thèmes d'enseignement

La préparation des thèmes d'enseignement se fait :

- avec la page 27 de l'ensemble-ressource de référence (*Pour raconter*) ;
- avec le document de l'ensemble-ressource de référence relatif au thème à préparer ;
- avec d'autres documents de consultation qui complètent le précédent, surtout en ce qui concerne les thèmes marqués d'un * ;
- selon le mode de présentation choisi.

Modes de présentation des thèmes d'enseignement

Chaque comité doit privilégier un mode original de présentation.
Le personnel enseignant pourra présenter diverses avenues possibles en s'inspirant :

A — Des stratégies de l'enseignement moral et religieux catholique :

- pour apprécier la tradition catholique vivante (elles sont résumées dans la section intitulée *Pour raconter* de la page 27 de l'ensemble-ressource de référence) ;
- pour prendre position de façon éclairée sur des situations comportant un enjeu moral (programme d'enseignement moral et religieux catholique, p. 306-307).

B — Des stratégies du français, langue d'enseignement :

- pour lire des textes variés : stratégies de reconnaissance et d'identification des mots d'un texte ; stratégies de gestion de la compréhension ;
- pour écrire des textes variés (les textes écrits peuvent ensuite être communiqués oralement) : stratégies de planification, de mise en texte, de révision et de correction ;

Exemples de textes

Textes qui racontent :

— conte, fable, légende, récit, bande dessinée

— reportage, témoignage

Textes qui décrivent :

— rapport d'observation, compte rendu

— description d'une situation, d'un personnage

Textes qui expliquent :

— présentation, article d'encyclopédie

— reportage, discussion

Textes qui visent à convaincre ou à faire agir :

— message publicitaire, petite annonce, affiche promotionnelle

— critique, texte d'opinion

Textes qui mettent en évidence le choix des mots, des images et des sonorités :

— poème, chanson

Textes qui comportent des interactions verbales :

— entrevue, entretien, dialogue, conversation

— jeu de rôles, simulation, saynète, dramatisation

— bande dessinée

— causerie

Textes qui illustrent des informations ou des idées :

— tableau, schéma, diagramme, plan

— murale, maquette, croquis commenté

Magazine Synergie **Comment vivre libre ?** **N° 5**

TÂCHE 1 2 3 4

2 périodes • Sous le signe de la liberté

Information complémentaire 1 (suite)

Supports médiatiques qui peuvent être utilisés ou réalisés

— Livres variés
— Carnet, catalogue, journal, revue, magazine
— Émission télévisuelle ou radiophonique
— Pièce de théâtre ou spectacle plus éclaté
— Calendrier artistique, affiche
— Encart publicitaire, panneau publicitaire ou infopublicité
— Photographie, peinture, sculpture, mobile

• pour communiquer oralement : stratégies d'exploration, de partage et d'écoute ; stratégies liées à la gestion et à la communication de l'information.

Suggestions pour l'utilisation des technologies de l'information et de la communication

— Créer un texte en utilisant un logiciel de traitement de texte, le corriger et l'imprimer.
— Trouver une banque d'images et choisir celles qui conviennent le mieux pour illustrer un texte rédigé à l'aide d'un système de traitement de texte.
— Écouter et produire un enregistrement.
— Utiliser des cédéroms ou naviguer dans Internet pour lire des revues et des publications ou pour effectuer une courte recherche sur un sujet donné.
— Composer une histoire à l'aide d'un logiciel interactif.

C — Des techniques de l'art dramatique :
- pour inventer des séquences dramatiques ;
- pour interpréter des séquences dramatiques ;
- pour apprécier des œuvres théâtrales, ses réalisations et celles de ses camarades.

D — Des techniques des arts plastiques :
- pour réaliser des créations plastiques personnelles ;
- pour réaliser des créations médiatiques personnelles ;
- pour apprécier des œuvres d'art, des objets culturels du patrimoine artistique, des images médiatiques, ses réalisations et celles de ses camarades.

Je développe les compétences

J'apprécie la tradition catholique vivante.
Je prends position de façon éclairée sur des situations comportant un enjeu moral.
J'analyse la tâche à accomplir.
J'utilise les technologies de l'information et de la communication pour effectuer une tâche.
Je m'imprègne des éléments d'une situation.
J'imagine des façons de faire.
J'établis l'intention de la communication.
Je choisis le mode de communication.

Notre thème d'enseignement

1 — Notre thème d'enseignement est :

2 — Notre ressource principale est :

3 — Nos ressources complémentaires

• Nous dressons la liste des sources que nous pensons consulter.

• Quand nous avons trouvé des informations intéressantes, nous complétons nos sources de la façon suivante :

Livres :

Auteur, titre, maison d'édition, année d'édition, pages consultées

Magazines :

Auteur de l'article, titre de l'article, numéro, mois/année du magazine, pages consultées

Sites Internet :

Noter l'adresse exacte.

4 — Notre mode d'enseignement est :

Invention
Création
Liberté

Je développe les compétences
J'apprécie la tradition catholique vivante.
Je prends position de façon éclairée sur des situations comportant un enjeu moral.
Je tire profit de l'information.

Notre sujet d'enquête 5

Nom: ______________________

____

Comité de rédaction: ______________________

____

Notre sujet d'enquête*: ______________________

____

Nous formulons notre sujet d'enquête:

***Avis aux journalistes enquêteurs**
Dans ce cas-ci, votre sujet d'enquête peut être votre thème d'enseignement.

____

Regard sur notre enquête

Nom :

Comité de rédaction :

Sujet d'enquête :

T Toujours	**P** Parfois
S Souvent	**J** Jamais

1 — Nos façons de travailler ensemble

	TÂCHES 1	2	3	4
Nous nous sommes entraidés.				
Nous avons demandé de l'aide quand c'était nécessaire.				
Nous avons participé aux discussions de notre comité.				

Nous inscrivons notre thème d'enseignement.

2 — Nos rencontres

Nous avons décidé de la façon de le présenter.	
Nous avons élaboré un plan de notre enseignement.	
Nous avons raconté le récit en tenant compte :	
des faits essentiels ;	
des aspects du contexte ;	
de l'expérience qui y est racontée ;	
de la valeur (ou des valeurs) qui s'en dégage (nt).	

3 — Notre appréciation générale

Échelle d'appréciation

A Nous sommes très fiers de nous.
B Nous sommes fiers de nous.
C Nous aurions pu faire mieux.

Nous avons effectué notre enquête et ☐ .

Entre moi... et moi

T Toujours | **P** Parfois
S Souvent | **J** Jamais

	TÂCHES 1	2	3	4
Je prends mes responsabilités.				
Je suis à l'aise dans mon comité.				
Je suis respectueux de mes coéquipiers.				
Je suis capable de défendre mon point de vue.				
Je manifeste un bon esprit d'équipe.				
Je fonctionne de façon autonome.				
Je fais face aux difficultés.				
Je respecte les consignes.				
Je suis habile à chercher dans une documentation.				
Je sélectionne ce qui m'apparaît pertinent dans les informations recueillies.				
Je sais organiser mes informations.				
Je sais présenter mes informations.				
J'accomplis mon travail jusqu'au bout.				
Je présente correctement mon travail.				

Magazine Synergie

Comment vivre libre ? N° 5

TÂCHE 1 **2** 3 4

3 périodes • Enseignement à préparer

Voyons voir

Situation

Le défi que vous devez relever : présenter l'enseignement le plus créatif, inventif et libre possible. Pour y arriver, il convient de bien se préparer.

Intention (s)

Préparer le thème d'enseignement et en mettre au point le mode.

Savoirs essentiels

Récits bibliques :
- Jésus et le sabbat (Mc 2, 23-28) : enraciné dans la foi de son peuple, Jésus propose un amour qui rend libre
- La parabole de l'enfant prodigue (Lc 15, 11-32) : la liberté d'aimer du Père qui offre son pardon sans limite et qui laisse libre

Récit de vie d'une catholique d'hier : Claire d'Assise, un choix délibéré pour la pauvreté

Récit de vie d'un catholique contemporain : Mgr Romero, la liberté dérangeante d'une parole engagée

Élément de la diversité : Nelson Mandela, un authentique messager de la liberté

Développement moral : liberté, responsabilité et amour sont des valeurs à dégager

Ressources

- **ENSEMBLE-RESSOURCE DE RÉFÉRENCE**, fascicule n° 5 :
- Tous documents (encyclopédies, cédéroms, Internet, journaux, magazines, etc.) utiles à l'approfondissement du thème d'enseignement

• **Fiches**

1.1 Notre thème d'enseignement
1.2 Notre sujet d'enquête 5
1.3 Regard sur notre enquête
1.4 Entre moi… et moi
2.1 Nos pistes-guides

Compétences disciplinaires

◇ **1** A, B, C, D ☆ **2** B, D

Compétences transversales

Ordre intellectuel : **1** A, B, C ; **3** A, B, C

Ordre méthodologique : **5** A, B, C, D ; **6** B

Ordre personnel et social : toutes

Ordre de la communication : **9** A, B

Lien avec d'autres disciplines

Français : Lire des textes variés, écrire des textes variés, communiquer oralement.

Art dramatique – Arts plastiques

Tâche

P Vous explorez et analysez le document que vous devez présenter au groupe lors de votre période d'enseignement.

R Vous mettez au point le mode d'enseignement choisi.

i Vous évaluez le travail de votre comité ainsi que votre participation personnelle.

Magazine Synergie

Comment vivre libre ? N° 5

TÂCHE 1 **2** 3 4

3 périodes • Enseignement à préparer

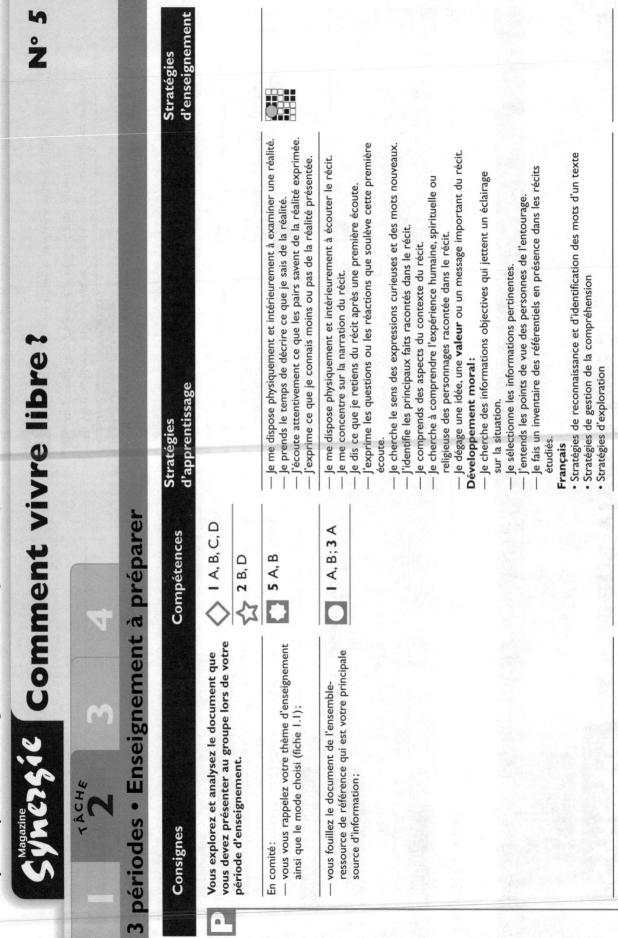

Consignes	Compétences	Stratégies d'apprentissage	Stratégies d'enseignement
P **Vous explorez et analysez le document que vous devez présenter au groupe lors de votre période d'enseignement.**	**1** A, B, C, D **2** B, D		
En comité : — vous vous rappelez votre thème d'enseignement ainsi que le mode choisi (fiche 1.1) ;	**5** A, B	— Je me dispose physiquement et intérieurement à examiner une réalité. — Je prends le temps de décrire ce que je sais de la réalité. — J'écoute attentivement ce que les pairs savent de la réalité exprimée. — J'exprime ce que je connais moins ou pas de la réalité présentée.	
— vous fouillez le document de l'ensemble-ressource de référence qui est votre principale source d'information ;	**1** A, B ; **3** A	— Je me dispose physiquement et intérieurement à écouter le récit. — Je me concentre sur la narration du récit. — Je dis ce que je retiens du récit après une première écoute. — J'exprime les questions ou les réactions que soulève cette première écoute. — Je cherche le sens des expressions curieuses et des mots nouveaux. — J'identifie les principaux faits racontés dans le récit. — Je comprends des aspects du contexte du récit. — Je cherche à comprendre l'expérience humaine, spirituelle ou religieuse des personnages racontée dans le récit. — Je dégage une idée, une **valeur** ou un message important du récit. **Développement moral :** — Je cherche des informations objectives qui jettent un éclairage sur la situation. — Je sélectionne les informations pertinentes. — J'entends les points de vue des personnes de l'entourage. — Je fais un inventaire des référentiels en présence dans les récits étudiés. **Français** • Stratégies de reconnaissance et d'identification des mots d'un texte • Stratégies de gestion de la compréhension • Stratégies d'exploration	

— vous consultez d'autres documents afin d'enrichir vos informations et vous en notez les références (fiche 1.1);	**1** A, B; **3** A **6** B		
— vous réunissez vos informations de telle sorte que vous vous retrouviez aisément.			
R **Vous mettez au point le mode d'enseignement choisi.**	**1** A, B, C, D **2** B,D		
En comité: — vous effectuez une synthèse claire des informations recueillies; — vous dégagez des pistes-guides qui éclairent votre thème d'enseignement et votre sujet d'enquête (fiche 1.2); — vous notez les étapes que vous franchirez lors de votre présentation; — vous prévoyez des questions qui pourraient vous être posées; — vous essayez le plus possible de ne rien laisser au hasard; — vous n'oubliez pas le mot d'ordre qui doit présider à votre mode d'enseignement: Invention, Création, Liberté. N'ayez pas peur d'étonner et de surprendre. Cela étant dit, la liberté ne doit pas exclure la précision et l'exactitude. — vous devriez idéalement terminer votre préparation en vous disant: Nous sommes prêts pour le grand jour de notre présentation!	**1** C; **3** B, C; **5** B, C **9** A, B	— Je redis la question à résoudre. — Je formule des hypothèses personnelles. — Je dégage des éléments de réponse à partir d'un récit. — Je fais l'inventaire des différentes options de réponse qui se présentent, notamment à partir des récits étudiés. — Je sélectionne les éléments de réponse qui sont les plus significatifs. — Je formule ma réponse dans une langue correcte. — Je justifie ma réponse. — J'élabore un plan de narration précisant les éléments essentiels du récit à faire ressortir. — Je détermine les supports audio ou visuels appropriés à la narration du récit. — Je rassemble les ressources nécessaires à la narration du récit. **Développement moral:** — Je cherche des informations objectives qui jettent un éclairage sur la situation. — Je sélectionne les informations pertinentes. — J'entends les points de vue des personnes de l'entourage. — Je fais un inventaire des référentiels en présence dans les récits étudiés. **Français** • Stratégies de partage **Art dramatique** **Arts plastiques**	
i **Vous évaluez le travail de votre comité ainsi que votre participation personnelle.**			
— vous évaluez le travail de votre comité (fiche 1.3);	**5** D		
— vous évaluez votre participation personnelle (fiche 1.4).	**5** D		

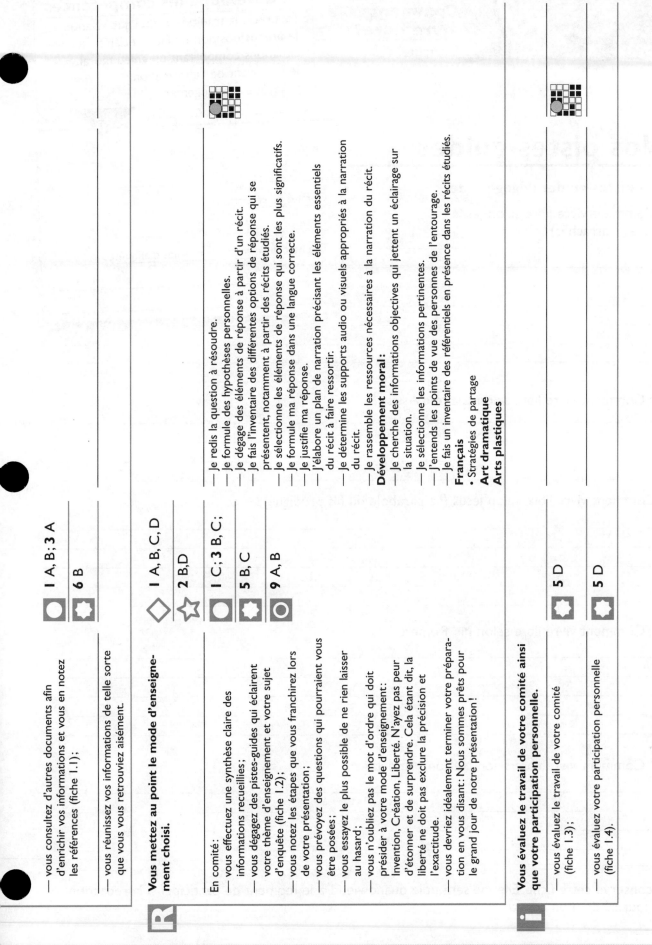

Je développe les compétences
J'apprécie la tradition catholique vivante.
Je prends position de façon éclairée sur des situations comportant un enjeu moral.
Je tire profit de l'information.
J'exprime mon jugement.

Nos pistes-guides

Nom:

Comité de rédaction:

Thème d'enseignement et sujet d'enquête:

I — Pistes-guides dégagées de:

1 Comment vivre libre selon Jésus (Les épis arrachés) ?

2 * Comment vivre libre selon Claire d'Assise ?

3 Comment vivre libre selon Jésus (La parabole du fils prodigue) ?

4 * Comment vivre libre selon Mgr Romero ?

5 * Comment vivre libre selon Nelson Mandela ?

Je conserve cette fiche. Elle me sera utile quand viendra le moment de participer à la rédaction du journal de mon comité.

Magazine Synergie

Comment vivre libre ?

N° 5

1 2 TÂCHE 3 4

4 périodes • Jour d'enseignement

Voyons voir

Situation

Le moment est venu de partager votre enseignement avec les autres élèves. Vous n'oubliez pas de mettre en pratique le mot d'ordre dans vos interventions : Invention, Création, Liberté.

Intention (s)

Mettre en commun les explorations et les analyses effectuées (enseignement par les pairs). Manifester un esprit de création et d'invention dans la façon de partager découvertes, connaissances et expérience.

Savoirs essentiels

Récits bibliques :

- Jésus et le sabbat (Mc 2, 23-28) : enraciné dans la foi de son peuple, Jésus propose un amour qui rend libre
- La parabole de l'enfant prodigue (Lc 15, 11-32) : la liberté d'aimer du Père qui offre son pardon sans limite et qui laisse libre

Récit de vie d'une catholique d'hier : Claire d'Assise, un choix délibéré pour la pauvreté
Récit de vie d'un catholique contemporain : Mgr Romero, la liberté dérangeante d'une parole engagée
Élément de la diversité : Nelson Mandela, un authentique messager de la liberté
Développement moral : liberté, responsabilité et amour sont des valeurs à dégager

Ressources

- **ENSEMBLE-RESSOURCE DE RÉFÉRENCE**, fascicule n° 5 :
- Tous documents (encyclopédies, cédéroms, Internet, journaux, magazines, etc.) utiles à l'approfondissement du thème d'enseignement
- **Fiches**

1.1 Notre thème d'enseignement
1.2 Notre sujet d'enquête 5
1.3 Regard sur notre enquête
1.4 Entre moi… et moi
2.1 Nos pistes-guides

Compétences disciplinaires

◇ **1** A, B, C, D ☆ **2** B, D

Compétences transversales

Ordre intellectuel : **1** A, B C ; **3** A, B

Ordre méthodologique : **5** D

Ordre personnel et social : toutes

Ordre de la communication : **9** A, B, C

Liens avec d'autres disciplines

Français : Lire des textes variés, écrire des textes variés, communiquer oralement.
Art dramatique
Arts plastiques

Tâche

P Vous faites une brève révision de votre thème d'enseignement et vous effectuez, si nécessaire, les dernières mises au point de votre mode d'enseignement.

R Vous dispensez votre enseignement au groupe.
Vous participez activement aux enseignements des autres comités.
Vous bénéficiez ainsi de leur exploration et de leur analyse.

i Vous dégagez des pistes-guides des enseignements reçus des autres comités.
Vous évaluez le travail de votre comité ainsi que votre participation personnelle.

Magazine Synergie

Comment vivre libre ? N° 5

TÂCHE 1 2 3 4

4 périodes • Jour d'enseignement

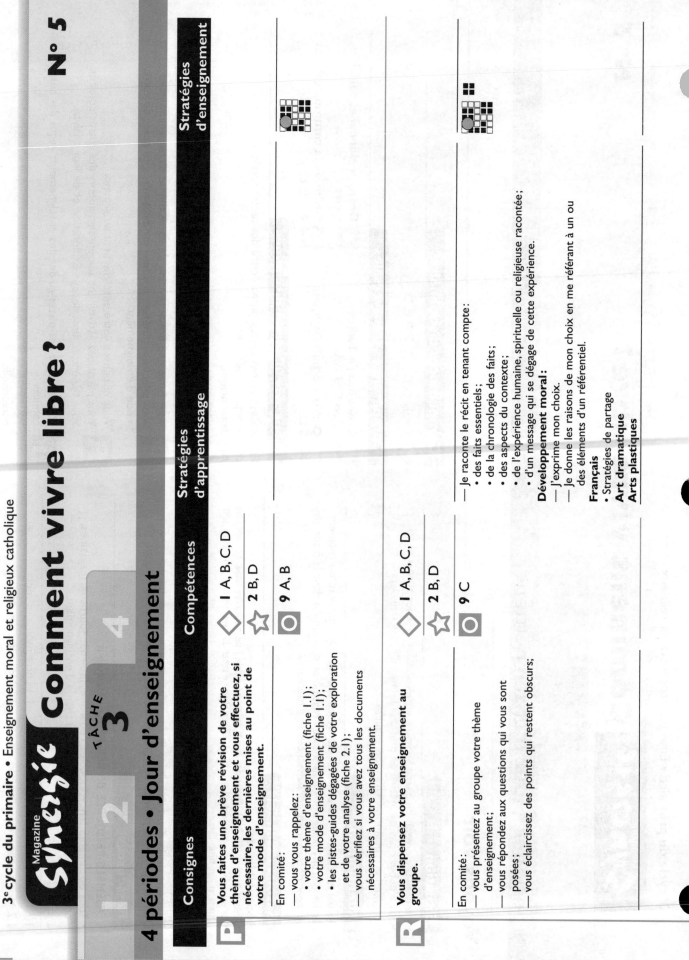

	Consignes	Compétences	Stratégies d'apprentissage	Stratégies d'enseignement
P	**Vous faites une brève révision de votre thème d'enseignement et vous effectuez, si nécessaire, les dernières mises au point de votre mode d'enseignement.**	◇ 1 A, B, C, D ☆ 2 B, D		
	En comité: — vous vous rappelez: • votre thème d'enseignement (fiche 1.1); • votre mode d'enseignement (fiche 1.1); • les pistes-guides dégagées de votre exploration et de votre analyse (fiche 2.1); — vous vérifiez si vous avez tous les documents nécessaires à votre enseignement.	9 A, B		
R	**Vous dispensez votre enseignement au groupe.**	◇ 1 A, B, C, D ☆ 2 B, D		
	En comité: — vous présentez au groupe votre thème d'enseignement; — vous répondez aux questions qui vous sont posées; — vous éclaircissez des points qui restent obscurs;	9 C	— Je raconte le récit en tenant compte: • des faits essentiels; • de la chronologie des faits; • des aspects du contexte; • de l'expérience humaine, spirituelle ou religieuse racontée; • d'un message qui se dégage de cette expérience. **Développement moral:** — J'exprime mon choix. — Je donne les raisons de mon choix en me référant à un ou des éléments d'un référentiel. **Français** • Stratégies de partage **Art dramatique** **Arts plastiques**	

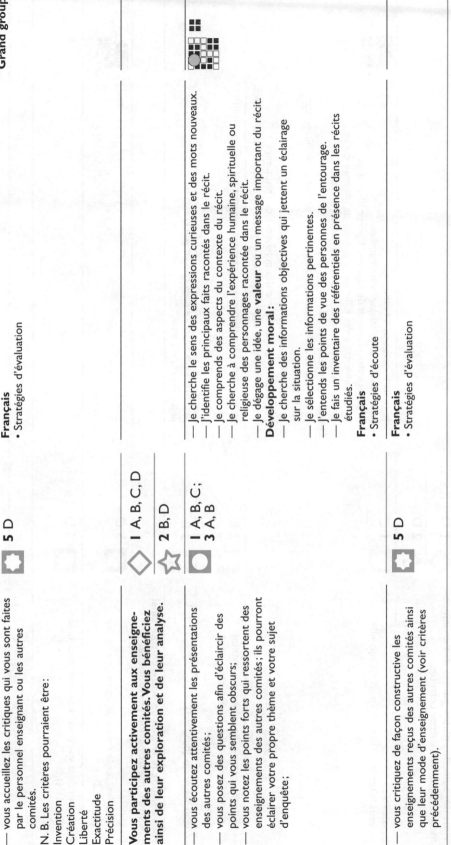

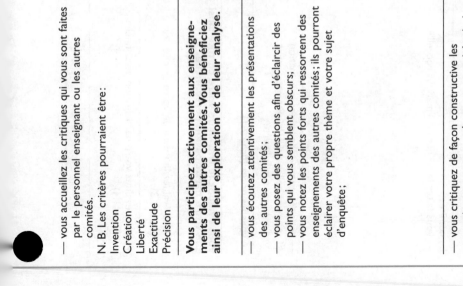

— vous accueillez les critiques qui vous sont faites par le personnel enseignant ou les autres comités. N. B. Les critères pourraient être: Invention Création Liberté Exactitude Précision	**5** D	**Français** • Stratégies d'évaluation	**Grand groupe**
Vous participez activement aux enseignements des autres comités. Vous bénéficiez ainsi de leur exploration et de leur analyse.	**1** A, B, C, D **2** B, D		
— vous écoutez attentivement les présentations des autres comités; — vous posez des questions afin d'éclaircir des points qui vous semblent obscurs; — vous notez les points forts qui ressortent des enseignements des autres comités; ils pourront éclairer votre propre thème et votre sujet d'enquête;	**1** A, B, C; **3** A, B	— Je cherche le sens des expressions curieuses et des mots nouveaux. — J'identifie les principaux faits racontés dans le récit. — Je comprends des aspects du contexte du récit. — Je cherche à comprendre l'expérience humaine, spirituelle ou religieuse des personnages racontée dans le récit. — Je dégage une idée, une **valeur** ou un message important du récit. **Développement moral:** — Je cherche des informations objectives qui jettent un éclairage sur la situation. — Je sélectionne les informations pertinentes. — J'entends les points de vue des personnes de l'entourage. — Je fais un inventaire des référentiels en présence dans les récits étudiés. **Français** • Stratégies d'écoute	
— vous critiquez de façon constructive les enseignements reçus des autres comités ainsi que leur mode d'enseignement (voir critères précédemment).	**5** D	**Français** • Stratégies d'évaluation	

Magazine Synergie — Comment vivre libre ? N° 5

TÂCHE 1 2 3 4

4 périodes • Jour d'enseignement

Consignes	Compétences	Stratégies d'apprentissage	Stratégies d'enseignement
Vous dégagez des pistes-guides des enseignements reçus des autres comités.	1 D 2 D		
En comité : — vous faites le tri des informations recueillies ;	1 C	— Je redis la question à résoudre. — Je formule des hypothèses personnelles. — Je dégage des éléments de réponse à partir d'un récit. — Je fais l'inventaire des différentes options de réponse qui se présentent, notamment à partir des récits étudiés. **Développement moral :** — Je cherche des informations objectives qui jettent un éclairage sur la situation. — Je sélectionne les informations pertinentes. — J'entends les points de vue des personnes de l'entourage. — Je fais un inventaire des référentiels en présence dans les récits étudiés.	
— vous sélectionnez parmi les informations retenues celles qui éclairent votre sujet d'enquête sur la liberté ;	3 B	— Je sélectionne les éléments de réponse qui sont les plus significatifs.	
— vous les notez (fiche 2.1).	3 B	— Je formule ma réponse dans une langue correcte. — Je justifie ma réponse.	
Vous évaluez le travail de votre comité ainsi que votre participation personnelle.			
En comité : — vous évaluez le travail de votre comité (fiche 1.3) ;	5 D		
— vous évaluez votre participation personnelle (fiche 1.4).	5 D		

Magazine Synergie

Comment vivre libre ?

N° 5

1 2 3 TÂCHE 4

1 période • Nos conclusions à notre cinquième enquête

D'après moi...

Situation

Les journalistes enquêteurs réalisent le cinquième numéro de leur journal.
Ils y révèlent à leurs lecteurs les conclusions de leur enquête.

Intention (s)

Dégager une réponse personnelle des résultats de l'enquête.
Évaluer la cinquième enquête au moyen de la rédaction du journal.

Savoirs essentiels

Récits bibliques :

- Jésus et le sabbat (Mc 2, 23-28) : enraciné dans la foi de son peuple, Jésus propose un amour qui rend libre
- La parabole de l'enfant prodigue (Lc 15, 11-32) : la liberté d'aimer du Père qui offre son pardon sans limite et qui laisse libre

Récit de vie d'une catholique d'hier : Claire d'Assise, un choix délibéré pour la pauvreté

Récit de vie d'un catholique contemporain : Mgr Romero, la liberté dérangeante d'une parole engagée

Élément de la diversité : Nelson Mandela, un authentique messager de la liberté

Développement moral : liberté, responsabilité et amour sont des valeurs à dégager

Ressources

- **ENSEMBLE-RESSOURCE DE RÉFÉRENCE**, fascicule n° 5
- Tous documents (encyclopédies, cédéroms, Internet, journaux, magazines, etc.) utiles à l'approfondissement du thème d'enseignement

• Fiches

1.1 Notre thème d'enseignement
1.2 Notre sujet d'enquête 5
1.3 Regard sur notre enquête
1.4 Entre moi… et moi
2.1 Nos pistes-guides
4.1 Journal

Compétences disciplinaires

◇ **1** A, B, C, D ☆ **2** B, D

Compétences transversales

Ordre intellectuel :
3 B, C ; **4** A, B, C, D

Ordre méthodologique :
5 D

Ordre personnel et social :
toutes

Ordre de la communication :
9 A, B, C

Tâche

P Vous formulez une conclusion à votre sujet d'enquête.
Vous décidez comment cette conclusion sera présentée dans votre journal.

R Vous rédigez votre participation au journal.

i Vous dégagez une réponse personnelle à votre enquête.
Vous évaluez votre enquête.

Magazine Synergie

Comment vivre libre ?

N° 5

1 2 3 TÂCHE 4

I période • Nos conclusions à notre cinquième enquête

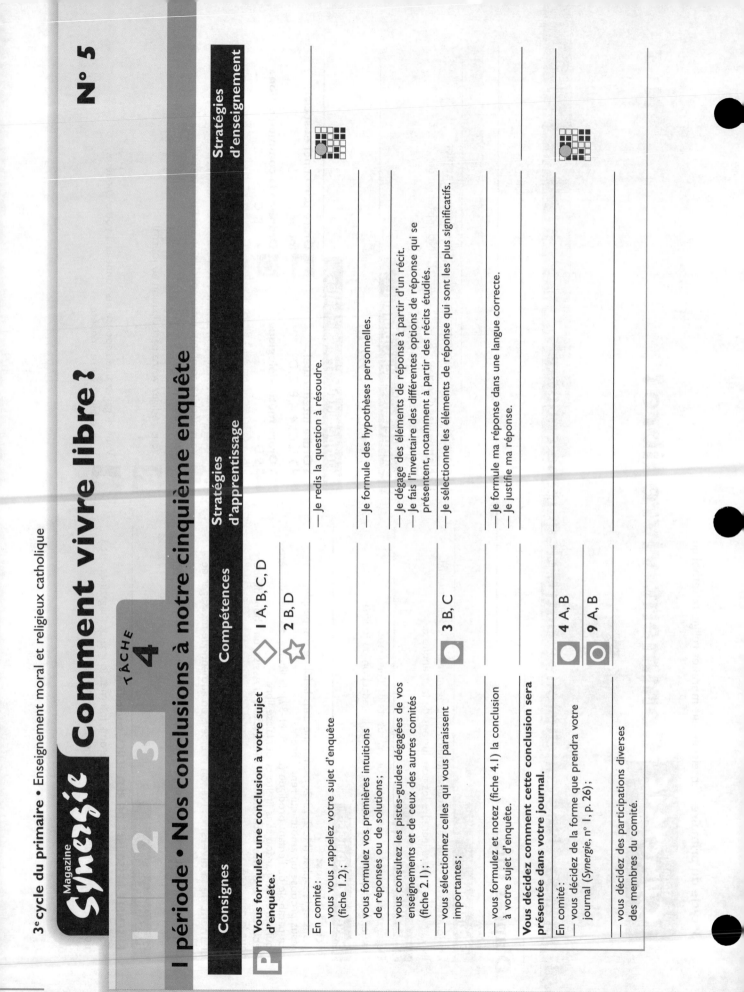

Consignes	Compétences	Stratégies d'apprentissage	Stratégies d'enseignement
P **Vous formulez une conclusion à votre sujet d'enquête.**	◇ 1 A, B, C, D ☆ **2** B, D		
En comité : — vous vous rappelez votre sujet d'enquête (fiche 1.2) ;		— Je redis la question à résoudre.	
— vous formulez vos premières intuitions de réponses ou de solutions ;		— Je formule des hypothèses personnelles.	
— vous consultez les pistes-guides dégagées de vos enseignements et de ceux des autres comités (fiche 2.1) ;		— Je dégage des éléments de réponse à partir d'un récit. — Je fais l'inventaire des différentes options de réponse qui se présentent, notamment à partir des récits étudiés.	
— vous sélectionnez celles qui vous paraissent importantes ;	**3** B, C	— Je sélectionne les éléments de réponse qui sont les plus significatifs.	
— vous formulez et notez (fiche 4.1) la conclusion à votre sujet d'enquête.		— Je formule ma réponse dans une langue correcte. — Je justifie ma réponse.	
Vous décidez comment cette conclusion sera présentée dans votre journal.			
En comité : — vous décidez de la forme que prendra votre journal (*Synergie*, n° 1, p. 26) ;	**4** A, B **9** A, B		
— vous décidez des participations diverses des membres du comité.			

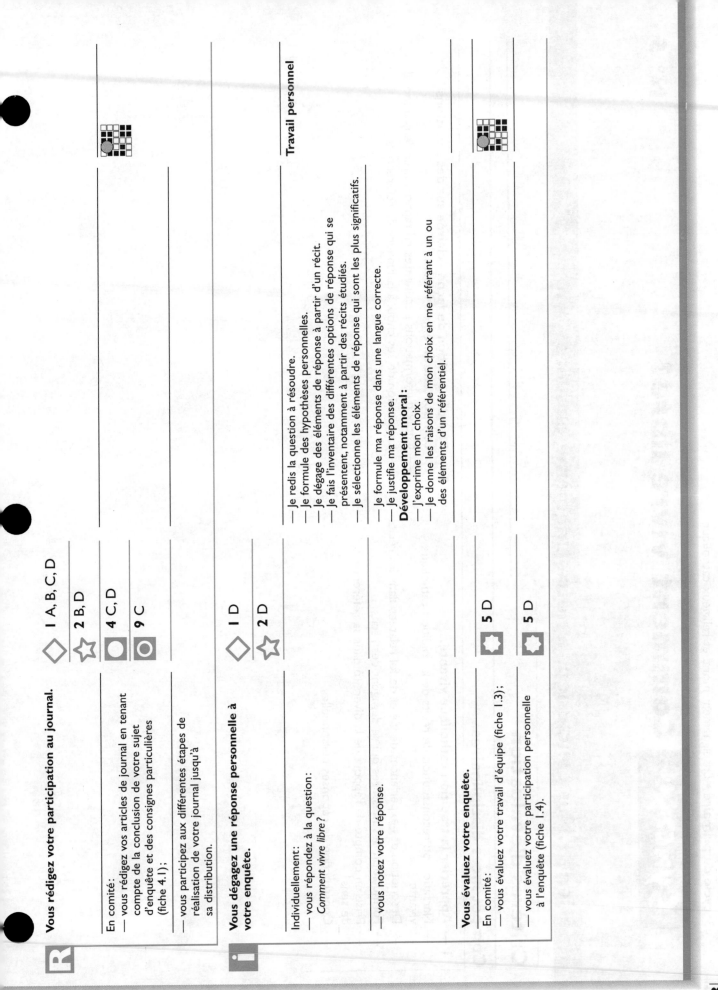

R **Vous rédigez votre participation au journal.**	**1** A, B, C, D **2** B, D		
En comité : — vous rédigez vos articles de journal en tenant compte de la conclusion de votre sujet d'enquête et des consignes particulières (fiche 4.1) ;	**4** C, D **9** C		
— vous participez aux différentes étapes de réalisation de votre journal jusqu'à sa distribution.			
i **Vous dégagez une réponse personnelle à votre enquête.**	**1** D **2** D		
Individuellement : — vous répondez à la question : *Comment vivre libre ?*		— Je redis la question à résoudre. — Je formule des hypothèses personnelles. — Je dégage des éléments de réponse à partir d'un récit. — Je fais l'inventaire des différentes options de réponse qui se présentent, notamment à partir des récits étudiés. — Je sélectionne les éléments de réponse qui sont les plus significatifs.	**Travail personnel**
— vous notez votre réponse.		— Je formule ma réponse dans une langue correcte. — Je justifie ma réponse. **Développement moral :** — J'exprime mon choix. — Je donne les raisons de mon choix en me référant à un ou des éléments d'un référentiel.	
Vous évaluez votre enquête.			
En comité : — vous évaluez votre travail d'équipe (fiche 1.3) ;	**5** D		
— vous évaluez votre participation personnelle à l'enquête (fiche 1.4).	**5** D		

Magazine Synergie **Comment vivre libre ?** N° 5

1 2 3 TÂCHE 4

1 période • Nos conclusions à notre cinquième enquête

Critères d'évaluation

Compétences disciplinaires

1 — Apprécier la tradition catholique vivante.
- — Narration ou reconstitution de récits de la tradition catholique vivante
- — Description des expériences de vie et de foi relatées dans les récits
- — Formulation des messages qui se dégagent des récits
- — Prise en compte de l'apport de la diversité dans sa référence de sens
- — Construction de réponses personnelles

2 — Prendre position de façon éclairée sur des situations comportant un enjeu moral.
- — Choix d'informations pertinentes en rapport avec l'enjeu moral
- — Justification de ses choix à la lumière de référentiels

Je développe les compétences

J'apprécie la tradition catholique vivante.
Je prends position de façon éclairée sur des situations comportant un enjeu moral.
Je construis mon opinion.
J'exprime mon jugement.
Je relativise mon jugement.
Je m'imprègne des éléments d'une situation.
J'imagine des façons de faire.
Je m'engage dans une réalisation.
J'adopte un fonctionnement souple.
J'analyse la tâche à accomplir.
Je m'engage dans la démarche.
J'accomplis la tâche.
J'établis l'intention de la communication.
Je choisis le mode de communication.
Je réalise la communication.

Journal

1 — Conclusion à notre enquête :

2 — Consignes particulières

Chaque journaliste doit tenir compte, dans une langue correcte :

- — de la conclusion de l'enquête ;
- — des preuves (pistes-guides) qui l'éclairent :
  - dire, par exemple, dans quel récit elles ont été trouvées ;
  - raconter brièvement ce récit ;
  - dégager une expérience de vie et de foi qui y est relatée ;
  - dégager un message de ce récit ;
- — de son opinion personnelle.

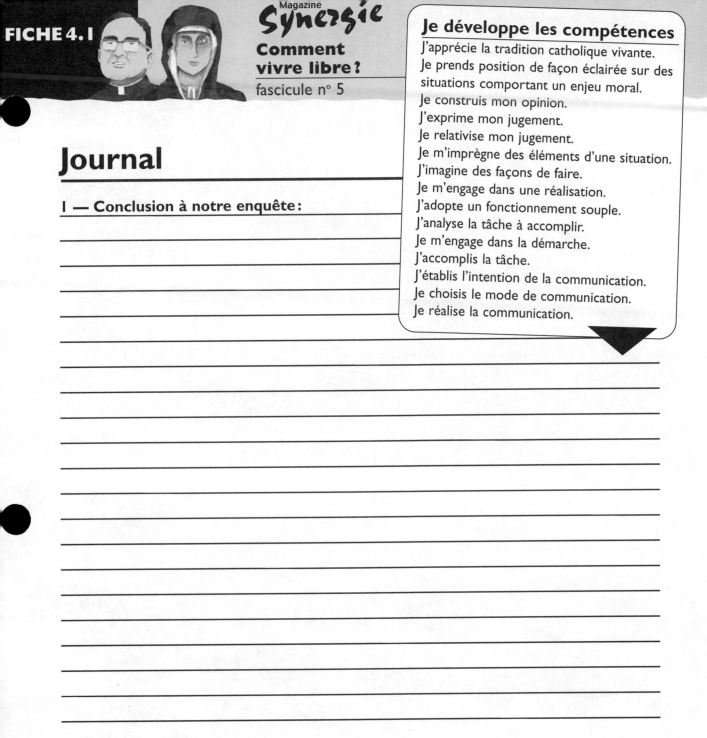

TÉMOINS EN HERBE

Magazine Synergie

Guide d'intervention pédagogique

Séquence 6

Magazine Synergie

Comment s'ouvrir à la différence ? N° 6

Plan de la séquence 6

Compétences disciplinaires

1 – Apprécier la tradition catholique vivante.

2 – Prendre position de façon éclairée sur des situations comportant un enjeu moral.

Axe

Développement sociorelationnel

Description de la séquence

Dans un premier temps, l'élève définit une problématique qui concerne l'accueil de la différence à l'aide de la démarche de discernement moral. Dans un deuxième temps, il explore et analyse des récits (textes bibliques, récits de catholiques d'hier et d'aujourd'hui, éléments de la diversité), afin d'éclairer sa problématique. Dans un dernier temps, il prend position, à la lumière de son analyse, sur l'accueil de la différence. Il rédige enfin sa participation au journal de son comité.

Composantes des compétences disciplinaires

1 – A Explorer des récits de la tradition catholique vivante.

1 – B Analyser des récits de la tradition catholique vivante.

1 – C Considérer des éléments de la diversité religieuse et des courants humanistes pour enrichir sa réflexion.

1 – D Prendre position sur des éléments de la tradition catholique vivante.

2 – A Définir l'enjeu moral.

2 – B Considérer différents référentiels.

2 – C Examiner des options et leurs effets possibles.

2 – D Justifier son choix à la lumière d'un référentiel.

Compétences transversales

Ordre intellectuel

1 – Exploiter l'information.

2 – Résoudre des problèmes.

3 – Exercer son jugement critique.

4 – Mettre en œuvre sa pensée créatrice.

Ordre méthodologique

5 – Se donner des méthodes de travail efficaces.

6 – Exploiter les technologies de l'information et de la communication.

Ordre personnel et social

7 – Structurer son identité.

8 – Coopérer.

Ordre de la communication

9 – Communiquer de façon appropriée.

Composantes des compétences transversales

1 – A S'approprier l'information.
B Reconnaître diverses sources d'information.
C Tirer profit de l'information.

2 – A Analyser les éléments de la situation.
B Imaginer des pistes de solution.
C Mettre à l'essai des pistes de solution.
D Adopter un fonctionnement souple.
E Évaluer sa démarche.

3 – A Construire son opinion.
B Relativiser son jugement.
C Exprimer son jugement.

4 – A S'imprégner des éléments d'une situation.
B Imaginer des façons de faire.
C S'engager dans une réalisation.
D Adopter un fonctionnement souple.

5 – A Analyser la tâche à accomplir.
B S'engager dans la démarche.
C Accomplir la tâche.
D Analyser sa démarche.

6 – A S'approprier les technologies de l'information et de la communication.
B Utiliser les technologies de l'information et de la communication pour effectuer sa tâche.
C Évaluer l'efficacité de l'utilisation de la technologie.

7 – A S'ouvrir aux stimulations environnantes.
B Prendre conscience de sa place parmi les autres.
C Mettre à profit ses ressources personnelles.

8 – A Interagir avec ouverture d'esprit dans différents contextes.
B Contribuer au travail collectif.
C Tirer profit du travail de coopération.

9 – A Établir l'intention de la communication.
B Choisir le mode de communication.
C Réaliser la communication.

Domaines généraux de formation

Orientation et entrepreneuriat
— Conscience de soi, de son potentiel et de ses modes d'actualisation
— Appropriation des stratégies liées à un projet

Vivre ensemble et citoyenneté
— Valorisation des règles de vie en société et des institutions démocratiques
— Engagement dans l'action dans un esprit de coopération et de solidarité
— Culture de la paix

Savoirs essentiels

Récits bibliques:
- La Samaritaine (Jn 4, 1-15): Jésus sort des sentiers battus
- Jésus et le serviteur d'un officier romain (Lc 7, 1-10): une guérison sans égard à la condition sociale

Récit de vie d'une catholique d'hier: Délia Tétreault: une fondatrice de communauté religieuse qui a eu à cœur les personnes différentes

Récit de vie d'un catholique contemporain: une personne croyante qui ose vivre la marginalité

Éléments de la diversité:
- Martin Luther King: l'homme qui a appris aux siens à vivre fièrement leur différence
- le dialogue interreligieux au Québec: un enrichissement culturel

Développement moral: utilisation d'une démarche de discernement moral à l'aide des référentiels suivants:
– les expériences humaines, spirituelles ou religieuses racontées dans les récits
– les valeurs qui s'en dégagent: accueil de la différence et fierté

Critères d'évaluation

1 — Apprécier la tradition catholique vivante.
— Choix de récits pertinents en rapport avec une problématique
— Narration ou reconstitution de récits de la tradition catholique vivante
— Description des expériences de vie et de foi relatées dans les récits
— Formulation des messages qui se dégagent des récits
— Prise en compte de l'apport de la diversité dans sa référence de sens
— Construction de réponses personnelles

2 — Prendre position de façon éclairée sur des situations comportant un enjeu moral.
— Utilisation d'une démarche de discernement moral
— Présentation de situations qui comportent un enjeu moral
— Identification d'un enjeu moral présent dans ces situations
— Choix d'informations pertinentes en rapport avec l'enjeu moral
— Justification de ses choix à la lumière de référentiels

Magazine Synergie — Comment s'ouvrir à la différence ? N° 6

TÂCHE 1 2 3 4 5

2 périodes • Afficher ses couleurs

Mise au point

Situation

Les élèves sont invités à prendre conscience de leurs différences.

Intention (s)

Il est important de s'assurer du sens que l'on donne au mot *différence* avant de choisir un sujet d'enquête.

Savoirs essentiels

Développement moral : utilisation d'une démarche de discernement moral à l'aide des référentiels suivants :
— les expériences humaines, spirituelles ou religieuses racontées dans les récits
— les valeurs qui s'en dégagent : accueil de la différence et fierté

Ressources

- **ENSEMBLE-RESSOURCE DE RÉFÉRENCE**, fascicule n° 6 :
  - p. 2 : Quatre étapes à franchir ou quatre questions à se poser
  - p. 3 : L'exclusion dans le monde
- **Fiches**

1.1 Revue de presse
1.2 Sujet d'enquête 6
1.3 Regard sur notre enquête
1.4 Entre moi et… moi

Compétences disciplinaires

◇ **1** C ☆ **2** A, B, C, D

Compétences transversales

Ordre intellectuel : **1** A, B, C ; **2** A ; **3** A, B, C

Ordre personnel et social : toutes

Ordre méthodologique : **6** B

Ordre de la communication : **9** A, B, C

Liens avec d'autres disciplines

Français : Communiquer oralement. Lire des textes variés.
Enseignement moral : Comprendre des situations de vie en vue de construire son référentiel moral.

Tâche

P Vous avez lu le texte intitulé *L'exclusion dans le monde*, à la page 3 de l'ensemble-ressource de référence.
Vous effectuez une revue de presse (journaux, magazines, Internet), afin d'y retracer des manchettes qui parlent soit d'exclusion, soit d'accueil.

R Vous participez à une discussion dont le thème est : la différence, pour moi, c'est… ; moi-même, je suis différent parce que…
Vous formulez (ou reformulez) dans vos mots en quoi consiste la démarche de discernement moral (DDM).

i Vous choisissez votre sujet d'enquête à la lumière des informations recueillies (lecture préalable, revue de presse, discussion). Vous répondez en même temps à la question de la première étape de la DDM : que se passe-t-il ?
Vous évaluez le travail de votre comité ainsi que

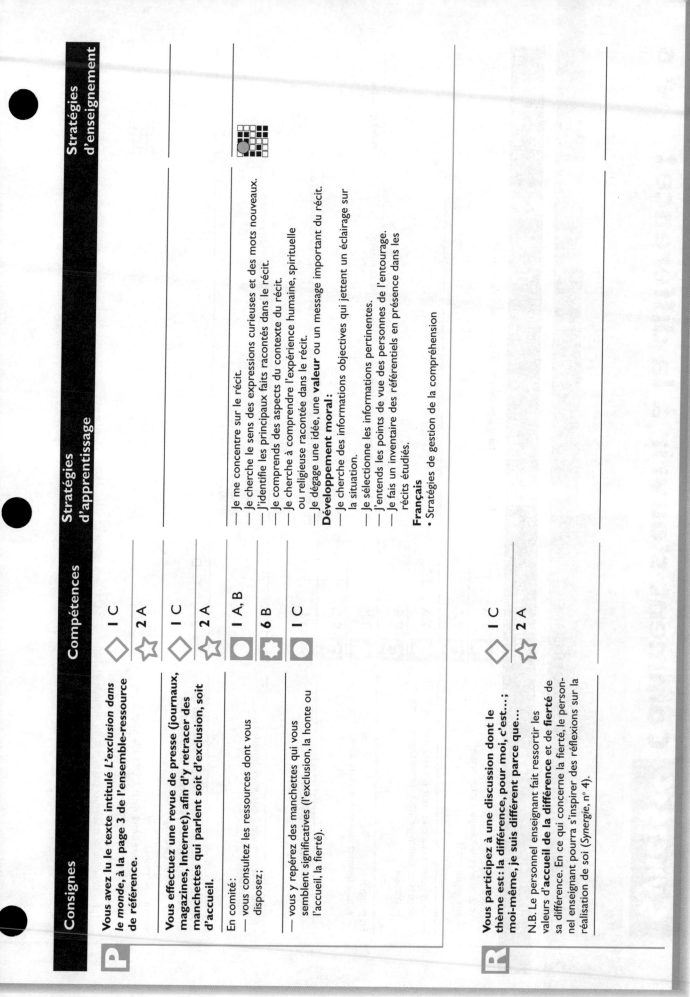

	Consignes	Compétences	Stratégies d'apprentissage	Stratégies d'enseignement
P	**Vous avez lu le texte intitulé *L'exclusion dans le monde*, à la page 3 de l'ensemble-ressource de référence.**	◇ I C ☆ 2 A		
	Vous effectuez une revue de presse (journaux, magazines, Internet), afin d'y retracer des manchettes qui parlent soit d'exclusion, soit d'accueil.	◇ I C ☆ 2 A		
	En comité: — vous consultez les ressources dont vous disposez;	I A, B 6 B	— Je me concentre sur le récit. — Je cherche le sens des expressions curieuses et des mots nouveaux. — J'identifie les principaux faits racontés dans le récit. — Je comprends des aspects du contexte du récit. — Je cherche à comprendre l'expérience humaine, spirituelle ou religieuse racontée dans le récit. — Je dégage une idée, une **valeur** ou un message important du récit. **Développement moral:** — Je cherche des informations objectives qui jettent un éclairage sur la situation. — Je sélectionne les informations pertinentes. — J'entends les points de vue des personnes de l'entourage. — Je fais un inventaire des référentiels en présence dans les récits étudiés. **Français** • Stratégies de gestion de la compréhension	
	— vous y repérez des manchettes qui vous semblent significatives (l'exclusion, la honte ou l'accueil, la fierté).	I C		
R	**Vous participez à une discussion dont le thème est: la différence, pour moi, c'est…; moi-même, je suis différent parce que…** N.B. Le personnel enseignant fait ressortir les valeurs d'**accueil de la différence** et de **fierté** de sa différence. En ce qui concerne la fierté, le personnel enseignant pourra s'inspirer des réflexions sur la réalisation de soi (*Synergie*, n° 4).	◇ I C ☆ 2 A		

Magazine Synergie — Comment s'ouvrir à la différence ? N° 6

TÂCHE 1 2 3 4 5

2 périodes • Afficher ses couleurs

Consignes	Compétences	Stratégies d'apprentissage	Stratégies d'enseignement
Individuellement : — vous prenez le temps d'intérioriser vos arguments ;	3 A 9 A	— Je prends le temps de décrire ce que je sais de la réalité.	
— vous notez ceux que vous trouvez les plus solides et comment vous les partagerez avec le groupe.	3 A 9 B		
En groupe : — vous exprimez clairement votre idée ;	3 B 9 C	— Je prends le temps de décrire ce que je sais de la réalité.	Grand groupe
— vous écoutez les idées émises ;	3 C	— J'écoute attentivement ce que les pairs savent de la réalité examinée.	
— vous notez les idées que vous aimeriez approfondir.		— J'exprime ce que je connais moins ou pas de la réalité présentée. **Français :** • Stratégies de partage • Stratégies d'écoute	
Vous formulez (ou reformulez) dans vos mots en quoi consiste la démarche de discernement moral (DDM).	☆ 2 A, B, C, D		
Individuellement : — vous lisez le résumé de la DDM à la page 2 de l'ensemble-ressource de référence ; — vous en retrouvez, si vous le désirez, l'explication plus détaillée donnée aux pages 4-5 du numéro 3 de *Synergie* ;			

— vous notez vos réflexions au sujet de la DDM.		— Je redis la question à résoudre. — Je formule des hypothèses personnelles. — Je dégage des éléments de réponse à partir d'un récit. — Je fais l'inventaire des différentes options de réponse qui se présentent, notamment à partir des récits étudiés. — Je sélectionne les éléments de réponse qui sont les plus significatifs.	
En groupe: — vous partagez vos réflexions avec les membres des autres comités au sujet de la DDM: ce qu'elle est, à quoi elle sert, etc.	**1** A; **3** B, C	— Je formule ma réponse dans une langue correcte. — Je justifie ma réponse.	**Grand groupe**
Vous choisissez votre sujet d'enquête à la lumière des informations recueillies (lecture préalable, revue de presse, discussion). Vous répondez en même temps à la question de la première étape de la DDM: que se passe-t-il?	**1** C **2** A		
En comité: — vous décidez de votre sujet d'enquête;	**2** A	— Je redis la question à résoudre. — Je formule des hypothèses personnelles. **Développement moral:** — Je présente le problème et son contexte avec objectivité. — Je nomme un enjeu moral lié à la situation et un dilemme en présence. — J'identifie les ressources internes et externes disponibles pour faire un choix.	
— vous le formulez clairement (fiche 1.2).		— Je formule ma réponse dans une langue correcte. — Je justifie ma réponse.	
Vous évaluez le travail de votre comité ainsi que votre participation personnelle.			
En comité: — vous évaluez votre travail de la première tâche (fiche 1.3, parties 1 et 3);	**5** D		
— vous évaluez votre façon personnelle de travailler au cours de cette tâche à l'aide de la fiche 1.4.	**5** D		

Je développe les compétences

J'apprécie la tradition catholique vivante.
Je prends position de façon éclairée sur des situations comportant un enjeu moral.
Je m'approprie l'information.
Je reconnais diverses sources d'information.
Je tire profit de l'information.
J'analyse les éléments d'une situation.
J'utilise les technologies de l'information et de la communication pour effectuer ma tâche.

Revue de presse

1 — Mes découvertes

Mes sources

Je développe les compétences

J'apprécie la tradition catholique vivante.
Je prends position de façon éclairée sur des situations comportant un enjeu moral.
J'analyse les éléments d'une situation.

Sujet d'enquête 6

Nom: ____________________

____

Comité de rédaction: ____________________

____

Sujet d'enquête: ____________________

____

Si nous avons besoin d'autres ressources (livres, journaux, Internet, cédéroms, interviews, etc.), nous les identifions ci-dessous. Nous consultons ensuite le personnel enseignant au sujet de la possibilité de consulter ces sources.

Regard sur notre enquête

Nom: ______________________

Comité de rédaction: ______________________

Sujet d'enquête: ______________________

T Toujours	**P** Parfois
S Souvent	**J** Jamais

1 — Nos façons de travailler ensemble

	TÂCHES 1	2	3	4	5
Nous nous sommes entraidés.					
Nous avons demandé de l'aide quand c'était nécessaire.					
Nous avons participé aux discussions de notre comité.					

2 — Nos récits

	Des récits qui ouvrent les yeux et le cœur	Des bras ouverts sur le monde	Marcher la tête haute
Nous avons décidé de la façon de raconter le récit.			
Nous avons élaboré un plan de notre narration.			
Nous avons raconté le récit en tenant compte:			
des faits essentiels;			
des aspects du contexte;			
de l'expérience qui y est racontée;			
de la valeur (ou des valeurs) qui s'en dégage (nt).			

3 — Notre appréciation générale

Échelle d'appréciation

A Nous sommes très fiers de nous.
B Nous sommes fiers de nous.
C Nous aurions pu faire mieux.

Nous avons effectué notre enquête et ☐ .

Entre moi... et moi

T Toujours **P** Parfois
S Souvent **J** Jamais

	TÂCHES				
	1	2	3	4	5
Je prends mes responsabilités.					
Je suis à l'aise dans mon comité.					
Je suis respectueux de mes coéquipiers.					
Je suis capable de défendre mon point de vue.					
Je manifeste un bon esprit d'équipe.					
Je fonctionne de façon autonome.					
Je fais face aux difficultés.					
Je respecte les consignes.					
Je suis habile à chercher dans une documentation.					
Je sélectionne ce qui m'apparaît pertinent dans les informations recueillies.					
Je sais organiser mes informations.					
Je sais présenter mes informations.					
J'accomplis mon travail jusqu'au bout.					
Je présente correctement mon travail.					

Magazine Synergie

Comment s'ouvrir à la différence? N° 6

TÂCHE 1 **2** 3 4 5

3 périodes • Des récits qui ouvrent les yeux et le cœur

Voyons voir

Situation

Les comités commencent leur enquête (deuxième étape de la DDM). Ils trouvent en même temps une façon originale et personnelle d'afficher les couleurs de leurs propres différences (talent, imagination, etc.).

Intention (s)

Découvrir deux façons pour Jésus d'accueillir la différence.

Savoirs essentiels

Récits bibliques:

- La Samaritaine (Jn 4, 1-15): Jésus sort des sentiers battus
- Jésus et le serviteur d'un officier romain (Lc 7, 1-10): une guérison sans égard à la condition sociale

Développement moral: utilisation d'une démarche de discernement moral à l'aide des référentiels suivants:

— les expériences humaines, spirituelles ou religieuses racontées dans les récits
— les valeurs qui s'en dégagent: accueil de la différence et fierté

Ressources

- **ENSEMBLE-RESSOURCE DE RÉFÉRENCE**, fascicule n° 6:
  p. 4: Sortir des sentiers battus
  p. 11: Accueillir sans condition
- **Fiches**

1.2 Sujet d'enquête 6	2.1 Sortir des sentiers battus
1.3 Regard sur notre enquête	2.2 Accueillir sans condition
1.4 Entre moi… et moi	2.3 Nos pistes-guides

Compétences disciplinaires

◇ **1** A, B, D ☆ **2** B, C, D

Compétences transversales

Ordre intellectuel: **1** A, B, C; **2** B; **3** A, B; **4** A, B C, D

Ordre personnel et social: toutes

Ordre méthodologique: **5** D

Ordre de la communication: **9** A, B, C

Liens avec d'autres disciplines

Français: Communiquer oralement. Lire des textes variés. Écrire des textes variés.
Arts plastiques: Réaliser des créations plastiques personnelles.
Enseignement moral: Comprendre des situations de vie en vue de constituer son référentiel moral.

Tâche

P Vous préparez vos présentations des récits bibliques.

R Vous présentez votre récit biblique.

i Vous dégagez des pistes-guides qui éclairent votre sujet d'enquête. Vous répondez ainsi à la question de la deuxième étape de la DDM: qu'est-ce que je peux faire?
Vous évaluez le travail de votre comité ainsi que votre participation personnelle.

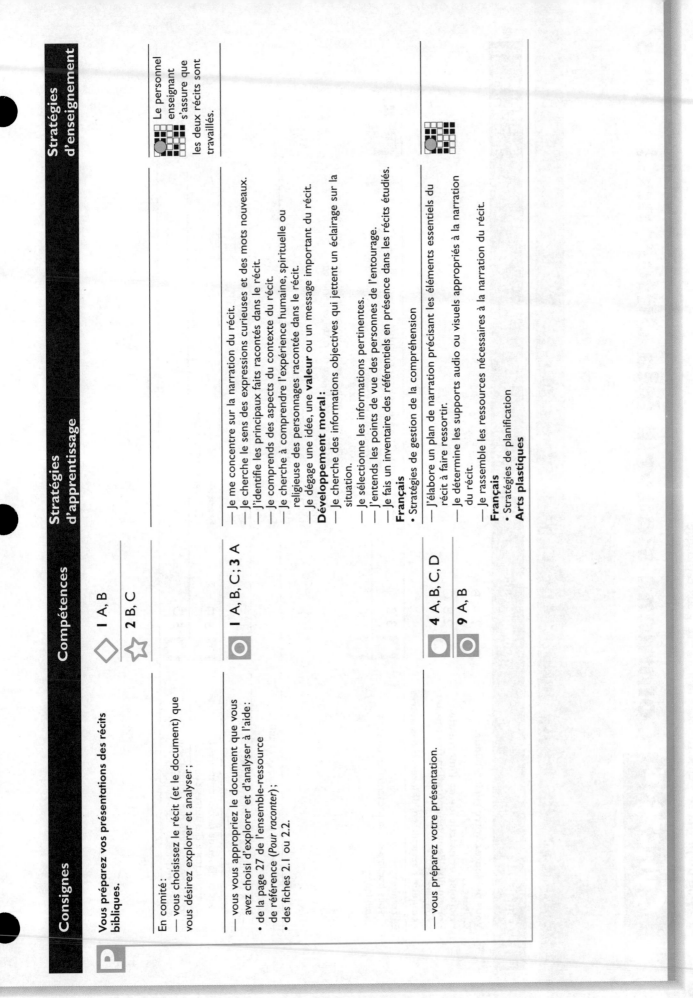

Consignes	Compétences	Stratégies d'apprentissage	Stratégies d'enseignement
P **Vous préparez vos présentations des récits bibliques.**	◇ **1** A, B ☆ **2** B, C		
En comité: — vous choisissez le récit (et le document) que vous désirez explorer et analyser;			Le personnel enseignant s'assure que les deux récits sont travaillés.
— vous vous appropriez le document que vous avez choisi d'explorer et d'analyser à l'aide: • de la page 27 de l'ensemble-ressource de référence (*Pour raconter*); • des fiches 2.1 ou 2.2.	**1** A, B, C; **3** A	— Je me concentre sur la narration du récit. — Je cherche le sens des expressions curieuses et des mots nouveaux. — J'identifie les principaux faits racontés dans le récit. — Je comprends des aspects du contexte du récit. — Je cherche à comprendre l'expérience humaine, spirituelle ou religieuse des personnages racontée dans le récit. — Je dégage une idée, une **valeur** ou un message important du récit. **Développement moral:** — Je cherche des informations objectives qui jettent un éclairage sur la situation. — Je sélectionne les informations pertinentes. — J'entends les points de vue des personnes de l'entourage. — Je fais un inventaire des référentiels en présence dans les récits étudiés. **Français** • Stratégies de gestion de la compréhension	
— vous préparez votre présentation.	**4** A, B, C, D **9** A, B	— J'élabore un plan de narration précisant les éléments essentiels du récit à faire ressortir. — Je détermine les supports audio ou visuels appropriés à la narration du récit. — Je rassemble les ressources nécessaires à la narration du récit. **Français** • Stratégies de planification **Arts plastiques**	

Magazine Synergie

Comment s'ouvrir à la différence ? N° 6

TÂCHE 1 **2** 3 4 5

3 périodes • Des récits qui ouvrent les yeux et le cœur

Consignes	Compétences	Stratégies d'apprentissage	Stratégies d'enseignement
R **Vous présentez votre récit biblique.** **Critères :** **• richesse et exactitude de l'information ;** **• originalité de la présentation (un ton, un son, etc.) ;** **• couleur particulière, différente des autres.**	**1** A, B **2** B, C		
En comité : — vous participez à la présentation du récit biblique ;	**3** B **9** C	— Je raconte le récit en tenant compte : • des faits essentiels ; • de la chronologie des faits ; • des aspects du contexte ; • de l'expérience humaine, spirituelle ou religieuse racontée ; • d'un message qui se dégage de cette expérience. **Français :** • Stratégies de partage **Arts plastiques**	
— vous écoutez les présentations des autres comités ;		**Français** • Stratégies d'écoute	
— vous complétez vos informations ;			
— vous critiquez de façon constructive les traductions des autres comités ;	**5** D	**Français** • Stratégies d'évaluation	
— vous tenez compte des critiques qui vous sont faites.	**5** D		

Consignes	Compétences	Stratégies d'apprentissage	Stratégies d'enseignement
Vous dégagez des pistes-guides qui éclairent votre sujet d'enquête. Vous répondez ainsi à la question de la deuxième étape de la DDM : qu'est-ce que je peux faire ?	1 D 2 D		
En comité : — vous vous rappelez votre sujet d'enquête (fiche 1.2) ;		— Je redis la question à résoudre. — Je formule des hypothèses personnelles.	
— vous dégagez des pistes-guides qui l'éclairent ;	2 B	— Je dégage des éléments de réponse à partir d'un récit. — Je fais l'inventaire des différentes options de réponse qui se présentent, notamment à partir des récits étudiés. — Je sélectionne les éléments de réponse qui sont les plus significatifs.	
— vous les notez (fiche 2.3).		— Je formule ma réponse dans une langue correcte. — Je justifie ma réponse. **Développement moral :** — Je prends connaissance des options fournies à la lumière de référentiels. — J'évalue les effets de chacune de ces options sur soi et sur les personnes concernées. — Je sélectionne l'option la plus appropriée en tenant compte du contexte de la situation. — J'exprime mon choix. — Je donne les raisons de mon choix en me référant à un ou des éléments d'un référentiel.	
Vous évaluez le travail de votre comité ainsi que votre participation personnelle.			
En comité : — vous évaluez le travail de votre comité (fiche 1.3) ;	5 D		
— vous évaluez votre travail personnel (fiche 1.4).	5 D		

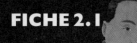

Je développe les compétences

J'apprécie la tradition catholique vivante.
Je prends position de façon éclairée sur des situations comportant un enjeu moral.
Je m'approprie l'information.
Je tire profit de l'information.
Je construis mon opinion.
J'imagine des pistes de solution.
J'analyse la tâche à accomplir.
Je m'engage dans la démarche.
J'établis l'intention de la communication.
Je choisis le mode de communication.

Sortir des sentiers battus

1 — Dans les six pierres numérotées, inscrire des mots qui vous serviront d'aide-mémoire au sujet :

1. des faits essentiels ;
2. de la chronologie des faits ;
3. du contexte ;
4. de l'expérience humaine racontée ;
5. de l'expérience spirituelle ou religieuse racontée ;
6. du message ou de la valeur à dégager.

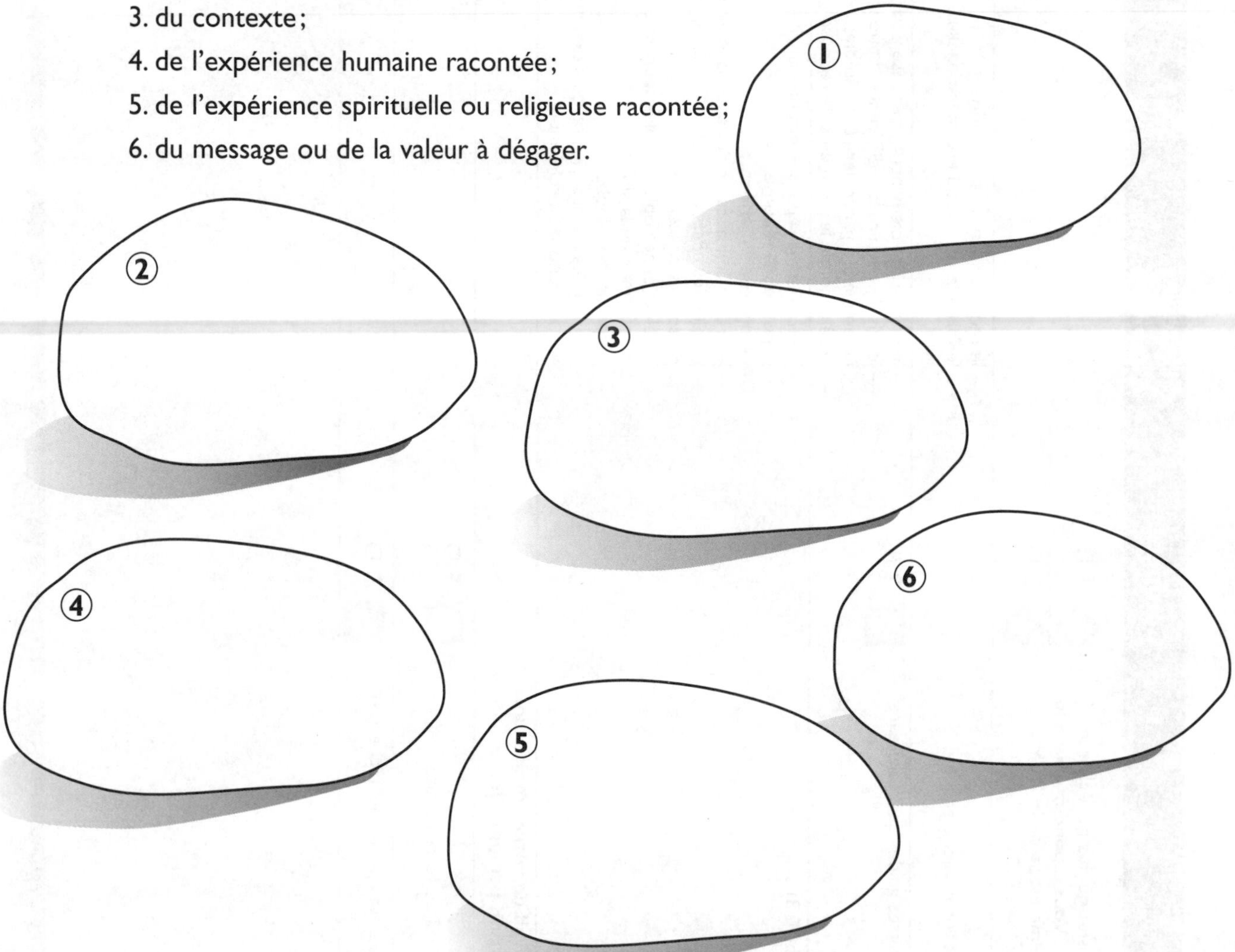

2 — Trouver une façon originale de présenter votre récit.

Je développe les compétences

J'apprécie la tradition catholique vivante.
Je prends position de façon éclairée sur des situations comportant un enjeu moral.
Je m'approprie l'information.
Je tire profit de l'information.
Je construis mon opinion.
J'imagine des pistes de solution.
J'analyse la tâche à accomplir.
Je m'engage dans la démarche.
J'établis l'intention de la communication.
Je choisis le mode de communication.

Accueillir sans condition

1 — Dans les six pierres numérotées, inscrire des mots qui vous serviront d'aide-mémoire au sujet:

1. des faits essentiels;
2. de la chronologie des faits;
3. du contexte;
4. de l'expérience humaine racontée;
5. de l'expérience spirituelle ou religieuse racontée;
6. du message ou de la valeur à dégager.

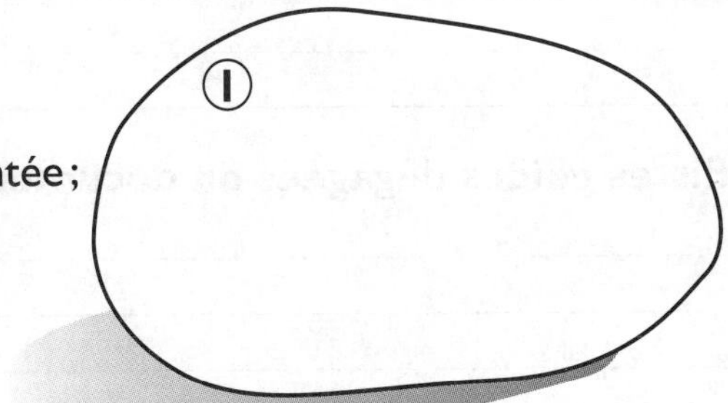

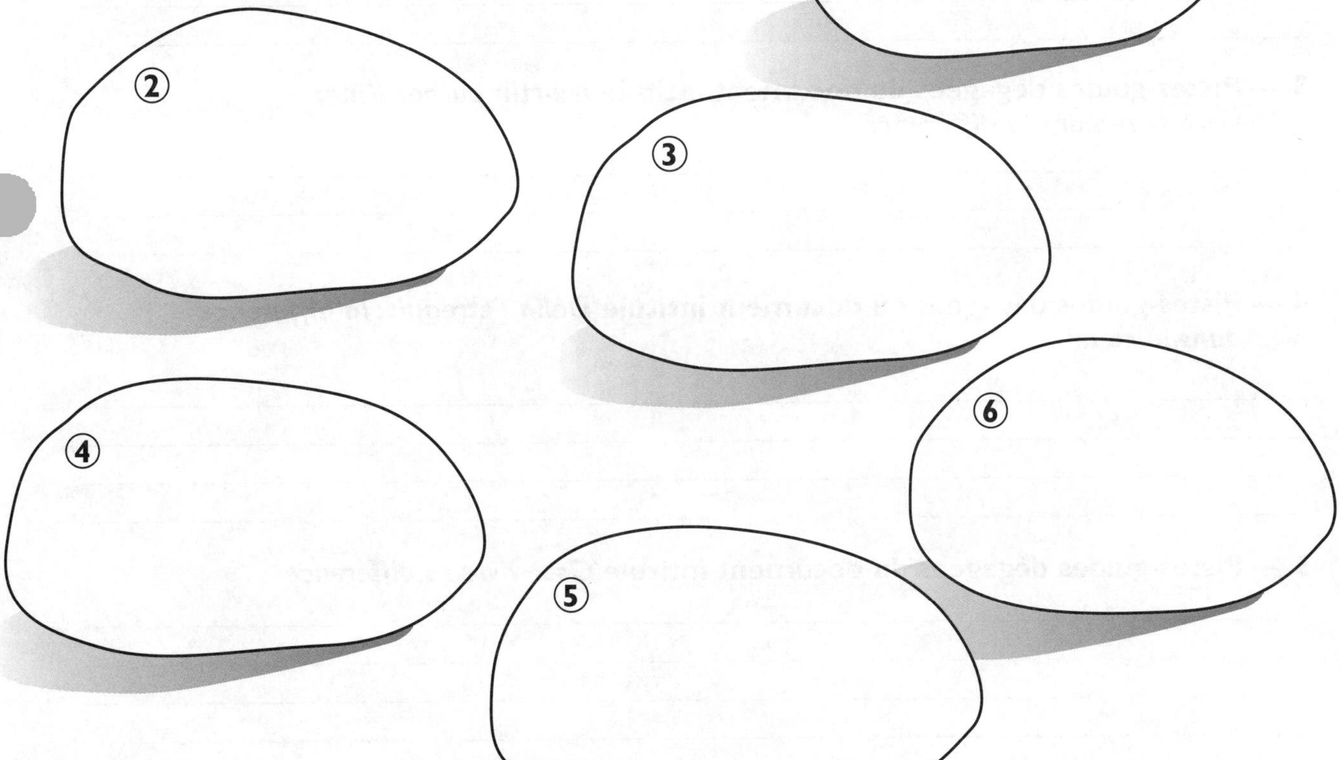

2 — Trouver une façon originale de présenter votre récit.

FICHE 2.3

Magazine *Synergie*

Comment s'ouvrir à la différence?

fascicule n° 6

Je développe les compétences

J'apprécie la tradition catholique vivante.
Je prends position de façon éclairée sur des situations comportant un enjeu moral.
Je tire profit de l'information.
J'exprime mon jugement.

Nom: ______________________

Comité de rédaction: ______________________

Sujet d'enquête: ______________________

Nos pistes-guides

1 — Pistes-guides dégagées du document intitulé *Sortir des sentiers battus*

____

2 — Pistes-guides dégagées du document intitulé *Accueillir la différence*

____

3 — Pistes-guides dégagées du document intitulé *Martin Luther King: vivre fièrement la différence*

____

4 — Pistes-guides dégagées du document intitulé *Délia Tétreault: la différence dans le cœur*

____

5 — Pistes-guides dégagées du document intitulé *Oser vivre sa différence*

____

6 — Pistes-guides dégagées du document intitulé *Des différences enrichissantes*

____

Je conserve cette fiche. Elle me sera utile quand viendra le moment de participer à la rédaction du journal de mon comité.

Magazine Synergie

Comment s'ouvrir à la différence ? N° 6

1 2 TÂCHE 3 4 5

2 périodes • Des bras ouverts sur le monde

Voyons voir

Situation

Vous réalisez de façon originale et inventive deux portraits de catholiques.

Intention (s)

Découvrir la valeur que des catholiques d'hier et d'aujourd'hui accordent à la différence.

Savoirs essentiels

Récit de vie d'une catholique d'hier : Délia Tétreault : une fondatrice de communauté religieuse qui a eu à cœur les personnes différentes
Récit de vie d'un catholique contemporain : une personne croyante qui ose vivre la marginalité
Développement moral : utilisation d'une démarche de discernement moral à l'aide des référentiels suivants :
— les expériences humaines, spirituelles ou religieuses racontées dans les récits
— les valeurs qui s'en dégagent : accueil de la différence et fierté

Ressources

- **ENSEMBLE-RESSOURCE DE RÉFÉRENCE**, fascicule n° 6 :
  p. 18 : Délia Tétreault : la différence dans le cœur
  p. 20 : Oser vivre sa différence
  - Autres numéros de *Synergie*
- **Fiches**

1.2 Sujet d'enquête 6
1.3 Regard sur notre enquête
1.4 Entre moi… et moi
2.3 Nos pistes-guides
3.1 Portraitistes demandés

Compétences disciplinaires

1 A, B, D   **2** B, C, D

Compétences transversales

Ordre intellectuel :
1 A, B, C ; **2** B ; **3** A ; **4** A, B, C, D

Ordre méthodologique :
5 A, D ; **6** B

Ordre personnel et social :
toutes

Ordre de la communication :
9 A, B, C

Liens avec d'autres disciplines

Français : Communiquer oralement
Arts plastiques
Art dramatique : Inventer des séquences dramatiques. Interpréter des séquences dramatiques.
Enseignement moral : Comprendre des situations de vie en vue de construire son référentiel moral.

Tâche

P Vous explorez les documents de l'ensemble-ressource de référence nécessaires à la préparation de vos portraits.

R Vous présentez vos portraits.

i Vous dégagez des pistes-guides qui éclairent votre sujet d'enquête. Vous répondez ainsi à la question de la deuxième étape de la DDM : qu'est-ce que je peux faire ?
Vous évaluez le travail de votre comité ainsi que votre participation personnelle.

Magazine Synergie

Comment s'ouvrir à la différence ? N° 6

1 2 TÂCHE 3 4 5

2 périodes • Des bras ouverts sur le monde

Consignes	Compétences	Stratégies d'apprentissage	Stratégies d'enseignement
P **Vous explorez les documents de l'ensemble-ressource de référence nécessaires à la préparation de vos portraits :** **• p. 18 : Délia Tétreault : la différence dans le cœur** **• p. 20 : Oser vivre sa différence**	**1** A, B **2** B, C		
En groupe : — vous comprenez en quoi consiste l'art du portrait : • clarté ; • précision ; • ressemblance ; • originalité.	**5** A	— Je prends le temps de décrire ce que je sais de la réalité. — J'écoute attentivement ce que les pairs savent de la réalité examinée. — J'exprime ce que je connais moins ou pas de la réalité présentée.	
En comité : — vous effectuez la recherche proposée dans la fiche 3.1 ;	**1** A, B, C ; **3** A	— Je me dispose physiquement et intérieurement à écouter ou lire le récit.	
— vous consultez d'autres documents afin de compléter vos portraits ;	**6** B	— Je me concentre sur la narration ou la lecture du récit. — Je cherche le sens des expressions curieuses et des mots nouveaux. — J'identifie les principaux faits racontés dans le récit. — Je comprends des aspects du contexte du récit. — Je cherche à comprendre l'expérience humaine, spirituelle ou religieuse des personnages racontée dans le récit. — Je dégage une idée, une **valeur** ou un message important du récit. **Développement moral :** — Je cherche des informations objectives qui jettent un éclairage sur la situation. — Je sélectionne les informations pertinentes. — J'entends les points de vue des personnes de l'entourage. — Je fais un inventaire des référentiels en présence dans les récits étudiés.	

— vous préparez soigneusement vos portraits.	**4** A, B, C, D **9** A, B	— J'élabore un plan de narration précisant les éléments essentiels du récit à faire ressortir. — Je détermine les supports audio ou visuels appropriés à la narration du récit. — Je rassemble les ressources nécessaires à la narration du récit. **Français:** • Stratégies d'exploration • Stratégies de gestion de la compréhension **Arts plastiques** **Art dramatique**	
R **Vous présentez vos portraits.**	**1** A, B **2** A, B, C		
En comité: — vous présentez vos portraits à la classe;	**9** C	— Je raconte le récit en tenant compte: • des faits essentiels; • de la chronologie des faits; • des aspects du contexte; • de l'expérience humaine, spirituelle ou religieuse racontée; • d'un message qui se dégage de cette expérience. **Français:** • Stratégies de partage	
— vous écoutez attentivement les portraits présentés par les autres comités;		**Français:** • Stratégies d'évaluation	
— vous critiquez de façon constructive les portraits présentés par les autres comités à partir des critères suivants: • clarté; • précision; • ressemblance; • originalité.	**5** D	**Français:** • Stratégies d'évaluation	
— vous tenez compte des critiques qui vous sont faites.	**5** D		

Magazine Synergie — Comment s'ouvrir à la différence ? N° 6

TÂCHE 1 2 3 4 5

2 périodes • Des bras ouverts sur le monde

Consignes	Compétences	Stratégies d'apprentissage	Stratégies d'enseignement
Vous dégagez des pistes-guides qui éclairent votre sujet d'enquête. Vous répondez ainsi à la question de la deuxième étape de la DDM : qu'est-ce que je peux faire ?	1 D 2 D		
En comité : — vous vous rappelez votre sujet d'enquête (fiche 1.2) ;		— Je redis la question à résoudre.	
— vous dégagez des pistes-guides qui éclairent votre sujet d'enquête (fiche 2.3).	2 B	— Je formule des hypothèses personnelles. — Je dégage des éléments de réponse à partir d'un récit. — Je fais l'inventaire des différentes options de réponse qui se présentent, notamment à partir des récits étudiés. — Je sélectionne les éléments de réponse qui sont les plus significatifs. — Je formule ma réponse dans une langue correcte. — Je justifie ma réponse. **Développement moral :** — Je prends connaissance des options fournies à la lumière de référentiels. — J'évalue les effets de chacune de ces options sur soi et sur les personnes concernées. — Je sélectionne l'option la plus appropriée en tenant compte du contexte lié à la situation. — J'exprime mon choix. — Je donne les raisons de mon choix en me référant à un ou des éléments d'un référentiel.	
Vous évaluez le travail de votre comité ainsi que votre participation personnelle.			
En comité : — vous évaluez le travail de votre comité de rédaction (fiche 1.3) ;	5 D		
— vous évaluez votre participation personnelle au travail de votre comité (fiche 1.4).	5 D		

FICHE 3.1

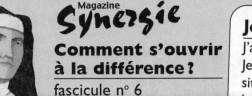

Magazine *Synergie*

Comment s'ouvrir à la différence?

fascicule n° 6

Je développe les compétences

J'apprécie la tradition catholique vivante.
Je prends position de façon éclairée sur des situations comportant un enjeu moral.
Je m'approprie l'information.
Je tire profit de l'information.
J'analyse la tâche à accomplir.
Je m'engage dans la démarche.
J'établis l'intention de la communication.
Je choisis le mode de communication.

Portraitistes demandés

1— Choisir, comme indiqué ci-dessous, les personnes dont vous désirez tracer le portrait.

Important

- Vous devez obligatoirement traiter celle dont le nom est déjà coché.
- Vous devez traiter au moins une personne catholique contemporaine.

- [x] Délia Tétreault (ensemble-ressource de référence, p. 18-19)
- [ ] Des catholiques d'hier que vous pouvez retracer dans les autres numéros de *Synergie*

Nous choisissons:

Noms   Sources

___

___

___

___

- [ ] Des croyants qui osent vivre la marginalité (ensemble-ressource de référence, p. 20-22)

Nous choisissons:

Noms   Sources

___

___

___

2 — Suivre les indications de la page 27 de l'ensemble-ressource de référence *(Pour raconter)*.

Quatre mots-conseils pour réussir votre portrait:

- Clarté
- Précision
- Ressemblance
- Originalité

Pourquoi n'y ajouteriez-vous pas *Surprise*? Il est bon de savoir étonner vos auditeurs.

Un exemple

Réaliser un portrait-entrevue enregistré sur bande audio ou vidéo. Les spectateurs n'en reviendront pas de faire connaissance comme si c'était réel avec Délia Tétreault, par exemple.

Magazine Synergie

Comment s'ouvrir à la différence? N° 6

1 2 3 TÂCHE 4 5

2 périodes • Marcher la tête haute

Voyons voir

Situation

On fait appel aux comités de rédaction afin de réaliser des publicités percutantes ayant pour thème: marcher la tête haute.

Intention (s)

Découvrir d'autres façons d'accueillir la différence.

Savoirs essentiels

Éléments de la diversité:

- Martin Luther King: l'homme qui a appris aux siens à vivre fièrement leur différence
- Le dialogue interreligieux au Québec: un enrichissement culturel

Développement moral: utilisation d'une démarche de discernement moral à l'aide des référentiels suivants:

— les expériences humaines, spirituelles ou religieuses racontées dans les récits
— les valeurs qui s'en dégagent: accueil de la différence et fierté

Ressources

- **ENSEMBLE-RESSOURCE DE RÉFÉRENCE**, fascicule n° 6:
  p. 14: Martin Luther King: vivre fièrement la différence
  p. 23: Des différences enrichissantes
- **Fiches**

1.2 Sujet d'enquête 6
1.3 Regard sur notre enquête
1.4 Entre moi… et moi
2.3 Nos pistes-guides

Compétences disciplinaires

◇ **1** C ☆ **2** B, C, D

Compétences transversales

Ordre intellectuel:
1 A, B, C; **2** B; **3** A; **4** A, B, C, D

Ordre méthodologique:
5 D; **6** B

Ordre personnel et social:
toutes

Ordre de la communication:
9 A, B, C

Liens avec d'autres disciplines

Arts plastiques: Réaliser des créations plastiques médiatiques.

Tâche

P Vous explorez les documents de l'ensemble-ressource de référence dans le but de produire vos publicités.

R Vous présentez vos publicités.

i Vous dégagez des pistes-guides qui éclairent votre sujet d'enquête. Vous répondez ainsi à la question de la deuxième étape de la DDM: qu'est-ce que je peux faire?
Vous évaluez le travail de votre comité ainsi que votre participation personnelle.

Consignes	Compétences	Stratégies d'apprentissage	Stratégies d'enseignement
P **Vous explorez les documents de l'ensemble-ressource de référence dans le but de produire vos publicités.**	**1** C **2** B, C		
En groupe: — vous expliquez ce que signifie d'après vous le thème de votre publicité: marcher la tête haute.		— Je me dispose physiquement et intérieurement à examiner une réalité. — Je prends le temps de décrire ce que je sais de la réalité. — J'écoute attentivement ce que les pairs savent de la réalité examinée. — J'exprime ce que je connais moins ou pas de la réalité présentée.	**Grand groupe**
En comité: — vous effectuez la recherche dans les documents de l'ensemble-ressource de référence;	**1** A, B, C; **3** A	— Je me dispose physiquement et intérieurement à écouter le récit. — Je me concentre sur la narration du récit.	
— vous exploitez d'autres documents (encyclopédies, magazines, journaux, cédéroms, Internet) que ceux de l'ensemble-ressource de référence;	**6** B	— Je cherche le sens des expressions curieuses et des mots nouveaux. — J'identifie les principaux faits racontés dans le récit. — Je comprends des aspects du contexte du récit. — Je cherche à comprendre l'expérience humaine, spirituelle ou religieuse racontée dans le récit. — Je dégage une idée, une **valeur** ou un message important du récit. **Développement moral:** — Je cherche des informations objectives qui jettent un éclairage sur la situation. — Je sélectionne les informations pertinentes. — J'entends les points de vue des personnes de l'entourage. — Je fais un inventaire des référentiels en présence dans les récits.	
— vous préparez votre publicité.	**4** A, B, C, D **9** A, B	— J'élabore un plan de narration précisant les éléments essentiels du récit à faire ressortir. — Je détermine les supports audio ou visuels appropriés à la narration du récit. — Je rassemble les ressources nécessaires à la narration du récit. **Arts plastiques**	
R **Vous présentez vos publicités.**	**1** C **2** B, C		
En comité: — vous présentez votre publicité;	**9** C	— Je raconte le récit en tenant compte: • des faits essentiels; • de la chronologie des faits; • des aspects du contexte; • de l'expérience humaine, spirituelle ou religieuse racontée; • d'un message qui se dégage de cette expérience. **Arts plastiques**	
— vous notez les points importants des publicités des autres comités;			

Magazine Synergie **Comment s'ouvrir à la différence?** N° 6

1 2 3 TÂCHE 4 5

2 périodes • Marcher la tête haute

Consignes	Compétences	Stratégies d'apprentissage	Stratégies d'enseignement
vous critiquez de façon constructive les publicités des autres comités;	5 D		
vous critiquez de façon constructive les publicités des autres comités.	5 D		
Vous dégagez des pistes-guides qui éclairent votre sujet d'enquête. Vous répondez ainsi à la question de la deuxième étape de la DDM: qu'est-ce que je peux faire?	1 C 2 D		
En comité: — vous vous rappelez votre sujet d'enquête (fiche 1.2);		– Je redis la question à résoudre.	
— vous dégagez des pistes-guides qui éclairent votre sujet d'enquête (fiche 2.3).	2 B	— Je formule des hypothèses personnelles. — Je dégage des éléments de réponse à partir d'un récit. — Je fais l'inventaire des différentes options de réponse qui se présentent, notamment à partir des récits étudiés. — Je sélectionne les éléments de réponse qui sont les plus significatifs. — Je formule ma réponse dans une langue correcte. — Je justifie ma réponse. **Développement moral:** — Je prends connaissance des options fournies à la lumière de référentiels. — J'évalue les effets de chacune de ces options sur soi et sur les personnes concernées. — Je sélectionne l'option la plus appropriée en tenant compte du contexte lié à la situation. — J'exprime mon choix. — Je donne les raisons de mon choix en me référant à un ou des éléments d'un référentiel.	
Vous évaluez le travail de votre comité ainsi que votre participation personnelle.			
En comité: — vous évaluez le travail de votre comité de rédaction (fiche 1.3);	5 D		
— vous évaluez votre participation personnelle au travail de votre comité (fiche 1.4).	5 D		

Magazine Synergie

Comment s'ouvrir à la différence ? N° 6

1 2 3 4 TÂCHE 5

1 période • Nos conclusions à notre sixième enquête

D'après moi...

Situation

Les journalistes enquêteurs réalisent le sixième numéro de leur journal. Ils y révèlent à leurs lecteurs les conclusions de leur enquête.

Intention (s)

Dégager une réponse personnelle des résultats de l'enquête.
Évaluer la sixième enquête au moyen de la rédaction du journal.

Savoirs essentiels

Récits bibliques :
- La Samaritaine (Jn 4, 1-15) : Jésus sort des sentiers battus
- Jésus et le serviteur d'un officier romain (Lc 7, 1-10) : une guérison sans égard à la condition sociale

Récit de vie d'une catholique d'hier : Délia Tétreault : une fondatrice de communauté religieuse qui a eu à cœur les personnes différentes

Récit de vie d'un catholique contemporain : une personne croyante qui ose vivre la marginalité

Éléments de la diversité :
- Martin Luther King : l'homme qui a appris aux siens à vivre fièrement leur différence
- le dialogue interreligieux au Québec : un enrichissement culturel

Développement moral : utilisation d'une démarche de discernement moral à l'aide des référentiels suivants :
— les expériences humaines, spirituelles ou religieuses racontées dans les récits
— les valeurs qui s'en dégagent : accueil de la différence et fierté

Ressources

- **ENSEMBLE-RESSOURCE DE RÉFÉRENCE**, fascicule n° 6
- *Synergie*, n° 1, page 26 (différentes approches pour la rédaction du journal)
- Différents matériaux nécessaires aux réalisations des journaux des comités de rédaction
- Les fiches complétées, les documents consultés ainsi que les notes prises lors des diverses tâches de cette séquence

• Fiches

1.2 Sujet d'enquête 6
1.3 Regard sur notre enquête
1.4 Entre moi… et moi
2.3 Nos pistes-guides
5.1 Journal

Compétences disciplinaires

◇ 1 A, B, C, D ☆ 2 A, B, C, D

Compétences transversales

Ordre intellectuel :
2 B, C, D ; **3** B, C ; **4** C, D

Ordre personnel et social :
toutes

Ordre de la communication :
9 A, B, C

Tâche

P Vous formulez une conclusion à votre sujet d'enquête. Vous répondez ainsi aux questions de la troisième et de la quatrième étapes de la DDM : qu'est-ce qui arrivera ? qu'est-ce que je décide de faire ?
Vous décidez comment cette conclusion sera présentée dans votre journal.

R Vous rédigez votre participation au journal.

i Vous dégagez une réponse personnelle à votre enquête.
Vous évaluez votre enquête.

Magazine Synergie — Comment s'ouvrir à la différence? N° 6

1 2 3 4 TÂCHE 5

1 période • Nos conclusions à notre sixième enquête

	Consignes	Compétences	Stratégies d'apprentissage	Stratégies d'enseignement
P	**Vous formulez une conclusion à votre sujet d'enquête. Vous répondez ainsi aux questions de la troisième et de la quatrième étapes de la DDM : qu'est-ce qui arrivera? qu'est-ce que je décide de faire?**	◇ **1** A, B, C, D ☆ **2** A, B, C, D		
	En comité : — vous vous rappelez votre sujet d'enquête (fiche 1.2) ;		— Je redis la question à résoudre.	
	— vous formulez vos premières intuitions de réponses ou de solutions ;	**2** B, C, D	— Je formule des hypothèses personnelles.	
	— vous consultez les pistes-guides dégagées des divers documents consultés (fiche 2.3) ;	**2** B, C, D	— Je dégage des éléments de réponse à partir d'un récit. — Je fais l'inventaire des différentes options de réponse qui se présentent, notamment à partir des récits étudiés.	
	— vous sélectionnez celles qui vous paraissent importantes ;	**2** C	— Je sélectionne les éléments de réponse qui sont les plus significatifs.	
	— vous formulez et notez (fiche 5.1) la conclusion à votre sujet d'enquête.		— Je formule ma réponse dans une langue correcte. — Je justifie ma réponse.	
	Vous décidez comment cette conclusion sera présentée dans votre journal.			
	— vous décidez de la forme que prendra votre journal (*Synergie*, n° 1, p. 26) ;	**4** A, B **9** A, B		
	— vous décidez des participations diverses des membres du comité.			
R	**Vous rédigez votre participation au journal.**	◇ **1** A, B, C, D ☆ **2** A, B, C, D		

En comité : — vous rédigez vos articles de journal en tenant compte de la conclusion de votre sujet d'enquête et des consignes particulières (fiche 5.1) ;	**4** C, D / **9** C		
— vous participez aux différentes étapes de réalisation de votre journal jusqu'à sa distribution.			
Vous dégagez une réponse personnelle à votre enquête.	**1** D / **2** D		
Individuellement : — vous répondez à la question : *Comment s'ouvrir à la différence ?*	**3** B, C	— Je redis la question à résoudre. — Je formule des hypothèses personnelles. — Je dégage des éléments de réponse à partir d'un récit. — Je fais l'inventaire des différentes options de réponse qui se présentent, notamment à partir des récits étudiés. — Je sélectionne les éléments de réponse qui sont les plus significatifs.	**Travail personnel**
— vous notez votre réponse.		— Je formule ma réponse dans une langue correcte. — Je justifie ma réponse. **Développement moral :** — J'exprime mon choix. — Je donne les raisons de mon choix en me référant à un ou des éléments d'un référentiel.	
Vous évaluez votre enquête.			
En comité : — vous évaluez votre travail d'équipe (fiche 1.3) ;	**2** E		
— vous évaluez votre participation personnelle à l'enquête (fiche 1.4).	**2** E		

Magazine Synergie

Comment s'ouvrir à la différence? N° 6

1 2 3 4 TÂCHE 5

1 période • Nos conclusions à notre sixième enquête

Critères d'évaluation

Compétences disciplinaires

1 — Apprécier la tradition catholique vivante.
- — Choix de récits pertinents en rapport avec une problématique
- — Narration ou reconstitution de récits de la tradition catholique vivante
- — Description des expériences de vie et de foi relatées dans les récits
- — Formulation des messages qui se dégagent des récits
- — Prise en compte de l'apport de la diversité dans sa recherche de sens
- — Construction de réponses personnelles

2 — Prendre position de façon éclairée sur des situations comportant un enjeu moral.
- — Utilisation d'une démarche de discernement moral
- — Présentation de situations qui comportent un enjeu moral
- — Identification d'un enjeu moral présent dans ces situations
- — Choix d'informations pertinentes en rapport avec l'enjeu moral
- — Justification de ses choix à la lumière de référentiels

Je développe les compétences

J'apprécie la tradition catholique vivante.
Je prends position de façon éclairée sur des situations comportant un enjeu moral.
Je construis mon opinion.
J'exprime mon jugement.
Je relativise mon jugement.
Je m'imprègne des éléments d'une situation.
J'imagine des façons de faire.
Je m'engage dans une réalisation.
J'adopte un fonctionnement souple.
J'analyse la tâche à accomplir.
Je m'engage dans la démarche.
J'accomplis la tâche.
J'établis l'intention de la communication.
Je choisis le mode de communication.
Je réalise la communication.

Journal

1 — Conclusion à notre enquête :

2 — Consignes particulières

Chaque journaliste doit tenir compte, dans une langue correcte :

- de la conclusion de l'enquête ;
- des preuves (pistes-guides) qui l'éclairent :
  - dire, par exemple, dans quel récit elles ont été trouvées ;
  - raconter brièvement ce récit ;
  - dégager une expérience de vie et de foi qui y est relatée ;
  - dégager un message de ce récit ;
- de son opinion personnelle.

Je développe les compétences

Je [illegible] [illegible] [illegible]

je [illegible] position de [illegible]

situation [illegible]

je [illegible] mon opinion.

J'exprime mon jugement.

Je [illegible] mes [illegible]

Je m'imagine des éléments d'une situation.

J'imagine des [illegible]

Je m'engage dans une [illegible]

J'adopte un [illegible]

J'analyse la [illegible]

Je [illegible]

[illegible] la tâche.

J'évalue l'intention de la communication.

Je [illegible] de la [illegible] communication.

J'utilise la communication [illegible]

Journal

1 – Conclusion de notre enquête

2 – Consignes particulières

Chaque journal de bord doit tenir compte [illegible]

– de la conclusion de l'enquête;

– des preuves (pistes qui est [illegible] nous;

– [illegible] par exemple, [illegible] peut [illegible]

– raconte brièvement [illegible]

– dégager une expérience [illegible] vie [illegible]

– de son opinion personnelle.

TÉMOINS EN HERBE

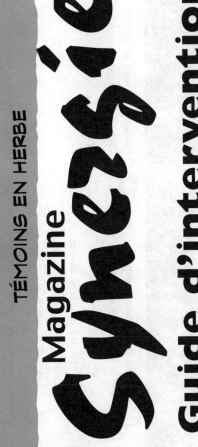

Magazine Synergie

Guide d'intervention pédagogique

Séquence 7

Magazine Synergie — Qui est mon prochain ? N° 7

Plan de la séquence 7

Compétences disciplinaires

1 – Apprécier la tradition catholique vivante.

- 1 – A Explorer des récits de la tradition catholique vivante.
- 1 – B Analyser des récits de la tradition catholique vivante.
- 1 – C Considérer des éléments de la diversité religieuse et des courants humanistes pour enrichir sa réflexion.
- 1 – D Prendre position sur des éléments de la tradition catholique vivante.

2 – Prendre position de façon éclairée sur des situations comportant un enjeu moral.

- 2 – A Définir l'enjeu moral.
- 2 – B Considérer différents référentiels.
- 2 – C Examiner des options et leurs effets possibles.
- 2 – D Justifier son choix à la lumière d'un référentiel.

Axe

Développement sociorelationnel

Description de la séquence

Dans un premier temps, l'élève définit une problématique qui concerne le service du bien commun à l'aide de la démarche de discernement moral. Dans un deuxième temps, il explore et analyse des récits (textes bibliques, récits de catholiques d'hier et d'aujourd'hui, éléments de la diversité) afin d'éclairer sa problématique. Dans un dernier temps, il prend position, à la lumière de son analyse, sur le service du bien commun. Il rédige enfin sa participation au journal de son comité.

Compétences transversales

Ordre intellectuel
- 1 – Exploiter l'information.
- 2 – Résoudre des problèmes.
- 3 – Exercer son jugement critique.
- 4 – Mettre en œuvre sa pensée créatrice.

Ordre méthodologique
- 5 – Se donner des méthodes de travail efficaces.
- 6 – Exploiter les technologies de l'information et de la communication.

Ordre personnel et social
- 7 – Structurer son identité.
- 8 – Coopérer.

Ordre de la communication
- 9 – Communiquer de façon appropriée.

Composantes des compétences transversales

1 – A S'approprier l'information.
B Reconnaître diverses sources d'information.
C Tirer profit de l'information.

2 – A Analyser les éléments de la situation.
B Imaginer des pistes de solution.
C Mettre à l'essai des pistes de solution.
D Adopter un fonctionnement souple.
E Évaluer sa démarche.

3 – A Construire son opinion.
B Exprimer son jugement.
C Relativiser son jugement.

4 – A S'imprégner des éléments d'une situation.
B Imaginer des façons de faire.
C S'engager dans une réalisation.
D Adopter un fonctionnement souple.

5 – A Analyser la tâche à accomplir.
B S'engager dans la démarche.
C Accomplir la tâche.
D Analyser sa démarche.

6 – A S'approprier les technologies de l'information et de la communication.
B Utiliser les technologies de l'information et de la communication pour effectuer sa tâche.
C Évaluer l'efficacité de l'utilisation de la technologie.

7 – A S'ouvrir aux stimulations environnantes.
B Prendre conscience de sa place parmi les autres.
C Mettre à profit ses ressources personnelles.

8 – A Interagir avec ouverture d'esprit dans différents contextes.
B Contribuer au travail collectif.
C Tirer profit du travail de coopération.

9 – A Établir l'intention de la communication.
B Choisir le mode de communication.
C Réaliser la communication.

Domaines généraux de formation

Orientation et entrepreneuriat
— Conscience de soi, de son potentiel et de ses modes d'actualisation
— Appropriation des stratégies liées à un projet

Vivre ensemble et citoyenneté
— Valorisation des règles de vie en société et des institutions démocratiques
— Engagement dans l'action dans un esprit de coopération et de solidarité
— Culture de la paix

Savoirs essentiels

Récits bibliques : l'envoi en mission des apôtres (Mt 28, 16-20): Jésus confie la mission de faire grandir le Royaume ; Sur les charismes (1 Cor 12, 1-11): les dons de l'Esprit, d'abord au service de l'Église, profitent au bien commun

Récit de vie de catholiques d'hier :
Martin de Tours: un moine-évêque au service de l'Église et des pauvres du temps
Jeanne Mance: première infirmière de Ville-Marie au service des malades

Récit de vie d'un catholique contemporain : une personne croyante qui met ses talents et ses compétences au service du bien commun

Éléments de la diversité : un projet d'entraide vécu dans le milieu de vie de l'élève

Développement moral : utilisation d'une démarche de discernement moral à l'aide des référentiels suivants:
— les expériences humaines, spirituelles ou religieuses racontées dans les récits
— les valeurs qui s'en dégagent: don de soi, altruisme et responsabilité

Critères d'évaluation

1 — Apprécier la tradition catholique vivante.
— Choix de récits pertinents en rapport avec une problématique
— Narration ou reconstitution de récits de la tradition catholique vivante
— Description des expériences de vie et de foi relatées dans les récits
— Formulation des messages qui se dégagent des récits
— Prise en compte de l'apport de la diversité dans sa recherche de sens
— Construction de réponses personnelles

2 — Prendre position de façon éclairée sur des situations comportant un enjeu moral.
— Utilisation d'une démarche de discernement moral
— Présentation de situations qui comportent un enjeu moral
— Identification d'un enjeu moral présent dans ces situations
— Choix d'informations pertinentes en rapport avec l'enjeu moral
— Justification de ses choix à la lumière de référentiels

Magazine Synergie — Qui est mon prochain ? N° 7

TÂCHE 1 2 3 4 5

1 période • Il y a quelqu'un quelque part…

Mise au point

Situation

Les élèves s'interrogent sur le sens de l'expression *service du bien commun* ainsi que sur le titre du magazine *Synergie : Qui est mon prochain ?*

Intention (s)

S'assurer que tous les élèves comprennent bien le sens de l'expression *service du bien commun* et du mot *prochain.*

Savoirs essentiels

Développement moral : utilisation d'une démarche de discernement moral à l'aide des référentiels suivants :

— les expériences humaines, spirituelles ou religieuses racontées dans les récits
— les valeurs qui s'en dégagent : don de soi, altruisme et responsabilité

Ressources

- **ENSEMBLE-RESSOURCE DE RÉFÉRENCE**, fascicule n° 7 :
  - p. 2 : Numéro spécial ! Enquête spéciale !
  - p. 3 : Louisa, une fille d'équipe
  - Pistes de discussion
- Journaux, magazines, Internet
- **Fiches**

1.1 Une préparation en bonne et due forme
1.2 Sujet d'enquête 7
1.3 Regard sur notre enquête
1.4 Entre moi… et moi

Compétences disciplinaires

◇ 1 C ☆ **2** A, B, C, D

Compétences transversales

Ordre intellectuel : **1** A, B, C ; **2** A ; **3** A, B, C

Ordre méthodologique : **6** B

Ordre personnel et social : toutes

Ordre de la communication : **9** A, C

Liens avec d'autres disciplines

Français : Communiquer oralement. Lire des textes variés.
Enseignement moral : Comprendre des situations de vie en vue de construire son référentiel moral.

Tâche

P Vous avez lu certains textes et effectué certaines recherches afin de mieux déterminer votre sujet d'enquête.

R Vous participez à une discussion dont le thème est : est-ce que mon prochain serait… ?
Vous formulez (ou reformulez) dans vos mots en quoi consiste la démarche de discernement moral (DDM).

i Vous choisissez votre sujet d'enquête à la lumière des informations recueillies (lectures préalables, recherches, discussion). Vous répondez en même temps à la question de la première étape de la DDM : que se passe-t-il ?
Vous évaluez le travail de votre comité ainsi que votre participation personnelle.

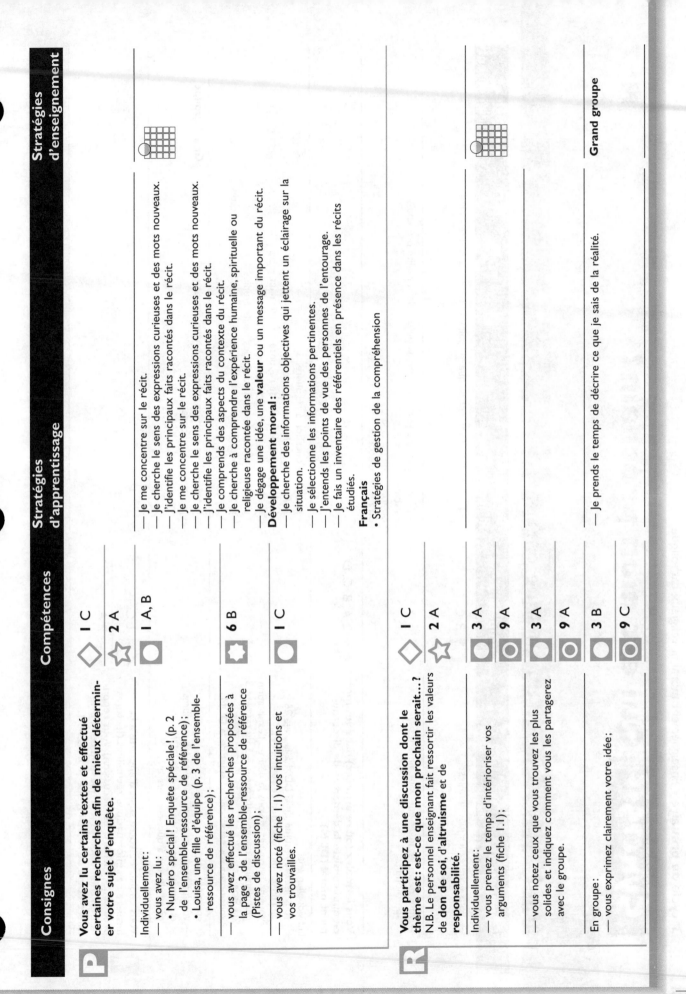

Consignes	Compétences	Stratégies d'apprentissage	Stratégies d'enseignement
P **Vous avez lu certains textes et effectué certaines recherches afin de mieux détermin-er votre sujet d'enquête.**	◇ **1** C ☆ **2** A		
Individuellement: — vous avez lu: • Numéro spécial! Enquête spéciale! (p. 2 de l'ensemble-ressource de référence); • Louisa, une fille d'équipe (p. 3 de l'ensemble-ressource de référence);	**1** A, B	— Je me concentre sur le récit. — Je cherche le sens des expressions curieuses et des mots nouveaux. — J'identifie les principaux faits racontés dans le récit. — Je me concentre sur le récit. — Je cherche le sens des expressions curieuses et des mots nouveaux. — J'identifie les principaux faits racontés dans le récit. — Je comprends des aspects du contexte du récit. — Je cherche à comprendre l'expérience humaine, spirituelle ou religieuse racontée dans le récit. — Je dégage une idée, une **valeur** ou un message important du récit. **Développement moral:** — Je cherche des informations objectives qui jettent un éclairage sur la situation. — Je sélectionne les informations pertinentes. — J'entends les points de vue des personnes de l'entourage. — Je fais un inventaire des référentiels en présence dans les récits étudiés. **Français** • Stratégies de gestion de la compréhension	
— vous avez effectué les recherches proposées à la page 3 de l'ensemble-ressource de référence (Pistes de discussion);	**6** B		
— vous avez noté (fiche 1.1) vos intuitions et vos trouvailles.	**1** C		
R **Vous participez à une discussion dont le thème est: est-ce que mon prochain serait...?** N.B. Le personnel enseignant fait ressortir les valeurs de **don de soi**, d'**altruisme** et de **responsabilité**.	◇ **1** C ☆ **2** A		
Individuellement: — vous prenez le temps d'intérioriser vos arguments (fiche 1.1);	**3** A **9** A		
— vous notez ceux que vous trouvez les plus solides et indiquez comment vous les partagerez avec le groupe.	**3** A **9** A		
En groupe: — vous exprimez clairement votre idée;	**3** B **9** C	— Je prends le temps de décrire ce que je sais de la réalité.	**Grand groupe**

Magazine Synergie — Qui est mon prochain ? N° 7

TÂCHE 1 2 3 4 5

1 période • Il y a quelqu'un quelque part…

Consignes	Compétences	Stratégies d'apprentissage	Stratégies d'enseignement
— vous écoutez les idées émises;	3 C	— J'écoute attentivement ce que les pairs savent de la réalité examinée.	
— vous notez les idées que vous aimeriez approfondir.		— J'exprime ce que je connais moins ou pas de la réalité présentée. **Français:** • Stratégies de partage • Stratégies d'écoute	
Vous formulez (ou reformulez) dans vos mots en quoi consiste la démarche de discernement moral (DDM).	2 A, B, C, D		
Individuellement: — vous lisez le résumé de la DDM à la page 26 de l'ensemble-ressource de référence; — vous en retrouvez, si vous le désirez, l'explication plus détaillée donnée aux pages 4-5 du numéro 3 de *Synergie*; — vous notez vos réflexions au sujet de la DDM.		— Je redis la question à résoudre. — Je formule des hypothèses personnelles. — Je dégage des éléments de réponse à partir d'un récit. — Je fais l'inventaire des différentes options de réponse qui se présentent, notamment à partir des récits étudiés. — Je sélectionne les éléments de réponse qui sont les plus significatifs.	
En groupe: — vous partagez vos réflexions avec les membres des autres comités au sujet de la DDM: ce qu'elle est, à quoi elle sert, etc.		— Je formule ma réponse dans une langue correcte. — Je justifie ma réponse.	**Grand groupe**
Vous choisissez votre sujet d'enquête à la lumière des informations recueillies (lectures préalables, recherches, discussion). Vous répondez en même temps à la question de la première étape de la DDM: que se passe-t-il?	1 C 2 A		

En comité : — vous décidez de votre sujet d'enquête ;	2 A	— Je redis la question à résoudre. — Je formule des hypothèses personnelles. **Développement moral :** — Je présente le problème et son contexte avec objectivité ; — Je nomme un enjeu moral lié à la situation et un dilemme en présence ; — J'identifie les ressources internes et externes disponibles pour faire un choix.	La consigne de l'encadré de la page 3 de l'ensemble-ressource de référence est présentée à titre de **suggestion***.
— vous le formulez clairement (fiche 1.2).		— Je formule ma réponse dans une langue correcte. — Je justifie ma réponse.	
Vous évaluez le travail de votre comité ainsi que votre participation personnelle.			
En comité : — vous évaluez votre travail de la première tâche (fiche 1.3, parties 1 et 3) ;	5 D		
— vous évaluez votre façon personnelle de travailler au cours de cette tâche à l'aide de la fiche 1.4.	5 D		

* On remarquera qu'elle parle de situation d'exclusion. C'est une façon d'aborder le sujet d'enquête par la négative. (S'il a travaillé le thème de l'accueil de la différence, l'élève sait déjà ce qu'est l'exclusion.) En découvrant des personnes victimes d'exclusion, l'élève peut en effet conclure que celles-ci sont, elles aussi, le (ou son) prochain.

FICHE 1.1

Magazine *Synergie*

Qui est mon prochain ?

fascicule n° 7

Je développe les compétences

J'apprécie la tradition catholique vivante.
Je prends position de façon éclairée sur des situations comportant un enjeu moral.
Je m'approprie l'information.
Je reconnais diverses sources d'information.
Je tire profit de l'information.
J'analyse les éléments d'une situation.
J'utilise les technologies de l'information et de la communication pour effectuer ma tâche.

Une préparation en bonne et due forme

1 — Mes intuitions

A) Le service du bien commun, ce pourrait être :

B) Mon prochain pourrait être :

C) L'expression *une fille d'équipe* pourrait signifier :

2 — Mes recherches

Voici ce que j'ai trouvé au sujet de la personne qui a donné son nom à l'école de Louisa Bellavance. (Je note aussi où j'ai trouvé mes renseignements.)

3 — Dans les autres numéros de *Synergie*, j'ai trouvé :

Nom des personnes	Titres des articles	*Synergie*, n°…, p.…

Je développe les compétences
J'apprécie la tradition catholique vivante.
Je prends position de façon éclairée sur des situations comportant un enjeu moral.
J'analyse les éléments d'une situation.

Sujet d'enquête 7

Nom:

Comité de rédaction:

Sujet d'enquête:

Si nous avons besoin d'autres ressources (livres, journaux, Internet, cédéroms, interviews, etc.), nous les identifions ci-dessous. Nous consultons ensuite le personnel enseignant au sujet de la possibilité de consulter ces sources.

Regard sur notre enquête

T Toujours	**P** Parfois
S Souvent	**J** Jamais

Nom: ______________________

Comité de rédaction: ______________________

Sujet d'enquête: ______________________

1 — Nos façons de travailler ensemble

	TÂCHES 1	2	3	4	5
Nous nous sommes entraidés.					
Nous avons demandé de l'aide quand c'était nécessaire.					
Nous avons participé aux discussions de notre comité.					

2 — Nos récits

	Un regard neuf	Soucieux de leur prochain	Le prochain est parmi nous
Nous avons décidé de la façon de raconter le récit.			
Nous avons élaboré un plan de notre narration.			
Nous avons raconté le récit en tenant compte:			
des faits essentiels;			
des aspects du contexte;			
de l'expérience qui y est racontée;			
de la valeur (ou des valeurs) qui s'en dégage (nt).			

3 — Notre appréciation générale

Échelle d'appréciation

A Nous sommes très fiers de nous.
B Nous sommes fiers de nous.
C Nous aurions pu faire mieux.

Nous avons effectué notre enquête et ☐ .

Entre moi... et moi

T Toujours	**P** Parfois
S Souvent	**J** Jamais

	TÂCHES				
	1	2	3	4	5
Je prends mes responsabilités.					
Je suis à l'aise dans mon comité.					
Je suis respectueux de mes coéquipiers.					
Je suis capable de défendre mon point de vue.					
Je manifeste un bon esprit d'équipe.					
Je fonctionne de façon autonome.					
Je fais face aux difficultés.					
Je respecte les consignes.					
Je suis habile à chercher dans une documentation.					
Je sélectionne ce qui m'apparaît pertinent dans les informations recueillies.					
Je sais organiser mes informations.					
Je sais présenter mes informations.					
J'accomplis mon travail jusqu'au bout.					
Je présente correctement mon travail.					

Magazine Synergie

Qui est mon prochain ? N° 7

TÂCHE 1 **2** 3 4 5

4 périodes • Un regard neuf

Voyons voir

Situation

Jésus et l'apôtre Paul, il y a plus de 2 000 ans, ont parlé du service du prochain.

Intention (s)

Découvrir deux récits bibliques qui parlent du prochain et de son service.

Savoirs essentiels

Récits bibliques :

- L'envoi en mission des apôtres (Mt 28, 16-20) : Jésus confie la mission de faire grandir le Royaume
- Sur les charismes (1 Cor 12, 1-11) : les dons de l'Esprit, d'abord au service de l'Église, profitent au bien commun

Développement moral : utilisation d'une démarche de discernement moral à l'aide des référentiels suivants :

— les expériences humaines, spirituelles ou religieuses racontées dans les récits
— les valeurs qui s'en dégagent : don de soi, altruisme et responsabilité

Ressources

- **ENSEMBLE-RESSOURCE DE RÉFÉRENCE**, fascicule n° 7 :
  - p. 4 : Mission possible
  - p. 10 : Outils pour la mission
- **Fiches**

1.2 Sujet d'enquête 7
1.3 Regard sur notre enquête
1.4 Entre moi… et moi
2.1 Aide-mémoire pour une mission possible
2.2 Outils pour votre mission de conteurs
2.3 Nos pistes-guides

Compétences disciplinaires

◇ **1** A, B, D ☆ **2** B, C, D

Compétences transversales

Ordre intellectuel :
1 A, B, C; **2** B; **3** A, B; **4** A, B C, D

Ordre méthodologique :
5 D

Ordre personnel et social :
toutes

Ordre de la communication :
9 A, B, C

Liens avec d'autres disciplines

Français : Communiquer oralement. Lire des textes variés. Écrire des textes variés.
Enseignement moral : Comprendre des situations de vie en vue de constituer son référentiel moral.

Tâche

P Vous préparez vos présentations des récits bibliques.

R Vous présentez vos récits bibliques.

i Vous dégagez des pistes-guides qui éclairent votre sujet d'enquête.
Vous répondez ainsi à la question de la deuxième étape de la DDM : qu'est-ce que je peux faire ?
Vous évaluez le travail de votre comité ainsi que votre participation personnelle.

Consignes	Compétences	Stratégies d'apprentissage	Stratégies d'enseignement
P **Vous préparez vos présentations des récits bibliques.**	◇ **1** A, B ☆ **2** B, C		
En comité : — vous choisissez le récit (et le document) que vous désirez explorer et analyser ;			Le personnel enseignant s'assure que les deux récits sont travaillés.
— vous vous appropriez le récit et le document que vous avez choisi d'explorer et d'analyser à l'aide : • de la page 27 de l'ensemble-ressource de référence (*Pour raconter*) ; • de la fiche 2.1 ou 2.2 ;	**1** A, B, C ; **3** A	— Je me concentre sur la narration du récit. — Je cherche le sens des expressions curieuses et des mots nouveaux. — J'identifie les principaux faits racontés dans le récit. — Je comprends des aspects du contexte du récit. — Je cherche à comprendre l'expérience humaine, spirituelle ou religieuse des personnages racontée dans le récit. — Je dégage une idée, **une valeur** ou un message important du récit. **Développement moral :** — Je cherche des informations objectives qui jettent un éclairage sur la situation. — Je sélectionne les informations pertinentes. — J'entends les points de vue des personnes de l'entourage. — Je fais un inventaire des référentiels en présence dans les récits étudiés. **Français** • Stratégies de gestion de la compréhension	Le personnel enseignant portera une attention particulière aux récits à explorer et à analyser dans cette tâche en raison de leur complexité. Le magazine *Synergie* n° 7 lui fournit les informations utiles à un bon encadrement du travail des élèves.
— vous préparez votre présentation.	**4** A, B, C, D **9** A, B	— J'élabore un plan de narration précisant les éléments essentiels du récit à faire ressortir. — Je détermine les supports audio ou visuels appropriés à la narration du récit. — Je rassemble les ressources nécessaires à la narration du récit. **Français** • Stratégies de planification	

Magazine Synergie — Qui est mon prochain ? N° 7

TÂCHE 1 | 2 | 3 | 4 | 5

4 périodes • Un regard neuf

Consignes	Compétences	Stratégies d'apprentissage	Stratégies d'enseignement
R **Vous présentez vos récits bibliques.** **Critères :** • **exactitude de l'information ;** • **originalité de la présentation.**	**1** A, B **2** B, C		
En comité : — vous participez à la présentation de votre récit biblique ;	**3** B **9** C	— Je raconte le récit en tenant compte : • des faits essentiels ; • de la chronologie des faits ; • des aspects du contexte ; • de l'expérience humaine, spirituelle ou religieuse racontée ; • d'un message qui se dégage de cette expérience. **Français :** • Stratégies de partage **Arts plastiques**	
— vous écoutez les présentations des autres comités ;		**Français :** • Stratégies d'écoute	
— vous complétez vos informations ;			
— vous critiquez de façon constructive les présentations des autres comités ;	**5** D	**Français :** • Stratégies d'évaluation	
— vous tenez compte des critiques qui vous sont faites.	**5** D		

Consignes	Compétences	Stratégies d'apprentissage	Stratégies d'enseignement
Vous dégagez des pistes-guides qui éclairent votre sujet d'enquête. Vous répondez ainsi à la question de la deuxième étape de la DDM : qu'est-ce que je peux faire?	1 D 2 D		
En comité : — vous vous rappelez votre sujet d'enquête (fiche 1.2);		— Je redis la question à résoudre. — Je formule des hypothèses personnelles.	
— vous dégagez des pistes-guides qui l'éclairent;	2 B	— Je dégage des éléments de réponse à partir d'un récit. — Je fais l'inventaire des différentes options de réponse qui se présentent, notamment à partir des récits étudiés. — Je sélectionne les éléments de réponse qui sont les plus significatifs.	
— vous les notez (fiche 2.3).		— Je formule ma réponse dans une langue correcte. — Je justifie ma réponse. **Développement moral :** — Je prends connaissance des options fournies à la lumière de référentiels. — J'évalue les effets de chacune de ces options sur moi et sur les personnes concernées. — Je sélectionne l'option la plus appropriée en tenant compte du contexte de la situation. — J'exprime mon choix. — Je donne les raisons de mon choix en me référant à un ou des éléments d'un référentiel.	
Vous évaluez le travail de votre comité ainsi que votre participation personnelle.			
En comité : — vous évaluez le travail de votre comité (fiche 1.3);	5 D		
— vous évaluez votre travail personnel (fiche 1.4).	5 D		

Je développe les compétences

J'apprécie la tradition catholique vivante.
Je prends position de façon éclairée sur des situations comportant un enjeu moral.
Je m'approprie l'information.
Je tire profit de l'information.
Je construis mon opinion.
J'imagine des pistes de solution.
J'analyse la tâche à accomplir.
Je m'engage dans la démarche.
J'établis l'intention de la communication.
Je choisis le mode de communication.

Aide-mémoire pour une mission possible

1 — Inscrivez dans les espaces des mots qui vous serviront d'aide-mémoire.

Faits essentiels	**Contexte**	**Expérience spirituelle ou religieuse racontée**
Chronologie des faits	**Expérience humaine racontée**	**Message ou valeur à dégager**

Un truc

Surprenez vos auditeurs dès le début de votre narration. Trouvez une façon de les étonner et vous capterez leur attention.

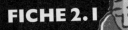

Je développe les compétences

J'apprécie la tradition catholique vivante.
Je prends position de façon éclairée sur des situations comportant un enjeu moral.
Je m'approprie l'information.
Je tire profit de l'information.
Je construis mon opinion.
J'imagine des pistes de solution.
J'analyse la tâche à accomplir.
Je m'engage dans la démarche.
J'établis l'intention de la communication.
Je choisis le mode de communication.

Outils pour votre mission de conteurs

Faits essentiels	Contexte	Expérience spirituelle ou religieuse racontée
Chronologie des faits	**Expérience humaine racontée**	**Message ou valeur à dégager**

Un truc

Surprenez vos auditeurs dès le début de votre narration. Trouvez une façon de les étonner et vous capterez leur attention.

FICHE 2.3

Magazine Synergie

Qui est mon prochain?

fascicule n° 7

Je développe les compétences

J'apprécie la tradition catholique vivante.
Je prends position de façon éclairée sur des situations comportant un enjeu moral.
Je tire profit de l'information.
J'exprime mon jugement.

Nom: ______________________

Comité de rédaction: ______________________

Sujet d'enquête: ______________________

Nos pistes-guides

1 — Pistes-guides dégagées du document intitulé *Mission possible*

____

2 — Pistes-guides dégagées du document intitulé *Outils pour la mission*

____

3 — Pistes-guides dégagées du document intitulé *Au service du bien commun*

____

4 — Pistes-guides dégagées du document intitulé *Martin de Tours: un homme de service*

____

5 — Pistes-guides dégagées du document intitulé *Jeanne Mance: une femme de service*

____

Je conserve cette fiche. Elle me sera utile quand viendra le moment de participer à la rédaction du journal de mon comité.

Magazine Synergie

Qui est mon prochain ? N° 7

TÂCHE 1 2 **3** 4 5

3 périodes • Soucieux de leur prochain

Voyons voir

Situation

Vous réalisez deux portraits de catholiques.

Intention (s)

Découvrir qui, pour des catholiques d'hier et d'aujourd'hui, était et est le prochain.

Savoirs essentiels

Récits de vie de catholiques d'hier : Martin de Tours : un moine-évêque au service de l'Église et des pauvres du temps
Jeanne Mance : première infirmière de Ville-Marie au service des malades
Récit de vie d'un catholique contemporain : une personne croyante qui met ses talents et ses compétences au service du bien commun
Développement moral : utilisation d'une démarche de discernement moral à l'aide des référentiels suivants :
— les expériences humaines, spirituelles ou religieuses racontées dans les récits
— les valeurs qui s'en dégagent : don de soi, altruisme et responsabilité

Ressources

- **ENSEMBLE-RESSOURCE DE RÉFÉRENCE**, fascicule n° 7 :
  - p. 16 : Au service du bien commun
  - p. 18 : Martin de Tours : un homme de service
  - p. 22 : Jeanne Mance : une femme de service
- **Fiches**

1.2 Sujet d'enquête 7
1.3 Regard sur notre enquête
1.4 Entre moi… et moi
2.3 Nos pistes-guides
3.1 Portraitistes demandés

Compétences disciplinaires

◇ **1** A, B, D ☆ **2** B, C, D

Compétences transversales

Ordre intellectuel : **1** A, B, C; **2** B; **3** A, B; **4** A, B, C, D

Ordre méthodologique : **5** A, D; **6** B

Ordre personnel et social : toutes

Ordre de la communication : **9** A, B, C

Liens avec d'autres disciplines

Français : Communiquer oralement.
Arts plastiques
Art dramatique : Inventer des séquences dramatiques. Interpréter des séquences dramatiques.
Enseignement moral : Comprendre des situations de vie en vue de construire son référentiel moral.

Tâche

P Vous explorez les documents de l'ensemble-ressource de référence nécessaires à la préparation de vos portraits.

R Vous présentez vos portraits.

i Vous dégagez des pistes-guides qui éclairent votre sujet d'enquête. Vous répondez ainsi à la question de la deuxième étape de la DDM : qu'est-ce que je peux faire ?
Vous évaluez le travail de votre comité ainsi que votre participation personnelle.

Magazine Synergie

Qui est mon prochain ? N° 7

TÂCHE 1 2 **3** 4 5

3 périodes • Soucieux de leur prochain

Consignes	Compétences	Stratégies d'apprentissage	Stratégies d'enseignement
P **Vous explorez les documents de l'ensemble-ressource de référence nécessaires à la préparation de vos portraits :** **• p. 16 : Au service du bien commun** **• p. 18 : Martin de Tours : un homme de service** **• p. 22 : Jeanne Mance : une femme de service**	**1** A, B **2** B, C		
En groupe : — vous comprenez en quoi consiste l'art du portrait : • clarté ; • précision ; • ressemblance ; • originalité.	**5** A	— Je prends le temps de décrire ce que je sais de la réalité. — J'écoute attentivement ce que les pairs savent de la réalité examinée. — J'exprime ce que je connais moins ou pas de la réalité présentée.	
En comité : — vous effectuez la recherche proposée dans la fiche 3.1 ;	**1** A, B, C ; **3** A	— Je me dispose physiquement et intérieurement à écouter ou lire le récit. — Je me concentre sur la narration ou la lecture du récit. — Je cherche le sens des expressions curieuses et des mots nouveaux. — J'identifie les principaux faits racontés dans le récit. — Je comprends des aspects du contexte du récit. — Je cherche à comprendre l'expérience humaine, spirituelle ou religieuse des personnages racontée dans le récit. — Je dégage une idée, une **valeur** ou un message important du récit. **Développement moral :** — Je cherche des informations objectives qui jettent un éclairage sur la situation. — Je sélectionne les informations pertinentes. — J'entends les points de vue des personnes de l'entourage. — Je fais un inventaire des référentiels en présence dans les récits étudiés.	Le personnel enseignant s'assure que les deux récits de vie de catholiques d'hier sont travaillés.
— vous consultez d'autres documents afin de compléter vos portraits ;	**6** B		

— vous préparez soigneusement vos portraits.	**4** A, B, C, D **9** A, B	— J'élabore un plan de narration précisant les éléments essentiels du récit à faire ressortir. — Je détermine les supports audio ou visuels appropriés à la narration du récit. — Je rassemble les ressources nécessaires à la narration du récit. **Français :** • Stratégies d'exploration • Stratégies de gestion de la compréhension **Art dramatique**
R **Vous présentez vos portraits.**	**1** A, B **2** A, B, C	
En comité : — vous présentez vos portraits à la classe ;	**3** B **9** C	— Je raconte le récit en tenant compte : • des faits essentiels ; • de la chronologie des faits ; • des aspects du contexte ; • de l'expérience humaine, spirituelle ou religieuse racontée ; • d'un message qui se dégage de cette expérience. **Français :** • Stratégies de partage
— vous écoutez attentivement les portraits présentés par les autres comités ;		**Français :** • Stratégies d'écoute
— vous critiquez de façon constructive les portraits présentés par les autres comités à partir des critères suivants : • clarté ; • précision ; • ressemblance ; • originalité.	**5** D	**Français :** • Stratégies d'évaluation
— vous tenez compte des critiques qui vous sont faites.	**5** D	

Magazine Synergie — Qui est mon prochain? N° 7

1 2 TÂCHE 3 4 5

3 périodes • Soucieux de leur prochain

Consignes	Compétences	Stratégies d'apprentissage	Stratégies d'enseignement
i **Vous dégagez des pistes-guides qui éclairent votre sujet d'enquête. Vous répondez ainsi à la question de la deuxième étape de la DDM: qu'est-ce que je peux faire?**	1 D 2 D		
En comité: — vous vous rappelez votre sujet d'enquête (fiche 1.2);		— Je redis la question à résoudre.	
— vous dégagez des pistes-guides qui éclairent votre sujet d'enquête (fiche 2.3).	2 B	— Je formule des hypothèses personnelles. — Je dégage des éléments de réponse à partir d'un récit. — Je fais l'inventaire des différentes options de réponse qui se présentent, notamment à partir des récits étudiés. — Je sélectionne les éléments de réponse qui sont les plus significatifs. — Je formule ma réponse dans une langue correcte. — Je justifie ma réponse. **Développement moral:** — Je prends connaissance des options fournies à la lumière de référentiels. — J'évalue les effets de chacune de ces options sur moi et sur les personnes concernées. — Je sélectionne l'option la plus appropriée en tenant compte du contexte lié à la situation. — J'exprime mon choix. — Je donne les raisons de mon choix en me référant à un ou des éléments d'un référentiel.	
Vous évaluez le travail de votre comité ainsi que votre participation personnelle.			
En comité: — vous évaluez le travail de votre comité de rédaction (fiche 1.3);	5 D		
— vous évaluez votre participation personnelle au travail de votre comité (fiche 1.4).	5 D		

Je développe les compétences

J'apprécie la tradition catholique vivante.
Je prends position de façon éclairée sur des situations comportant un enjeu moral.
Je m'approprie l'information.
Je tire profit de l'information.
Je construis mon opinion.
J'analyse la tâche à accomplir.
Je m'engage dans la démarche.
J'établis l'intention de la communication.
Je choisis le mode de communication.

Portraitistes demandés

1 — Choisissez, comme indiqué ci-dessous, les personnes dont vous désirez tracer le portrait.

Important

• Vous devez obligatoirement traiter celle dont le nom est déjà coché.

☐ Martin de Tours (ensemble-ressource de référence, p. 18-21)

☐ Jeanne Mance (ensemble-ressource de référence, p. 22-25)

☑ Une personne croyante de notre milieu qui met ses talents au service du bien commun (ensemble-ressource de référence, p. 16-17)

2 — Suivre les indications de la page 27 de l'ensemble-ressource de référence *(Pour raconter).*

Quatre mots-conseils pour réussir votre portrait :

- Clarté
- Précision
- Ressemblance
- Originalité

Pourquoi n'y ajouteriez-vous pas *Surprise* ? Il est bon de savoir étonner vos auditeurs.

Un exemple

Réaliser un portrait-entrevue enregistré sur bande audio ou vidéo. Les spectateurs n'en reviendront pas de faire connaissance comme si c'était réel avec Jeanne Mance, par exemple.

Magazine Synergie

Qui est mon prochain ?

N° 7

TÂCHE 1 2 3 **4** 5

I période • Le prochain est parmi nous

Voyons voir

Situation

On fait appel aux comités de rédaction afin de réaliser une affiche ayant pour thème: une étoile de chez nous.

Intention (s)

Découvrir un projet d'entraide dans son milieu.

Savoirs essentiels

Éléments de la diversité: un projet d'entraide vécu dans le milieu de vie de l'élève

Développement moral: utilisation d'une démarche de discernement moral à l'aide des référentiels suivants:

— les expériences humaines, spirituelles ou religieuses racontées dans les récits
— les valeurs qui s'en dégagent: don de soi, altruisme et responsabilité

Ressources

- **ENSEMBLE-RESSOURCE DE RÉFÉRENCE**, fascicule n° 7:
  p. 16: Au service du bien commun
- Matériel nécessaire à la fabrication des affiches

- **Fiches**

1.2 Sujet d'enquête 7
1.3 Regard sur notre enquête
1.4 Entre moi… et moi
2.3 Nos pistes-guides

Compétences disciplinaires

1 C **2** B, C, D

Compétences transversales

Ordre intellectuel: **1** A, B, C; **2** B; **3** A, B; **4** A, B, C, D

Ordre méthodologique: **5** D

Ordre personnel et social: toutes

Ordre de la communication: **9** A, B, C

Liens avec d'autres disciplines

Arts plastiques: Réaliser des créations plastiques médiatiques.

Tâche

P Vous avez lu le poème intitulé *Si j'étais une étoile*, à la page 25 de l'ensemble-ressource de référence.
Vous découvrez le thème d'une affiche publicitaire que vous devez réaliser: une étoile de chez nous.

R Vous effectuez une recherche afin de trouver le projet (personne, organisme) dont vous réaliserez l'affiche publicitaire.
Vous discutez et décidez des moyens que vous utiliserez pour bien exprimer le thème de votre affiche.
Vous réalisez votre affiche.

i Vous participez à l'exposition d'affiches.
Vous dégagez des pistes-guides qui éclairent votre sujet d'enquête.
Vous répondez ainsi à la question de la deuxième étape de la DDM: qu'est-ce que je peux faire?
Vous évaluez le travail de votre comité ainsi que votre participation personnelle.

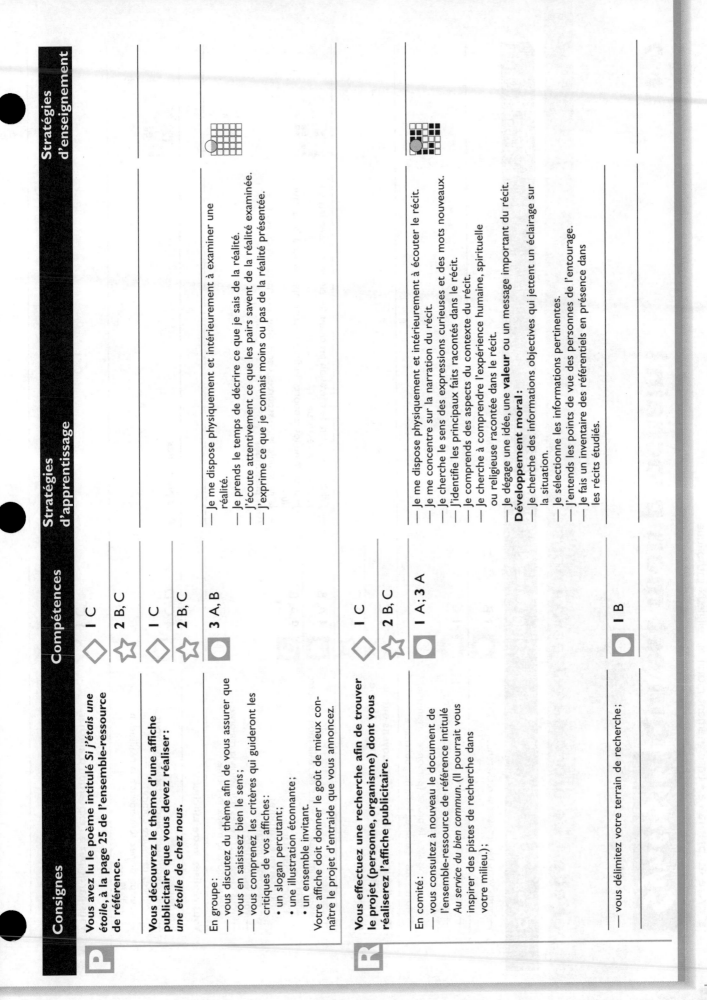

Consignes	Compétences	Stratégies d'apprentissage	Stratégies d'enseignement
P **Vous avez lu le poème intitulé *Si j'étais une étoile*, à la page 25 de l'ensemble-ressource de référence.**	◇ **1** C ☆ **2** B, C		
Vous découvrez le thème d'une affiche publicitaire que vous devez réaliser : *une étoile de chez nous.*	◇ **1** C ☆ **2** B, C		
En groupe : — vous discutez du thème afin de vous assurer que vous en saisissez bien le sens ; — vous comprenez les critères qui guideront les critiques de vos affiches : • un slogan percutant ; • une illustration étonnante ; • un ensemble invitant. Votre affiche doit donner le goût de mieux connaître le projet d'entraide que vous annoncez.	**3** A, B	— Je me dispose physiquement et intérieurement à examiner une réalité. — Je prends le temps de décrire ce que je sais de la réalité. — J'écoute attentivement ce que les pairs savent de la réalité examinée. — J'exprime ce que je connais moins ou pas de la réalité présentée.	
R **Vous effectuez une recherche afin de trouver le projet (personne, organisme) dont vous réaliserez l'affiche publicitaire.**	◇ **1** C ☆ **2** B, C		
En comité : — vous consultez à nouveau le document de l'ensemble-ressource de référence intitulé *Au service du bien commun.* (Il pourrait vous inspirer des pistes de recherche dans votre milieu.) ;	**1** A ; **3** A	— Je me dispose physiquement et intérieurement à écouter le récit. — Je me concentre sur la narration du récit. — Je cherche le sens des expressions curieuses et des mots nouveaux. — J'identifie les principaux faits racontés dans le récit. — Je comprends des aspects du contexte du récit. — Je cherche à comprendre l'expérience humaine, spirituelle ou religieuse racontée dans le récit. — Je dégage une idée, une **valeur** ou un message important du récit. **Développement moral :** — Je cherche des informations objectives qui jettent un éclairage sur la situation. — Je sélectionne les informations pertinentes. — J'entends les points de vue des personnes de l'entourage. — Je fais un inventaire des référentiels en présence dans les récits étudiés.	
— vous délimitez votre terrain de recherche ;	**1** B		

Magazine Synergie

Qui est mon prochain ?

N° 7

1 2 3 TÂCHE 4 5

1 période • Le prochain est parmi nous

Consignes	Compétences	Stratégies d'apprentissage	Stratégies d'enseignement
— vous vous répartissez la recherche;	1 B		
— vous effectuez la recherche; — vous mettez en commun les résultats de vos recherches respectives; — vous choisissez le projet (personne, organisme) dont vous réaliserez l'affiche publicitaire.	1 C		
Vous discutez et décidez des moyens que vous utiliserez pour bien exprimer le thème de votre affiche.	◇ 1 C ☆ **2** B, C		
En comité: — vous soumettez des idées de réalisation de votre affiche: • slogan percutant; • illustration étonnante; • ensemble invitant. — vous en discutez; — vous choisissez celles qui, selon la majorité, exprimeront le mieux le thème.	**4** A, B **9** A, B	— J'élabore un plan de narration précisant les éléments essentiels du récit à faire ressortir. — Je détermine les supports audio ou visuels appropriés à la narration du récit. — Je rassemble les ressources nécessaires à la narration du récit. **Arts plastiques**	
Vous réalisez votre affiche.			
En comité: — vous comprenez bien les tâches qui vous sont confiées par votre comité; — vous participez activement à la réalisation de l'affiche.	**4** C, D	**Arts plastiques**	
i **Vous participez à l'exposition d'affiches.**	◇ 1 C ☆ **2** B, C		

En comité : — vous présentez votre affiche ;	9 C	— Je raconte le récit en tenant compte : • des faits essentiels ; • de la chronologie des faits ; • des aspects du contexte ; • de l'expérience humaine, spirituelle ou religieuse racontée ; • d'un message qui se dégage de cette expérience. **Arts plastiques**	
— vous notez les points importants que vous retrouvez dans les affiches des autres comités ;			
— vous critiquez de façon constructive les affiches des autres comités ;	5 D		
— vous tenez compte des critiques qui vous sont faites.	5 D		
Vous dégagez des pistes-guides qui éclairent votre sujet d'enquête. Vous répondez ainsi à la question de la deuxième étape de la DDM : qu'est-ce que je peux faire ?	1 C 2 D		
En comité : — vous vous rappelez votre sujet d'enquête (fiche 1.2) ;		— Je redis la question à résoudre.	
— vous dégagez des pistes-guides qui éclairent votre sujet d'enquête (fiche 2.3).	2 B	— Je formule des hypothèses personnelles. — Je dégage des éléments de réponse à partir d'un récit. — Je fais l'inventaire des différentes options de réponse qui se présentent, notamment à partir des récits étudiés. — Je sélectionne les éléments de réponse qui sont les plus significatifs. — Je formule ma réponse dans une langue correcte. — Je justifie ma réponse. **Développement moral :** — Je prends connaissance des options fournies à la lumière de référentiels. — J'évalue les effets de chacune de ces options sur moi et sur les personnes concernées. — Je sélectionne l'option la plus appropriée en tenant compte du contexte lié à la situation. — J'exprime mon choix. — Je donne les raisons de mon choix en me référant à un ou des éléments d'un référentiel.	
Vous évaluez le travail de votre comité ainsi que votre participation personnelle.			
En comité : — vous évaluez le travail de votre comité de rédaction (fiche 1.3) ;	5 D		
— vous évaluez votre participation personnelle au travail de votre comité (fiche 1.4).	5 D		

Magazine Synergie **Qui est mon prochain ?** N° 7

1 2 3 4 TÂCHE 5

1 période • Nos conclusions à notre septième enquête

D'après moi...

Situation

Les journalistes enquêteurs réalisent le septième numéro de leur journal. Ils y révèlent à leurs lecteurs les conclusions de leur enquête.

Intention (s)

Dégager une réponse personnelle des résultats de l'enquête.
Évaluer la septième enquête au moyen de la rédaction du journal.

Savoirs essentiels

Récits bibliques : l'envoi en mission des apôtres (Mt 28, 16-20) : Jésus confie la mission de faire grandir le Royaume
Sur les charismes (1 Cor 12, 1-11) : les dons de l'Esprit, d'abord au service de l'Église, profitent au bien commun
Récits de vie de catholiques d'hier :
Martin de Tours : un moine-évêque au service de l'Église et des pauvres du temps
Jeanne Mance : première infirmière de Ville-Marie au service des malades
Récit de vie d'un catholique contemporain : une personne croyante qui met ses talents et ses compétences au service du bien commun
Élément de la diversité : un projet d'entraide vécu dans le milieu de vie de l'élève
Développement moral : utilisation d'une démarche de discernement moral à l'aide des référentiels suivants :
— les expériences humaines, spirituelles ou religieuses racontées dans les récits
— les valeurs qui s'en dégagent : don de soi, altruisme et responsabilité

Ressources

- **ENSEMBLE-RESSOURCE DE RÉFÉRENCE**, fascicule n° 7 :
- *Synergie*, n° 1, page 26 (différentes approches pour la rédaction du journal)
- Matériel divers nécessaire aux réalisations des journaux des comités de rédaction
- Les fiches complétées, les documents consultés ainsi que les notes prises lors des diverses tâches de cette séquence

- **Fiches**

1.2 Sujet d'enquête 7	2.3 Nos pistes-guides
1.3 Regard sur notre enquête	5.1 Journal
1.4 Entre moi… et moi	

Compétences disciplinaires

◇ **1** A, B, C, D ☆ **2** A, B, C, D

Compétences transversales

Ordre intellectuel :
2 B, C, D, E ; **3** B, C ; **4** A, B, C, D

Ordre personnel et social :
toutes

Ordre de la communication :
9 A, B, C

Tâche

P Vous formulez une conclusion à votre sujet d'enquête. Vous répondez ainsi aux questions de la troisième et de la quatrième étapes de la DDM : qu'est-ce qui arrivera ? qu'est-ce que je décide de faire ?
Vous décidez comment cette conclusion sera présentée dans votre journal.

R Vous rédigez votre participation au journal.

i Vous dégagez une réponse personnelle à votre enquête.
Vous évaluez votre enquête.

P **Vous formulez une conclusion à votre sujet d'enquête. Vous répondez ainsi aux questions de la troisième et de la quatrième étapes de la DDM : qu'est-ce qui arrivera ? qu'est-ce que je décide de faire ?**	**1** A, B, C, D **2** A, B, C, D	
En comité : — vous vous rappelez votre sujet d'enquête (fiche 1.2) ;		
— vous formulez vos premières intuitions de réponses ou de solutions ;	**2** B, C, D	— Je formule des hypothèses personnelles.
— vous consultez les pistes-guides dégagées des divers documents consultés (fiche 2.3) ;	**2** B, C, D	— Je dégage des éléments de réponse à partir d'un récit. — Je fais l'inventaire des différentes options de réponse qui se présentent, notamment à partir des récits étudiés.
— vous sélectionnez celles qui vous paraissent importantes ;	**2** C	— Je sélectionne les éléments de réponse qui sont les plus significatifs.
— vous formulez et notez (fiche 5.1) la conclusion à votre sujet d'enquête.		— Je formule ma réponse dans une langue correcte. — Je justifie ma réponse.
Vous décidez comment cette conclusion sera présentée dans votre journal.		
En comité : — vous décidez de la forme que prendra votre journal (*Synergie*, n° 1, p. 26) ;	**4** A, B **9** A, B	
— vous décidez des participations diverses des membres du comité.		
R **Vous rédigez votre participation au journal.**	**1** A, B, C, D **2** A, B, C, D	
En comité : — vous rédigez vos articles de journal en tenant compte de la conclusion de votre sujet d'enquête et des consignes particulières (fiche 5.1) ; — vous participez aux différentes étapes de réalisation de votre journal jusqu'à sa distribution.	**4** C, D **9** C	

Magazine Synergie — Qui est mon prochain ? N° 7

1 2 3 4 TÂCHE 5

I période • Nos conclusions à notre septième enquête

Vous dégagez une réponse personnelle à votre enquête.	◇ 1 D ☆ 2 D		
Individuellement : — vous répondez à la question : *Qui est mon prochain ?*	3 B, C	— Je redis la question à résoudre. — Je formule des hypothèses personnelles. — Je dégage des éléments de réponse à partir d'un récit. — Je fais l'inventaire des différentes options de réponse qui se présentent, notamment à partir des récits étudiés. — Je sélectionne les éléments de réponse qui sont les plus significatifs.	
— vous notez votre réponse.		— Je formule ma réponse dans une langue correcte. — Je justifie ma réponse. **Développement moral :** — J'exprime mon choix. — Je donne les raisons de mon choix en me référant à un ou des éléments d'un référentiel.	
Vous évaluez votre enquête.			
En comité : — vous évaluez votre travail d'équipe (fiche 1.3) ;	2 E		
— vous évaluez votre participation personnelle à l'enquête (fiche 1.4).	2 E		

Critères d'évaluation

Compétences disciplinaires

1 — Apprécier la tradition catholique vivante.

— Choix de récits pertinents en rapport avec une problématique
— Narration ou reconstitution de récits de la tradition catholique vivante
— Description des expériences de vie et de foi relatées dans les récits
— Formulation des messages qui se dégagent des récits
— Prise en compte de l'apport de la diversité dans sa recherche de sens
— Construction de réponses personnelles

2 — Prendre position de façon éclairée sur des situations comportant un enjeu moral.

— Utilisation d'une démarche de discernement moral
— Présentation de situations qui comportent un enjeu moral
— Identification d'un enjeu moral présent dans ces situations
— Choix d'informations pertinentes en rapport avec l'enjeu moral
— Justification de ses choix à la lumière de référentiels

Je développe les compétences

J'apprécie la tradition catholique vivante.
Je prends position de façon éclairée sur des situations comportant un enjeu moral.
Je construis mon opinion.
J'exprime mon jugement.
Je relativise mon jugement.
Je m'imprègne des éléments d'une situation.
J'imagine des façons de faire.
Je m'engage dans une réalisation.
J'adopte un fonctionnement souple.
J'analyse la tâche à accomplir.
Je m'engage dans la démarche.
J'accomplis la tâche.
J'établis l'intention de la communication.
Je choisis le mode de communication.
Je réalise la communication.

Journal

1 — Conclusion à notre enquête :

2 — Consignes particulières

Chaque journaliste doit tenir compte, dans une langue correcte :

— de la conclusion de l'enquête ;

— des preuves (pistes-guides) qui l'éclairent :

- dire, par exemple, dans quel récit elles ont été trouvées ;
- raconter brièvement ce récit ;
- dégager une expérience de vie et de foi qui y est relatée ;
- dégager un message de ce récit ;

— de son opinion personnelle.

TÉMOINS EN HERBE

Magazine Synergie

Guide d'intervention pédagogique

Séquence-bilan

Magazine Synergie **Séquence-bilan**

Introduction au bilan

Le temps des bilans

Fin d'un cycle au primaire. Fin, plus radicale, du primaire. Avant de s'acheminer, au-delà des vacances, vers le secondaire, le moment est venu pour les élèves d'investir dans un projet les compétences acquises. Ce sera là leur façon de dresser le bilan de leurs dernières années de travail en enseignement moral et religieux catholique.

Le projet qu'il leur sera proposé de réaliser ne tient pas de l'école-fiction ou de la simulation. Il vise au contraire une réalisation concrète et réelle à partir des étapes de la démarche de discernement moral (DDM).

À propos du projet

Il est important que les élèves saisissent bien que la réalisation d'un projet commence dès ses étapes préparatoires. En ce sens, le projet n'est pas à venir, mais il est présent, concret, réel. Sa réalisation comporte des essais, mais aussi, inévitablement, des erreurs. Il y a cependant beaucoup à apprendre de celles-ci quand on prend le temps d'y réfléchir, de les comprendre, d'en saisir les causes et les conséquences.

1. Le projet[1] correspond à une tâche.

Il faut donc qu'il y ait quelque chose à faire et qui soit mené jusqu'à son terme.

2. Le projet est défini et réalisé en groupe.

La taille du groupe doit être suffisante pour rendre possible la négociation interne, pour prendre les décisions et pour organiser le groupe.

Un exemple

1 — Que se passe-t-il?

Un comité relève une situation de violence qui lui semble problématique dans son milieu.

2 — Qu'est-ce que nous pouvons faire?

Le comité se demande ce qu'il pourrait faire pour intervenir dans cette problématique. Comme ces élèves sont finissants, ils bénéficient d'un certain prestige: l'âge, l'expérience, le passage au secondaire, etc.

Le comité examine attentivement les différentes facettes du problème. Il cherche ensuite des avenues qui se présentent à lui, avenues qui lui permettraient de tenter de résoudre le problème. Ces avenues, il les cherche, entre autres choses, dans les récits bibliques étudiés au troisième cycle du primaire, dans les récits de vie de catholiques d'hier et d'aujourd'hui ainsi que dans les éléments de la diversité. Il s'interroge aussi sur les valeurs qu'il pourrait mettre de l'avant.

3 — Qu'est-ce qui arrivera?

C'est beau d'imaginer et de découvrir toutes sortes d'avenues, encore faut-il s'assurer de leurs conséquences dans le milieu. Le comité tente d'en prévoir les effets primaires et secondaires. Autrement dit, il en pèse le pour et le contre.

4 — Qu'est-ce que nous décidons de faire?

C'est le moment de la décision qui, il est souhaitable, devrait se prendre de façon démocratique. Les élèves trouvent ici une occasion de vivre concrètement la démocratie.

Comme nous l'avons dit précédemment, cet exercice n'en est pas un d'école-fiction. Le comité doit maintenant passer aux actes. Il vit la réalité du passage

3. Le projet implique une adhésion et une mobilisation du groupe.

La tâche que le groupe veut mener à bien ne peut lui être imposée de l'extérieur (par l'enseignant)[...]. Il faut que la proposition soit discutée par le groupe [ici, le comité de rédaction] et finalement voulue et portée par la grande majorité de ses membres.

4. Le projet se marque par une volonté collective.

Pour que cette volonté collective s'exprime, il faut que la proposition apparaisse comme une réponse aux désirs des membres de la classe.

5. Le projet aboutit à un résultat matérialisable et communicable.

La tâche sur laquelle travaillent les membres du groupe doit prendre une forme concrète, doit aboutir à une production [...].

6. Le groupe présente une utilité par rapport à l'extérieur du groupe.

Les élèves produisent des choses utiles et assument la réalisation du projet jusqu'à la diffusion de son objet (ou publication s'il s'agit d'un site Web).

Critères d'évaluation

Compétence 1 : Apprécier la tradition catholique vivante.

— Choix de récits pertinents en rapport avec une problématique
— Narration ou reconstitution de récits de la tradition catholique vivante
— Description des expériences de vie et de foi relatées dans les récits
— Formulation des messages qui se dégagent des récits
— Prise en compte de l'apport de la diversité dans sa recherche de sens
— Construction de réponses personnelles

Compétence 2 : Prendre position de façon éclairée sur des situations comportant un enjeu moral.

— Utilisation d'une démarche de discernement moral
— Présentation de situations qui comportent un enjeu moral
— Identification d'un enjeu moral présent dans ces situations
— Choix d'informations pertinentes en rapport avec l'enjeu moral
— Formulation de plusieurs options
— Justification de ses choix à la lumière de référentiels

des idées à leur concrétisation. Il réalise son projet avec ce que cela demande de détermination et d'esprit d'équipe.

Dans notre exemple, le comité décide de tenir un débat sur la violence dans le milieu, à l'agora de l'école, à une heure de grande affluence. Il y fait part de projets de comités d'élèves surveillants auxquels il a pensé ainsi que d'un processus de négociation et d'arbitrage en cas de conflits majeurs. Le comité, s'il reçoit l'aval du conseil de l'école, tiendra des pourparlers avec la direction de l'école, afin de poser des gestes concrets dans le but d'enrayer le plus possible la violence dans son école.

À son *retour en classe*, le comité rendra compte de son projet. Comme il l'a fait durant les deux dernières années, c'est par l'intermédiaire de son journal qu'il en dressera le compte-rendu. Il serait intéressant, voire nécessaire, que ce dernier numéro du journal de finissants soit largement diffusé.

Rôle du personnel enseignant

Le personnel enseignant joue essentiellement le rôle de personne-ressource. Il guide les comités, les soutient et les encourage. Il les renseigne et les éclaire lorsqu'ils lui en font la demande. Dans ce contexte :

- il tiendra compte des besoins des élèves ;
- il sera sensible à leurs intérêts ;
- il leur rappellera les compétences qu'ils sont appelés à développer (compétences disciplinaires et transversales) ;
- il aidera les comités à formuler le plus clairement possible leur projet ;
- il vérifiera l'adhésion des membres des comités à ce projet ;
- il aidera les comités à planifier et à organiser les différentes étapes de la réalisation de leur projet ;
- il rappellera ponctuellement aux comités leur calendrier de réalisation (étapes franchies et à franchir) ;
- il fera ressortir les progrès accomplis par les comités.

1. A. Hougardy, S. Hubert et C. Petit, « @pprentissage et utilisation d'Internet », *Pédagogie du projet?* juin 2001.

Magazine Synergie — Séquence-bilan

TÂCHE 1

9 périodes • Séquence-bilan

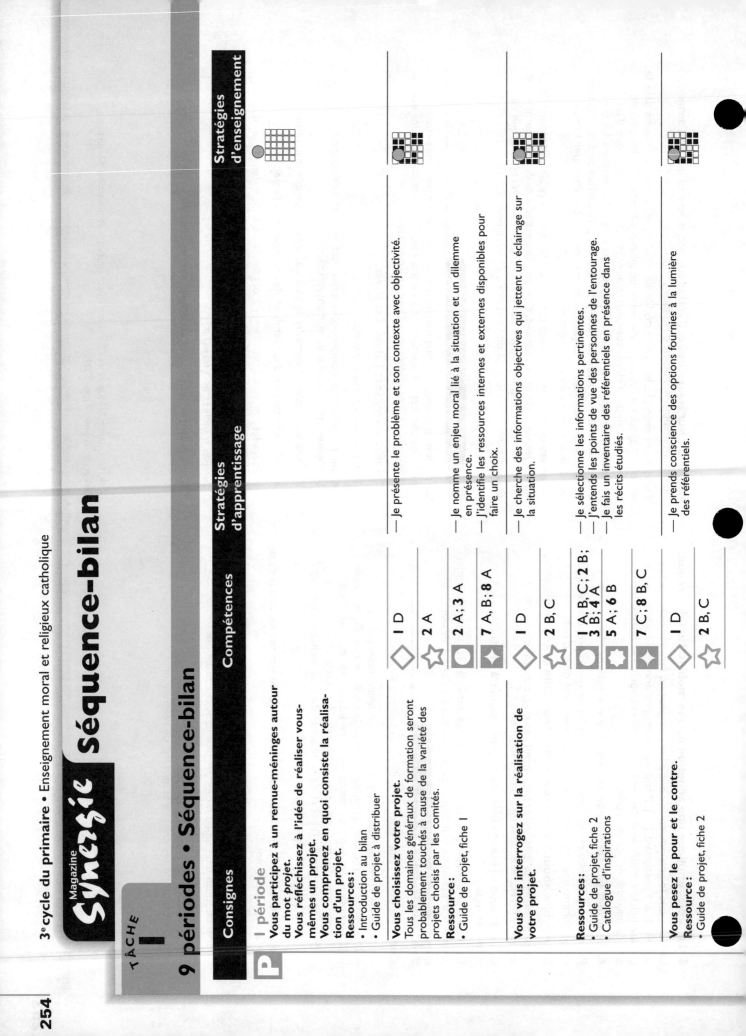

Consignes	Compétences	Stratégies d'apprentissage	Stratégies d'enseignement
P 1 période **Vous participez à un remue-méninges autour du mot *projet*.** **Vous réfléchissez à l'idée de réaliser vous-mêmes un projet.** **Vous comprenez en quoi consiste la réalisation d'un projet.** **Ressources:** • Introduction au bilan • Guide de projet à distribuer			
Vous choisissez votre projet. Tous les domaines généraux de formation seront probablement touchés à cause de la variété des projets choisis par les comités. **Ressource:** • Guide de projet, fiche 1	**1** D **2** A **2** A; **3** A **7** A, B; **8** A	— Je présente le problème et son contexte avec objectivité. — Je nomme un enjeu moral lié à la situation et un dilemme en présence. — J'identifie les ressources internes et externes disponibles pour faire un choix.	
Vous vous interrogez sur la réalisation de votre projet. **Ressources:** • Guide de projet, fiche 2 • Catalogue d'inspirations	**1** D **2** B, C **1** A, B, C; **2** B; **3** B; **4** A **5** A; **6** B **7** C; **8** B, C	— Je cherche des informations objectives qui jettent un éclairage sur la situation. — Je sélectionne les informations pertinentes. — J'entends les points de vue des personnes de l'entourage. — Je fais un inventaire des référentiels en présence dans les récits étudiés.	
Vous pesez le pour et le contre. **Ressource:** • Guide de projet, fiche 2	**1** D **2** B, C	— Je prends conscience des options fournies à la lumière des référentiels.	

	1 C; **2** C, D **3** C; **4** B	— J'évalue les effets de chacune de ces options sur moi et sur les personnes concernées. — Je sélectionne l'option la plus appropriée en tenant compte du contexte lié à la situation.
	5 A	
	7 C; **8** B, C	
Vous prenez une décision. **Ressource:** • Guide de projet, fiche 3	**1** D	— J'exprime mon choix.
	2 D	
	4 C	— Je justifie les raisons de mon choix en me référant à un ou des éléments d'un référentiel.
	5 B	
	7 C; **8** B, C	
R **6 périodes** **Vous réalisez votre projet.** **Vous notez les éphémérides de votre projet au quotidien.** **Ressource:** • Fiche 4	**1** D	
	4 C, D	
	5 C	
	7 A, B, C; **8** A, B, C	
i **3 périodes** **Vous évaluez votre projet.** **Ressources:** • Fiches 5 et 6	**1** D	— Je redis la question à résoudre. — Je formule des hypothèses personnelles.
	2 A, B, C, D	
	2 E	
	5 D	
Vous participez à un débat (mise en commun) ayant pour thème: voici comment s'est déroulé la réalisation de notre projet. **Vous réalisez un numéro de votre journal ayant pour thème la réalisation de votre projet.** **Ressource:** • Fiche 7		— Je dégage des éléments de réponse à partir d'un récit. — Je fais l'inventaire des différentes options de réponse qui se présentent, notamment à partir des récits étudiés. — Je sélectionne les éléments de réponse qui sont les plus significatifs. — Je formule ma réponse dans une langue correcte. — Je justifie ma réponse.

Guide de projet

Ce guide appartient à :

Comité :

Je développe les compétences

Je prends position de façon éclairée sur des situations comportant un enjeu moral: je définis un enjeu moral.
J'exploite l'information.
Je reconnais diverses sources d'information.
Je tire profit de l'information.
J'analyse les éléments d'une situation.
Je construis mon opinion.
Je m'imprègne des éléments d'une situation.
Je m'ouvre aux stimulations environnantes.
Je prends conscience de ma place parmi les autres.
Je mets à profit mes ressources personnelles.
J'interagis avec ouverture d'esprit dans différents contextes.

Que se passe-t-il?

1 — Compléter individuellement les parties A et B de cette fiche.
2 — Discuter de nos suggestions en comité.
3 — Nous entendre sur le choix d'un projet à réaliser et sur les objectifs que nous voulons atteindre. Noter notre choix dans la partie D de cette fiche.
4 — Sceller notre accord par la signature d'un contrat d'engagement (voir le formulaire d'adhésion à la partie C de cette fiche).

A) Des situations dans mon milieu

À vue d'œil, de nez ou d'oreille… je regarde, je respire l'air du temps, j'écoute. Je suis à l'affût d'une situation que j'aimerais examiner de près et qui serait peut-être un bon sujet de projet à réaliser avec les membres de mon comité de rédaction.

• Je note quelques situations.

• Je détaille un peu la situation qui me tient le plus à cœur.
— Qui est en cause? — Quels sont les besoins à combler dans cette situation?
— Qu'y a-t-il à changer dans cette situation? — Qu'est-ce qui pourrait être concrètement fait?

B) Nos compétences

• Nous connaissons nos talents et nos faiblesses. Nous notons en quoi notre comité est habile.

• Nous notons les consignes particulières à la réalisation de notre projet.
(Exemples: le nombre d'heures que nous pouvons y consacrer; les rendez-vous à prendre, si nécessaire; les limites imposées par le personnel enseignant, etc.)

C) Formulaire d'adhésion

Voici un formulaire type que vous pouvez reproduire et signer.

Je soussigné ______________________, accepte de m'engager avec les autres membres de mon comité dans la réalisation d'un projet tel que décrit à la partie D de la fiche 1.

______________________ ______________________

(ma signature) (signature du rédacteur en chef)

D) Notre projet

Notre comité de rédaction a décidé démocratiquement (discussion, vote, expression de la majorité) de:

Les raisons qui ont motivé ce choix sont:

Notre comité espère parvenir à…

Nous espérons retirer de la réalisation de notre projet…

Je développe les compétences

J'apprécie la tradition catholique vivante.
Je prends position de façon éclairée sur des situations comportant un enjeu moral : je considère différents référentiels ; j'examine des options et leurs effets possibles.
Je m'approprie l'information.
Je reconnais diverses sources d'information.
Je tire profit de l'information.
J'imagine des pistes de solution.
Je mets à l'essai des pistes de solution.
J'adopte un fonctionnement souple.
J'exprime mon jugement.
J'imagine des façons de faire.
J'analyse la tâche à accomplir.
Je m'engage dans la démarche.

Savoir nous orienter

Nous fabriquons une fiche de grandes dimensions. Après y avoir écrit le résumé de notre projet, nous la divisons en quatre parties. Nous donnons aux quatre parties les titres suivants :

1 — Qu'est-ce que nous pouvons faire ?

Nous inscrivons dans cette partie ce que nous voudrions changer à la situation. Nous nous demandons aussi ce qu'il est réellement possible d'y changer. Il faut être réaliste. Rêver en couleurs ne nous mènerait à rien.

2 — Qui pourrait nous inspirer ? Quelle(s) valeur(s) voulons-nous privilégier dans la réalisation de notre projet ?

Nous consultons, pour chaque suggestion de changements que nous aimerions apporter à la situation, le catalogue d'inspirations qui se trouve à la fin de cette fiche.

3 — Qu'est-ce qui arrivera ?

Nous inscrivons dans cette partie des conséquences que nous pouvons prévoir à nos interventions. Comment la situation changera-t-elle ? Qu'arrivera-t-il aux personnes qui la vivent ? Que nous arrivera-t-il à nous ? Il vaut mieux prévenir que guérir. Idéalement, il faut que le remède que nous apportons améliore la situation…

4 — Suggestions retenues

Nous marquons d'un symbole les suggestions retenues.

Catalogue d'inspirations

1 – Nous parcourons le catalogue des récits bibliques et des personnages rencontrés en enseignement moral et religieux catholique au cours du troisième cycle du primaire.

2 – Nous pointons au fur et à mesure, selon les souvenirs que nous en avons, les récits ou les personnages qui seraient susceptibles de nous inspirer dans la réalisation de notre projet.

3 – Nous les retrouvons dans les numéros du magazine *Synergie* ainsi que dans nos notes, fiches et numéros de notre journal.

4 – Nous pouvons revenir sur nos choix, les peser, les changer même.

Les récits bibliques

N. B.

Il pourrait être intéressant de retrouver dans la Bible ceux que nous trouvons les plus inspirants.

- ❑ Un texte de l'Évangile selon Luc (Lc 1, 1-4)
- ❑ La Création change l'existence de son Créateur (Gn 1, 1-3)
- ❑ Jésus, un chemin qui conduit à Dieu (Jn 14, 6-14)
- ❑ Dieu, la Bible et la Vie (Ex 2, 1-10 ; 3, 1-12)
- ❑ Jésus et la Vie (Jn 10, 10)
- ❑ La parabole des dons ou des talents (Mt 25, 14-30)
- ❑ Un extrait de la lettre de Paul aux Romains (Rm 12, 6-8)
- ❑ L'histoire de deux constructeurs de maisons (Lc 6, 46-49)
- ❑ Les épis arrachés (Mc 2, 23-28)
- ❑ La parabole du fils perdu et retrouvé (Lc 15, 11-32)
- ❑ Jésus et la femme de Samarie (Jn 4, 1-15)
- ❑ Jésus guérit le serviteur d'un officier romain (Lc 7, 1-10)
- ❑ L'envoi en mission des apôtres (Mt 28, 16-20)
- ❑ Les dons de l'Esprit (1 Cor 12, 1-11)

Des catholiques d'hier

- ❑ Louis Pasteur : un croyant qui a su se réaliser
- ❑ Claire d'Assise : un choix délibéré pour la pauvreté
- ❑ Délia Tétreault : une fondatrice de communauté religieuse qui a eu à cœur les personnes différentes
- ❑ Martin de Tours : un moine-évêque au service de l'Église et des pauvres du temps
- ❑ Jeanne Mance : première infirmière de Ville-Marie au service des malades
- ❑ Galilée : l'homme pour qui la Bible a été un livre expliquant comment les humains se rapprochent de Dieu
- ❑ Marguerite d'Youville : une fondatrice de communauté religieuse qui a fait grandir la vie dans son milieu
- ❑ Des créateurs et des créatrices qui ont illustré la présence de Dieu

Des catholiques d'aujourd'hui

- ❑ Une personne croyante de votre milieu qui est un modèle de réalisation de soi
- ❑ Mgr Romero : la liberté dérangeante d'une parole engagée
- ❑ Une personne croyante qui ose vivre la marginalité
- ❑ Une personne croyante qui met ses talents et ses compétences au service du bien commun
- ❑ Des biblistes en quête de vérité
- ❑ Une personne catholique créant et défendant la vie autour d'elle
- ❑ Une personne de votre milieu qui exprime Dieu

Des personnes, des mouvements ou des éléments de la diversité

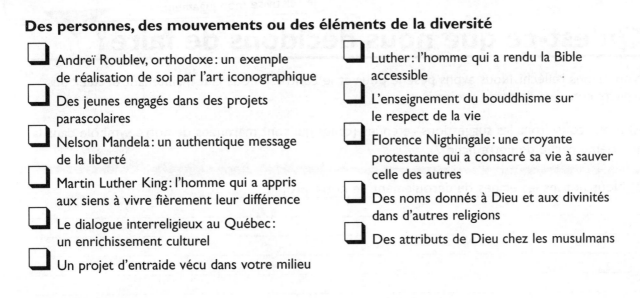

- ❑ Andreï Roublev, orthodoxe: un exemple de réalisation de soi par l'art iconographique
- ❑ Des jeunes engagés dans des projets parascolaires
- ❑ Nelson Mandela: un authentique message de la liberté
- ❑ Martin Luther King: l'homme qui a appris aux siens à vivre fièrement leur différence
- ❑ Le dialogue interreligieux au Québec: un enrichissement culturel
- ❑ Un projet d'entraide vécu dans votre milieu
- ❑ Luther: l'homme qui a rendu la Bible accessible
- ❑ L'enseignement du bouddhisme sur le respect de la vie
- ❑ Florence Nigthingale: une croyante protestante qui a consacré sa vie à sauver celle des autres
- ❑ Des noms donnés à Dieu et aux divinités dans d'autres religions
- ❑ Des attributs de Dieu chez les musulmans

Des valeurs inspirantes

- ❑ Accueil de la différence
- ❑ Altruisme
- ❑ Amour
- ❑ Bonheur
- ❑ Compassion
- ❑ Confiance en soi
- ❑ Courage
- ❑ Don de soi
- ❑ Fierté
- ❑ Foi
- ❑ Liberté
- ❑ Respect de la vie
- ❑ Responsabilité
- ❑ Vérité

Je développe les compétences
J'apprécie la tradition catholique vivante.
Je prends position de façon éclairée sur des situations comportant un enjeu moral : je justifie mon choix à la lumière d'un référentiel.
J'adopte un fonctionnement souple.
Je relativise mon jugement.

Qu'est-ce que nous décidons de faire ?

Nous avons réfléchi. Nous avons pesé le pour et le contre. Il nous faut maintenant décider des aspects concrets de notre projet.

A) Nous consultons les suggestions retenues (celles qui sont marquées de notre symbole dans la quatrième partie de notre fiche 2).

B) Nous notons les étapes du déroulement de notre projet.

C) Nous répartissons les tâches à accomplir.

Noms	Tâches

D) Nous notons ce dont nous avons besoin pour réaliser notre projet.

Je développe les compétences
J'apprécie la tradition catholique vivante.
Je m'engage dans une réalisation.
J'adopte un fonctionnement souple.
J'accomplis la tâche.
Je tire profit du travail en coopération.

Éphémérides (aide-mémoire)

Nous notons des événements (réalisations concrètes, difficultés rencontrées, aides reçues, anecdotes, etc.) au fur et à mesure de la réalisation de notre projet. Ces notes aideront pour l'écriture du dernier numéro de notre journal.

Ne pas oublier d'inscrire la date de chacune des entrées de cet aide-mémoire.

Je développe les compétences
J'évalue ma démarche.

Regard sur notre projet

Échelle d'appréciation
A Nous sommes **très fiers** de nous.
B Nous sommes **fiers** de nous.
C Nous sommes **plus ou moins fiers** de nous.
D Nous ne sommes **pas fiers** de nous.

A) Pour chacune des affirmations, indiquer notre appréciation à l'aide de l'échelle ci-dessous.

- ☐ Nous avons cherché dans notre milieu des situations qui pouvaient nous inspirer un projet à réaliser (fiche 1).
- ☐ Nous avons examiné attentivement les situations trouvées.
- ☐ Nous avons noté nos compétences (talents, faiblesses, habiletés, etc.).
- ☐ Nous avons noté les consignes particulières à la réalisation de notre projet.
- ☐ Nous avons compris et accepté les termes de notre contrat d'engagement.
- ☐ Nous avons choisi de façon démocratique le projet que nous voulions réaliser.
- ☐ Nous avons expliqué les raisons qui ont motivé ce choix.
- ☐ Nous nous sommes préparés à réaliser notre projet (fiche 2).
- ☐ Nous avons examiné la situation et déterminé ce que nous voulions y améliorer.
- ☐ Nous avons trouvé des personnes inspirantes (récits bibliques, catholiques d'hier et d'aujourd'hui, éléments de la diversité).
- ☐ Nous avons déterminé quelle(s) valeur(s) nous voulions privilégier.
- ☐ Nous avons tenté de prévoir les conséquences de nos interventions.
- ☐ Nous avons prévu le déroulement de notre projet (fiche 3).
- ☐ Nous nous sommes réparti les tâches.
- ☐ Nous avons trouvé le matériel nécessaire à la réalisation de notre projet.
- ☐ Nous avons noté des éphémérides au fur et à mesure de la réalisation de notre projet (fiche 4).
- ☐ Nous nous sommes entraidés.
- ☐ Nous avons demandé de l'aide quand c'était nécessaire.
- ☐ Nous avons entretenu de bonnes relations entre nous.
- ☐ Nous avons discuté des tensions qui se sont peut-être manifestées au cours de la réalisation de notre projet.

B) Nous pouvons affirmer que notre projet est:

- ☐ totalement réussi…
- ☐ assez bien réussi…
- ☐ réussi…
- ☐ plus ou moins réussi…

parce que…

* Une bonne façon de compléter cette phrase est de comparer **ce que nous voulions réaliser** (fiche 3) et **ce que nous avons réellement fait** (fiche 4).

Je développe les compétences
J'évalue ma démarche.

Entre moi… et moi

Échelle d'appréciation	
T Toujours	**P** Parfois
S Souvent	**J** Jamais

- ☐ J'ai pris mes responsabilités.
- ☐ J'étais à l'aise avec les membres de mon comité.
- ☐ J'ai été respectueux de mes coéquipiers.
- ☐ J'ai été capable de défendre mon point de vue.
- ☐ J'ai manifesté un bon esprit d'équipe.
- ☐ J'ai fonctionné de façon autonome.
- ☐ J'ai fait face aux difficultés.
- ☐ J'ai respecté les consignes.
- ☐ J'ai collaboré jusqu'au bout à la réalisation du projet.
- ☐ J'ai correctement accompli ma tâche.

Cela a eu pour conséquences: ______

Je développe les compétences

J'apprécie la tradition catholique vivante.
Je prends position de façon éclairée sur des situations comportant un enjeu moral.
Je construis mon opinion.
J'exprime mon jugement.
Je m'imprègne des éléments d'une situation.
J'imagine des façons de faire.
Je m'engage dans une réalisation.
J'adopte un fonctionnement souple.
J'analyse la tâche à accomplir.
Je m'engage dans la démarche.
J'accomplis la tâche.
J'établis l'intention de la communication.
Je choisis le mode de communication.
Je réalise la communication.
J'utilise les technologies de l'information et de la communication.
Je contribue au travail collectif.

Numéro spécial ! Dernier numéro !

Le moment est venu de réaliser le dernier journal de notre comité. À nous d'en publier une édition toute spéciale.

1 — Nous nous rafraîchissons les idées sur la réalisation du journal. Nous consultons la page 26 du numéro 1 de *Synergie*.

2 — Nous consultons la liste ci-dessous. Nous y retrouvons des suggestions de sujets à traiter dans notre journal. Nous surlignons nos choix.

- L'histoire de notre projet de A à Z
- La petite histoire de notre projet : des anecdotes savoureuses, des difficultés surmontées, des trouvailles géniales, etc.)
- Entre le rêve et la réalité : nous voulions faire… nous avons fait…
- Comment nous nous sentions **au début** de la réalisation du projet, **au cours de** sa réalisation et **après**
- Des récits bibliques qui nous ont inspirés
- Des catholiques d'hier et d'aujourd'hui qui nous ont fait des suggestions intéressantes
- Des éléments de la diversité qui nous ont donné de bonnes idées
- Des valeurs qu'il nous importait de privilégier
- Ce que notre projet a changé à la situation que nous avions choisie
- Ce que notre projet a changé dans nos vies
- Ce que nous avons aimé au cours de la réalisation de notre projet
- Ce que nous n'avons pas aimé
- L'opinion de chacun des membres du comité au sujet du projet en général et de sa participation en particulier
- Comment nous avons évalué la réalisation de notre projet

3 — Nous nous répartissons les tâches de l'écriture et de la réalisation de notre journal.

4 — Nous adoptons pour mot d'ordre : Création. Innovation. Surprise.

TÉMOINS EN HERBE

Magazine

Synergie

Guide d'intervention pédagogique

Évaluation de fin de cycle

Synergie

Évaluation de fin de cycle

Nom de l'élève : ____________________

Compétence disciplinaire 1 : Apprécier la tradition catholique vivante.

Échelle d'appréciation

4 = L'élève réussit très facilement. 2 = L'élève réussit difficilement.
3 = L'élève réussit facilement. 1 = L'élève ne réussit pas.

Composantes et critères	Échelon 7	Échelon 8	Échelon 9
COMPOSANTE A : Explorer des récits de la tradition catholique vivante. L'élève : — répond à une question de sens ; — choisit un récit biblique ; — choisit un récit illustrant l'expérience humaine et religieuse d'un témoin catholique d'hier ; — établit des liens entre ces deux récits.	L'élève : — formule clairement des questions de sens rattachées à des problématiques ; ☐ ☐ ☐ ☐ ☐ — cherche des hypothèses ; ☐ ☐ ☐ ☐ ☐ — trouve dans la Bible, un texte à partir d'une référence ; ☐ ☐ ☐ ☐ ☐ — sélectionne des informations pertinentes en vue d'explorer des récits de témoins catholiques d'hier et contemporains et des éléments de la diversité. ☐ ☐ ☐ ☐ ☐	L'élève : — formule clairement des questions de sens rattachées à des problématiques ; ☐ ☐ ☐ ☐ ☐ — formule, avec les autres, des hypothèses ; ☐ ☐ ☐ ☐ ☐ — rassemble des informations nécessaires pour trouver des réponses à ses questions. ☐ ☐ ☐ ☐ ☐	L'élève : — cible une problématique de son choix ; ☐ ☐ ☐ ☐ ☐ — fait la narration de récits bibliques. ☐ ☐ ☐ ☐ ☐

Commentaires sur le développement de la compétence 1 — **3e cycle Année A**

____

____

____

Commentaires sur le développement de la compétence 1 — **3e cycle Année B**

____

____

____

Évaluation de fin de cycle

Composantes et critères	Échelon 7	Échelon 8	Échelon 9
COMPOSANTE B : Analyser des récits de la tradition catholique vivante pour éclairer sa recherche de sens. L'élève : — raconte en tenant compte de la chronologie des faits à l'aide d'un support de son choix ; — dégage un message commun des expériences relatées.	L'élève : — narre les récits sélectionnés en respectant l'ordre chronologique des faits, tient compte du contexte ; ☐ ☐ ☐ ☐ ☐ — ressort un message commun qui va dans le sens de son questionnement à partir des expériences de vie ou de foi relatés dans les récits. ☐ ☐ ☐ ☐ ☐	L'élève : — rassemble les informations nécessaires pour trouver des réponses à ses questions ; ☐ ☐ ☐ ☐ ☐ — fait une présentation de sa démarche complète et des choix auxquels il est parvenu ; ☐ ☐ ☐ ☐ ☐ — tient compte de l'ordre chronologique des faits dans sa communication ; ☐ ☐ ☐ ☐ ☐ — formule, dans sa narration, le message commun des expériences de vie ou de foi qui se dégagent des récits. ☐ ☐ ☐ ☐ ☐	L'élève : — fait la narration d'un récit d'un catholique d'hier et d'un catholique contemporain de son choix ; ☐ ☐ ☐ ☐ ☐ — tient compte de la chronologie des faits et des éléments du contexte de ces récits ; ☐ ☐ ☐ ☐ ☐ — dégage un message commun à partir des expériences de vie et de foi qui y sont racontées ; ☐ ☐ ☐ ☐ ☐ — explique en quoi ce message éclaire sa problématique. ☐ ☐ ☐ ☐ ☐

Commentaires sur le développement de la compétence 1 — **3ᵉ cycle Année A**

____

____

____

Commentaires sur le développement de la compétence 1 — **3ᵉ cycle Année B**

____

____

____

Synergie

Évaluation de fin de cycle

Composantes et critères	Échelon 7	Échelon 8	Échelon 9
COMPOSANTE C : Considérer des éléments de la diversité religieuse et de courants humanistes pour enrichir sa réflexion. L'élève : — nommе, au cours de sa narration, un élément de la diversité qui va dans le sens des expériences et du message relatés.	L'élève : — donne un exemple de la diversité dont le message se rapproche de celui des récits étudiés. ☐ ☐ ☐ ☐ ☐	L'élève : — rassemble des informations nécessaires pour trouver des réponses à ses questions ; ☐ ☐ ☐ ☐ ☐ — formule, dans sa communication, le message commun des expériences de vie ou de foi qui se dégage des récits. ☐ ☐ ☐ ☐ ☐	L'élève : — nomme, au cours de sa narration, des éléments de la diversité qui vont dans le sens du message commun dégagé et qui éclaire sa recherche. ☐ ☐ ☐ ☐ ☐

Commentaires sur le développement de la compétence 1 — **3e cycle Année A**

____

____

____

Commentaires sur le développement de la compétence 1 — **3e cycle Année B**

____

____

____

Évaluation de fin de cycle

Composantes et critères	Échelon 7	Échelon 8	Échelon 9
COMPOSANTE D : Prendre position sur des éléments de la tradition catholique vivante. L'élève : — formule une opinion sur l'éclairage apporté à sa question par les récits de la tradition catholique vivante qu'il a choisis.		L'élève : — donne son appréciation au regard des sources d'information qui ont enrichi sa réflexion. ☐ ☐ ☐ ☐ ☐	L'élève : — exprime son appréciation personnelle au regard de l'éclairage qu'offre la tradition catholique vivante. ☐ ☐ ☐ ☐ ☐

Commentaires sur le développement de la compétence 1 — **3e cycle Année A**

____

____

____

Commentaires sur le développement de la compétence 1 — **3e cycle Année B**

____

____

____

Synerg

Évaluation de fin de cycle

Nom de l'élève: ____________________

Compétence disciplinaire 2: ☆ Prendre position, de façon éclairée, sur des situations comportant un enjeu moral.

Échelle d'appréciation

4 = L'élève réussit très facilement.
3 = L'élève réussit facilement.
2 = L'élève réussit difficilement.
1 = L'élève ne réussit pas.

Composantes et critères	Échelon 7	Échelon 8	Échelon 9
COMPOSANTE A: Définir l'enjeu moral. L'élève: — utilise une démarche de discernement moral; — présente des situations qui comportent un enjeu moral; — identifie un enjeu moral présent dans les situations présentées.	L'élève: — participe activement à des discussions portant sur des situations complexes comportant un enjeu moral; ☐ ☐ ☐ ☐ ☐ — trouve le dilemme pour chacune des situations. ☐ ☐ ☐ ☐ ☐	L'élève: — s'implique dans des discussions portant sur des situations complexes comportant un enjeu moral; ☐ ☐ ☐ ☐ ☐ — trouve le dilemme pour chaque situation. ☐ ☐ ☐ ☐ ☐	L'élève: — présente une situation simple comportant un enjeu moral; ☐ ☐ ☐ ☐ ☐ — nomme un dilemme contenu dans la situation. ☐ ☐ ☐ ☐ ☐

Commentaires sur le développement de la compétence 2 — **3e cycle Année A**

____

____

____

Commentaires sur le développement de la compétence 2 — **3e cycle Année B**

____

____

____

Évaluation de fin de cycle

Composantes et critères	Échelon 7	Échelon 8	Échelon 9
COMPOSANTE B : Considérer différents référentiels. L'élève : — choisit des informations pertinentes en rapport avec l'enjeu moral.	L'élève : — réfère aux récits bibliques, aux récits de témoins catholiques d'hier et contemporains et aux éléments de la diversité ; ☐ ☐ ☐ ☐ ☐ — dégage des valeurs de ces récits. ☐ ☐ ☐ ☐ ☐	L'élève : — réfère à l'information tirée des récits bibliques, des récits de vie de catholiques d'hier et de contemporains et des éléments de la diversité pour trouver des pistes de réponses en rapport avec l'enjeu moral. ☐ ☐ ☐ ☐ ☐	L'élève : — réfère à des récits bibliques, à des récits de catholiques d'hier et à des éléments de la diversité pour trouver différentes options. ☐ ☐ ☐ ☐ ☐

Commentaires sur le développement de la compétence 2 — **3e cycle Année A**

____

____

____

Commentaires sur le développement de la compétence 2 — **3e cycle Année B**

____

____

____

Synergie

Évaluation de fin de cycle

Composantes et critères	Échelon 7	Échelon 8	Échelon 9
COMPOSANTE C: Examiner des options et leurs effets possibles. L'élève: — formule différentes options.	L'élève: — guide son choix à la lumière des valeurs dégagées. ☐ ☐ ☐ ☐ ☐	L'élève: — fait l'inventaire des options et décrit leurs effets possibles sur lui-même, sur les autres ou sur l'environnement. ☐ ☐ ☐ ☐ ☐	L'élève: — examine quelques effets des options envisagées. ☐ ☐ ☐ ☐ ☐

Commentaires sur le développement de la compétence 2	3e cycle Année A

Commentaires sur le développement de la compétence 2	3e cycle Année B

Évaluation de fin de cycle

Composantes et critères	Échelon 7	Échelon 8	Échelon 9
COMPOSANTE D: Justifier son choix à la lumière d'un référentiel. L'élève: — justifie ses choix à la lumière de référentiels.		L'élève: — fait un choix pertinent et le justifie en nommant les référentiels dont il s'est inspiré. ☐ ☐ ☐ ☐ ☐	L'élève: — fait un choix pertinent et le justifie en nommant les référentiels dont il s'est inspiré. ☐ ☐ ☐ ☐ ☐

Commentaires sur le développement de la compétence 2 — **3e cycle Année A**

____

____

____

Commentaires sur le développement de la compétence 2 — **3e cycle Année B**

____

____

____